古典文獻研究輯刊

十八編

潘美月・杜潔祥 主編

第3冊

《古逸叢書》編刊考

蔣鵬翔 著

國家圖書館出版品預行編目資料

《古逸叢書》編刊考／蔣鵬翔 著 — 初版 — 新北市：花木蘭文化出版社，2014〔民103〕

序 8+ 目 2+240 面；19×26 公分

（古典文獻研究輯刊 十八編；第 3 冊）

ISBN：978-986-322-611-6（精裝）

1. 輯逸叢書 2. 研究考訂

011.08 103001303

ISBN-978-986-322-611-6

古典文獻研究輯刊

十八編 第三冊 ISBN：978-986-322-611-6

《古逸叢書》編刊考

作　　者　蔣鵬翔

主　　編　潘美月　杜潔祥

總 編 輯　杜潔祥

副總編輯　楊嘉樂

編　　輯　許郁翎

企劃出版　北京大學文化資源研究中心

出　　版　花木蘭文化出版社

社　　長　高小娟

聯絡地址　235 新北市中和區中安街七二號十三樓

電話：02-2923-1455／傳真：02-2923-1452

網　　址　http://www.huamulan.tw 信箱 hml 810518@gmail.com

印　　刷　普羅文化出版廣告事業

初　　版　2014 年 3 月

定　　價　十八編 22 冊（精裝）新台幣 40,000 元

《古逸叢書》編刊考

蔣鵬翔　著

作者簡介

蔣鵬翔，男，湖南長沙人，1980年生，文學博士（專業爲中國古典文獻學），館員，2011年畢業於復旦大學中國古代文學研究中心，現供職於長沙理工大學圖書館，主要研究方向爲版本目錄學。曾在《中國典籍與文化》、《歷史文獻研究》、《圖書館雜誌》、《儒家典籍與思想研究》等刊物上發表論文多篇，主編影印《四書章句集注（清吳志忠刻本）》、《阮刻毛詩注疏（清嘉慶刻本）》等書，主持課題「古籍影印出版的技術探討與前景展望」獲2012年湖南省哲學社會科學基金立項資助。

提　要

清光緒十年，中國駐日公使黎庶昌與其隨員楊守敬在日本東京合作刊成《古逸叢書》。該叢書共收書二十六種，其大部份皆覆刻自當時中國罕見的漢籍。本書的研究主題即《古逸叢書》的編刊過程及其與印本特點之間的聯繫。

底本方面，本書將《古逸叢書》分爲校正覆刻與集字成書兩大類，以《爾雅》、《易程傳》與《老子注》爲中心，分別探討覆刻型底本的源流演變、從底本到印本的過程中所作校改的意圖以及集字成書的方法得失。刻印方面，作者利用揚州中國雕版印刷博物館所藏版片、浙江圖書館所藏《原本玉篇零卷》試印本及多部《爾雅》印本等實物材料，對《古逸叢書》從刻版到試印到正式刷印的全過程進行了細緻深入的考察。主事者方面，本書權衡了黎、楊二人各自訪求底本之成績，並勾稽了黎庶昌刊刻其他書籍的事蹟。

本書以剖析典型個案的方式，比較眞切地還原了《古逸叢書》的編刊過程。在區分底本類型的基礎上，對其中具有代表性的印本及其相關版本加以校勘，辨明了其底本源流及校改內容，使學界得以更準確地理解近代所謂覆刻本的含義。同時，首次將《古逸叢書》的版片與其印本聯繫起來加以研究，爲古籍版本研究如何利用版片等實物材料提供了操作性較強的例證。

序　一

李　慶

蔣鵬翔博士來信，說他的博士論文《〈古逸叢書〉編刊考》，臺灣的出版社預定出版，要我寫一篇序。我很高興。他的論文寫得很認眞，値得出版。而在當前國內的出版界，這樣的學術著作，要出版大概比較困難。現有可能，故値得慶賀。

該論文研究的對象是《古逸叢書》。

對於漢文典籍的關注和研究，是隨著中國與世界交往的擴大深入，逐步展開的。

漢文著述，在近代以前，是世界上留存最多的歷史文獻。中國古代，隋唐以前的金石、簡帛、寫本，早就流佈域外。此後，發明了印刷術，文化傳播進入了一個新的歷史階段。中國印製的漢文典籍，因官方交往，文人饋贈，僧侶攜帶，商人販賣，流傳東亞諸國，散佈世界各地。

書籍賜贈，有時成了中國帝王權貴顯示身份的手段。比如，在宋代，朝鮮的使者到中國，要購買《九經》等書，就要得皇帝的恩准。一些大的著述，如《文苑英華》、《太平御覽》等，則作爲皇帝恩典，賜予四方。〔註1〕即便到清朝嘉慶年間，「氣寒西北何人劍，聲滿東南幾處簫」（龔自珍《秋心三首》之一），國勢已經衰落，大臣阮元給朝鮮學者贈送《學海堂經解》，還是

〔註1〕北宋熙寧七年（1074）二月，「詔國子監許賣《九經》、子史諸書與高麗國使人。」見《續資治通鑑長編》卷二百五十，第6100頁。又賜贈《文苑英華》等，見《續資治通鑑長編》卷三百六十五，第8744頁。（北京：中華書局標點本，1995年）

一種居高臨下的姿態。〔註 2〕甚至列強堅船利炮，威逼到皇城根下的同治年間，皇帝仍以贈送書籍來裝點門面。同治皇帝贈給美國圖書館的 906 冊典籍。至今仍是美國國會圖書館的珍藏之物。面對這些，眞不知是該引以爲豪，還是當扪膺長嘯？

總而言之，漢文典籍，曾是世界上知識和信息傳播最有力的載體。精美的漢籍，成爲那個時代人類文明的象徵之一。

中國的知識人，關注流傳到海外中國文獻，由來已久。早在北宋時代，歐陽修就有「徐福行時書未焚，逸書百篇今尙存。」之詠，或只是一種推測。〔註 3〕而明代外國傳教士帶回到中國的「古今形勝之圖」，則確實引起過先驅者們的關注。〔註 4〕編撰《四庫全書》的乾隆時期的大臣們，對日本留存古代經書文本「頗爲詳備」，感到驚訝，因而山井鼎的書被收入《四庫全書》。〔註 5〕

眞正開始重視域外的漢文典籍、加以介紹收集，那是要到 19 世紀中葉以後的事。打破鎖國，面向世界，涉足域外的官員、學者，如黎庶昌、傅雲龍、黃韜、姚文棟、黃遵憲、沈曾植、羅振玉、楊守敬、王國維等，都注意到了海外的漢文典籍。《古逸叢書》就是黎庶昌、楊守敬等人在這方面努力的結果。在當時學界產生了相當的影響。學者譽之曰：「收訪之勤，刊刻之精，紙墨之良，印刷之精，無不美備。」「海內士大夫得者，莫不驚爲秘籍。」〔註 6〕

海外收集佚書，和甲骨文的發現、敦煌文書的外流一起，構成了 19 世紀和 20 世紀之交，中國文化的巨大變遷的宏偉畫面，其背景則是硝煙戰火、血肉紛飛的慘痛洗練，是家國沉淪、民族危亡的悲憤呼號。《古逸叢書》就是在這樣一個中國歷史文化轉折點的產物。

〔註 2〕見阮元給朝鮮學者權敦仁的文書。載日本《服部（宇之吉）先生古稀祝賀紀念論文集》（富山房，1936 年）。

〔註 3〕見歐陽修《日本刀歌》。關於此詩的作者，近代以來，有不同意見，日本的學者提出當是司馬光之作。楊守敬也贊同。王水照先生曾撰專文論述。容再考。

〔註 4〕此圖存法國巴黎國立圖書館，關於此圖的情況，見日本榎一雄《論古今形勝之圖》，載《榎一雄著作集》第七卷，第 225～268 頁。（汲古書院，1994 年）

〔註 5〕《四庫全書》經部，五經總義類《七經孟子考文補遺》條。

〔註 6〕清陳矩《記遵義黎蓴齋先生刊古逸叢書》，見《東遊文稿》，《靈峰草堂叢書》本。

《古逸叢書》問世之後，影響不小，用者不少，但是眞正從文獻學的角度加以研究者，則不多見。鵬翔詳細調查了前人研究的業績。《導言》部分的概述，不僅網羅國內主要的論著，論文，而且還包括了海外的重要成果，可見研究的簡況，在此不贅。

論文主體部分，著重研究叢書的編輯形成和刊刻過程問題。

該文把《古逸叢書》編刊過程分爲「編」和「刊」兩個階段，在「編」的部分，又把叢書 26 種典籍的底本分爲兩大類：校正覆刻型和集字成書型。作者對「校正覆刻型」中最具有代表性的《爾雅》《易程傳》，「集字成書型」最具有代表性的《老子》，進行了具體細緻的研究，得出：《古逸叢書》的《爾雅》《易程傳》《老子》的底本，並非如原來學界所認爲的那樣、「是和原本一致的」新看法。

作者還對《爾雅》的版本源流，作了探討，也提出了新的見解。

在「刊」的部分，該文對《古逸叢書》現存的版片做了實物的調查，發現了挖改的實迹，並結合版本的調查，一方面爲前述「底本」部分的結論提供了實物的證據；同時，也對《古逸叢書》的刊印過程：既有合刊，又有單刊，還有多次印刷的情況，作了翔實的研究。

論文的附編，對《古逸叢書》究竟誰是主事者，進行了探討。這個問題在學術界有不同看法，也是《古逸叢書》研究中的重要問題，論文也提出了獨自的見解。可供有關研究者參考。因爲和版本研究這一論文的主題，不是同一範疇，故列在附編。並非不重要。

論文研究的對象明確，提出的論據確鑿，推理合乎邏輯，結論謹愼客觀，應該說是可信的。

鵬翔的研究方法，既有古典文獻研究傳統的版本校勘，也有面向現實的社會調查，尤其可貴的是對現存版片進行了調查研究，這在近年古典文獻版本研究中尚屬稀見。在研究的方法上，做出了新的探索。

綜上所述，可以說，無論在迄今爲止《古逸叢書》版本的研究中，還是在近年我國古典文獻的研究中，該論文都堪稱是一篇佳作。在所論及的範圍內，走到了研究的前沿。

鵬翔是個平實人，做的是平實的學問，寫的是平實的文字。在今天的社會上，寫平實的文字，做實事求是的學問，有時竟被不屑一顧。「平常」竟成了某些自負者鄙視他人的貶詞，彷彿非要裝腔作勢地聳人聽聞，方顯「不同凡響」的「獨創性」，方有才華和價值，方能被賞識。殊不知，在學術領域，沒有根據的「奇特」，故弄玄虛的喬裝粉飾，有時正反映出作者的病態和內在的空虛。恰恰是腳踏實地的平實，包含著經得起錘打的內在實力和貨眞價實的自信。所以，對鵬翔著述的平實，我感到欣慰。

此論文的出版，或可謂鵬翔在學術道路上又邁出了一步。在這個日益變動的社會上，學術和生活的道路，都不會總是一帆風順。路漫漫其修遠。世間當然有「天下事無不以不了了之」的灑脫。但在走上了學術研究道路之後，我的耳畔，不時會鳴響起前賢：「靡不有始，鮮克有終」的警示。故還是在此列出，期與鵬翔共戒、共勉。

是爲序。

2013 年 7 月於日本金澤卯辰山麓

時值三伏

序　二

陳正宏

二〇〇八年初春，復旦大學古籍整理研究所博士生招生考試已過，我所在的古典文獻學專業卻碰到了一件尷尬事，我們新設的「中國古籍的海外收藏與研究」方向，大概因爲宣傳工作未到位，居然無一人報考。

在古文獻專業博士點內增設一個有關海外漢籍的研究方向，是時任古籍所所長的章培恒先生提出的一個頗有遠見的主張，爲此他特地聘請了時在日本金澤大學任教的李慶教授兼任該方向的博士生導師。在此之前，我們也已經在古文獻的碩士生培養中做過多年的試點。如今在博士點上增設相關方向，我想章先生的用意，是要讓復旦古籍所擺脫一種相對狹隘的視野，預流正在逐步成爲新顯學的海外漢籍研究，並爲此培養具有復旦風格的後備力量吧。

我懷著忐忑不安的心情，去章先生家彙報中國古籍的海外收藏與研究方向未能招生的情況。當時章先生雖已身患癌症，但堅持工作，而且思路清晰，一如往常。章先生的意思，某個具體方向上今年是否能夠招收到合適的博士生，不是問題的關鍵，關鍵是要在古籍所博士生的培養過程中有意識地參與推進海外漢籍的整理與研究工作。以此商量的結果，是選擇一名本專業已經錄取的優秀博士生，由我和李慶先生合作指導，培養其從事有關海外漢籍的課題研究。當時選定的學生，就是本書的作者蔣鵬翔君。

蔣君來自湖南，勤奮刻苦而心地單純，屬於那種比較典型的書癡一類的學生。報考古文獻專業博士生面試時，他的認眞與坦誠給我留下了很深的印象。入學後不久，他就在李慶教授的指導下，選擇清末黎庶昌、楊守敬在日本編刊的《古逸叢書》作爲博士論文選題。我則因爲前此和《古逸叢書》的版片有一段因緣，自然也十分贊同他從事這一課題的研究。

說到《古逸叢書》的版片，那又是另外一則故事。自二〇〇二年第一次赴日本訪問，在京都買到若干片日本刻本的書版運回國後，我對東亞漢籍雕版實物情有獨鍾。在海內外訪書的同時，到各處經眼了不少有意思的古籍雕版，也陸續收藏了一些可供教學用的中國及周邊國家古籍書版零片。這之後有一次特殊的機緣，得悉《古逸叢書》刻本的版片，有相當一部分還存世，就保留在揚州新建的中國雕版印刷博物館內。於是通過友人輾轉聯繫，在博物館負責人袁淮先生的熱情支持下，終於在某一天的下午，獲得許可，親手摸到了那來自東瀛、久聞大名且已歷經百年滄桑的片片雕版。此後我陪同日本著名的書志學家、慶應義塾大學斯道文庫的高橋智教授又去看過一次。高橋教授回國後專門撰文，向東瀛讀者介紹這一出自日本著名刻工木村嘉平等人之手的傑作。文章發表在日本《東方》雜誌上，其中說我對雕版研究「燃燒著異樣的熱情」，還附了我在揚州調查拍攝《古逸叢書》版片時的工作照。其實我當時已經知道，對如此重要又有如此龐大數量的《古逸叢書》雕版加以系統的研究，非我個人所能承擔，我這種走馬觀花式的調查無法做出令人信服的根本性的結論。而最合適的辦法，是介紹一位年輕的學者，來揚州雕版印刷博物館作更細緻的現場調查，如此方有可能撰寫出高質量的科學報告。因此若干年後蔣鵬翔君的出現及其選題，可以說是正好實現了我前此的願望和計劃。

但蔣君進入研究階段後的辛苦和曲折，超乎常人的想像。首先是面對兩位研究風格和領域均不盡相同又都個性頗強的導師，如何適應協調，頗爲苦惱；其次是研究工作進展到中途，發現北京大學古文獻專業也有一位博士生在從事相同的課題，而且起步還早半年，是放棄還是繼續，不免糾結；再次是版片、實物版本的調查與文本的校勘，既需要花費大量的時間和精力，也需要一定的經濟支撐，如何安排措置，頗費思量。他不是一個習慣於傾訴的人，但在做學問上很有韌勁。許多時候，他似乎更喜歡用自己與眾不同的方式解決問題。所以常常會出現時而讓大家深感欣慰，時而又不免被脾氣急躁的我痛斥的結果。不過最後他還是順利地闖了過來。其間還曾東渡日本，在九州大學文學部做了一個月的短期訪問學者，近距離感受了那個製作《古逸叢書》的既熟悉而又別樣的世界——當然，這又得感謝靜永健教授的鼎力相助。

蔣君這篇博士論文的優點，我想不必由我來饒舌。李慶教授的序文，已經作了全面的闡述。我在指導過程中發揮的作用有限，除了介紹蔣君去揚州看《古逸叢書》版片，繼續我想做而無法做成的工作，餘下的就只有在和蔣君的反覆討論中，確定把《古逸叢書》的所謂「影刻」區分爲兩種類型，並將之分別定名爲「校正覆刻型」和「集字成書型」，僅此而已。

但蔣君這一成果的意義，卻是有必要再補充說幾句的。

《古逸叢書》嚴格而言並不能簡單地稱爲海外漢籍，而應該是中國人在海外委託外方刊刻的漢文古籍。其之所以值得研究，也不僅是因爲其所據底本中多有海外漢籍的身影，更重要的是因爲作爲一個特定的研究對象，它保存了一部叢書從版片到試印本、初印本、後印本等多個關鍵環節的實物與文本材料，可以爲今日學界考察東亞漢文叢書的編刊和流播過程，復述出相對比較清晰的演化路徑，同時也爲今人準確地理解前現代時期東亞漢籍的「影刻」，提供一份不可多得的全面的教材——所謂《古逸叢書》的底本可區分爲校正覆刻型和集字成書型兩大類，也正是通過實證，說明《古逸叢書》一類的影刻古籍叢書，和今天一般理解的面目逼真、隻字不改，其實是兩回事。在求眞與求善的兩難處境中，先人們更看重的，首先無疑是求善。因此「影刻」應該說是一種面影上求眞和文本上求善的復合體。這恐怕也是到目前爲止東亞各國的版本學（或者叫書志學）界對「翻刻」、「覆刻」、「影刻」等名詞術語難以獲得完全統一的界定的主要緣由吧。也正是在這點上，蔣鵬翔君的工作，超越了一般專書研究論著中常見的那種相對狹隘的格局，而由點及面，揭示出東亞漢籍的若干未曾被深度關注過的原生態的複雜面目，拓展了古典文獻學研究的範圍與視野。這是讓忝爲導師之一的我最感欣慰的。

2013 年 8 月 31 日於復旦雙寅樓

目次

彩圖一：日本美濃紙印《古逸叢書》

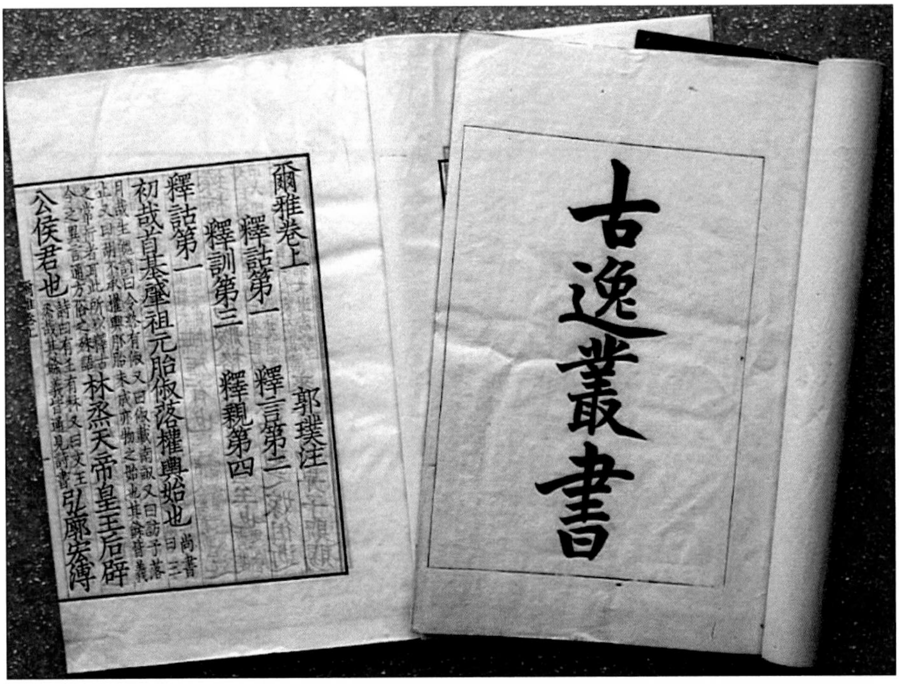

彩圖二：古逸本《爾雅》內封

（左爲單行本，右爲日本美濃紙印叢書本）

彩圖三：古逸本《爾雅》底本

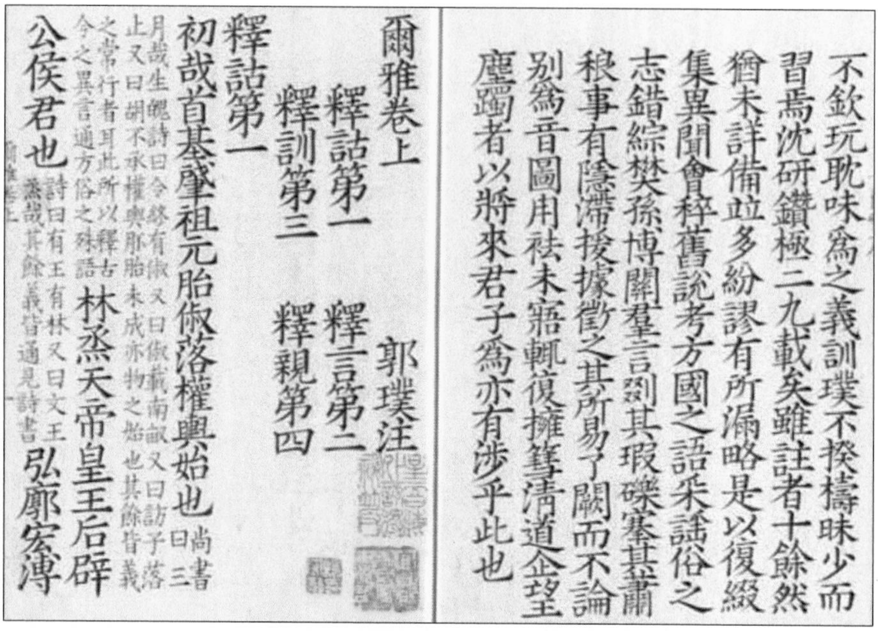
不欽玩耽味爲之義訓璞不揆檮昧少而習焉沈研鑽極二九載矣雖註者十餘然猶未詳備竝多紛謬有所漏略是以復綴集異聞會稡舊說考方國之語采謠俗之志錯綜樊孫博關羣言剟其瑕礫搴其蕭稂事有隱滯援據徵之其所易了闕而不論別爲音圖用袪未寤輒復擁篲清道企望塵躅者以將來君子爲亦有涉乎此也

爾雅卷上　郭璞注

釋詁第一　釋言第二

釋訓第三　釋親第四

釋詁第一

初哉首基肇祖元胎俶落權輿始也 尚書曰三月哉生魄詩曰令終有俶又曰俶載南畝又曰訪予落止又曰胡不承權輿胚胎未成亦物之始也其餘皆義之常行者耳此所以釋古今之異言通方俗之殊語

林烝天帝皇王后辟公侯君也 詩曰有王有林又曰文王烝哉其餘義皆通見詩書

弘廓宏溥

（日本明治鈔本，現藏臺灣故宮博物院）

彩圖四：古逸本《爾雅》

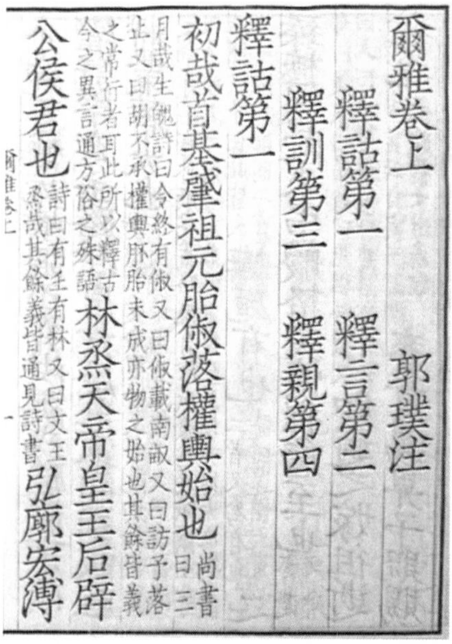
爾雅卷上　郭璞注

釋詁第一　釋言第二

釋訓第三　釋親第四

釋詁第一

初哉首基肇祖元胎俶落權輿始也 尚書曰三月哉生魄詩曰令終有俶又曰俶載南畝又曰訪予落止又曰胡不承權輿胚胎未成亦物之始也其餘皆義之常行者耳此所以釋古今之異言通方俗之殊語

林烝天帝皇王后辟公侯君也 詩曰有王有林又曰文王烝哉其餘義皆通見詩書

弘廓宏溥

彩圖五：《天祿琳琅叢書》影印宋監本《爾雅》

爾雅卷上　郭璞注

釋詁第一　釋言第二

釋訓第三　釋親第四

釋詁第一

初哉首基肇祖元胎俶落權輿始也 尚書曰三月哉生魄詩曰令終有俶又曰俶載南畝又曰訪予落止又曰胡不承權輿胚胎未成亦物之始也其餘皆義之常行者耳此所以釋古今之異言通方俗之殊語

林烝天帝皇王后辟公侯君也 詩曰有王有林又曰文王烝哉其餘義皆通見詩書

弘廓宏溥

彩圖六：古逸本《易程傳》

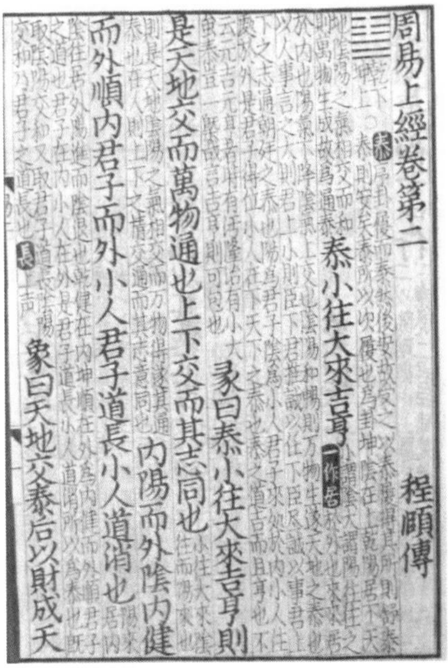

彩圖七：元至正本《易程傳》

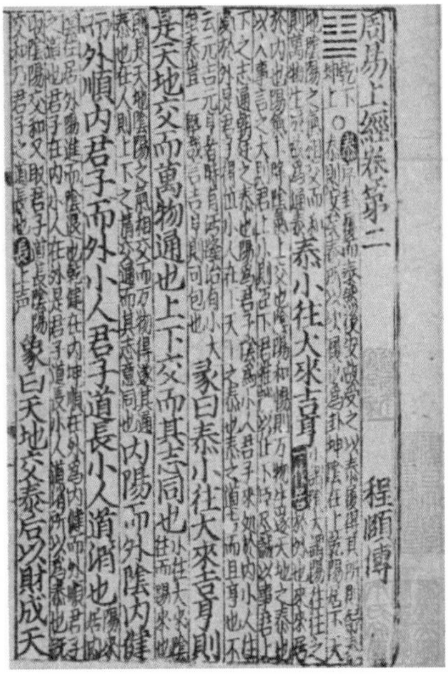

（復旦大學圖書館藏）

彩圖八：古逸本《老子注》

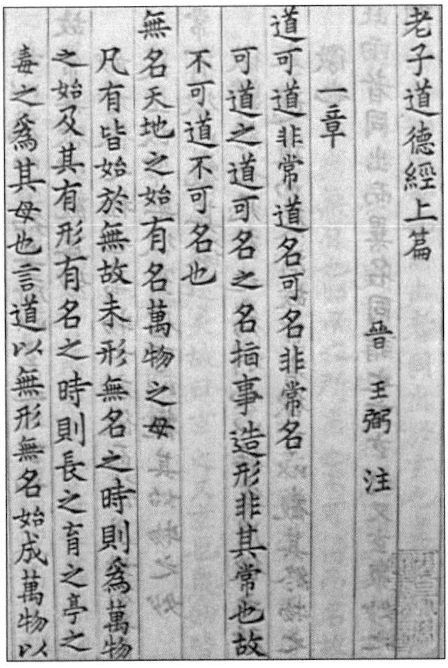

老子道德經上篇

晉 王弼 注

一章

道可道非常道名可名非常名

可道之道可名之名指事造形非其常也故不可道不可名也

無名天地之始有名萬物之母

凡有皆始於無故未形無名之時則爲萬物之始及其有形有名之時則長之育之亭之毒之爲其母也言道以無形無名始成萬物以

彩圖九：《五經文字》日本文化七年刻本

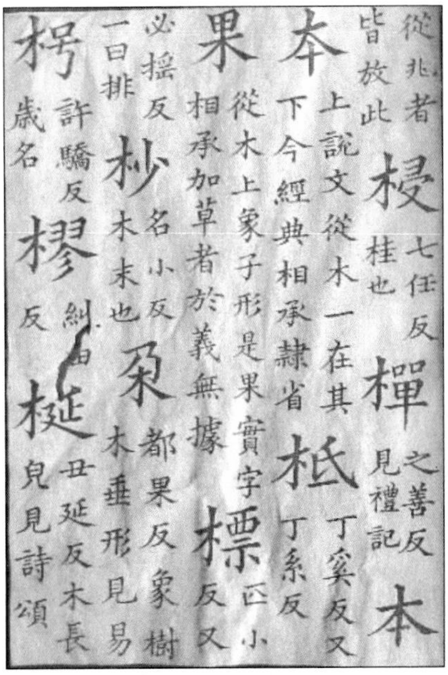

彩圖十：古逸本《爾雅》版片

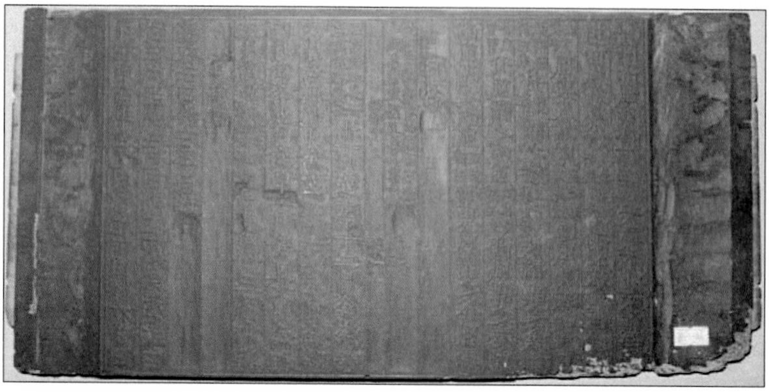

彩圖十一：古逸本《原本玉篇零卷》版片之一

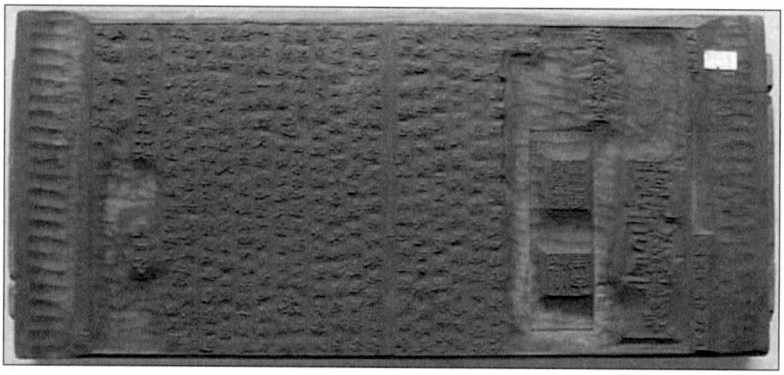

（黎庶昌印章係後嵌入者）

彩圖十二：古逸本《原本玉篇零卷》版片之三

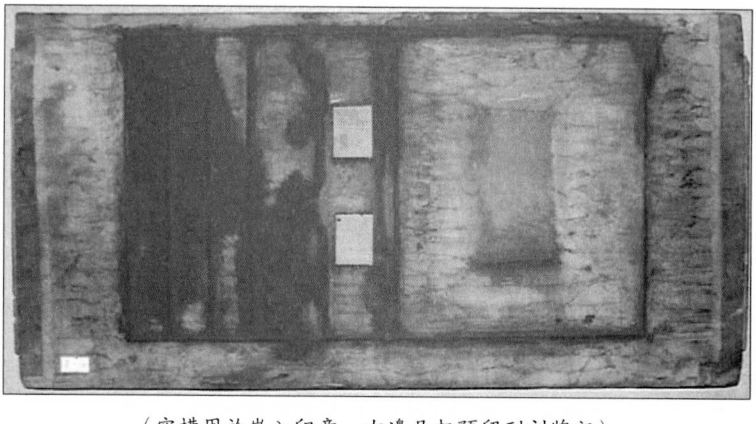

（空槽用於嵌入印章，右邊凸起預留刊刻牌記）

彩圖十三：古逸本《杜工部草堂詩箋》版片

（上爲原刻，下爲補版，均係卷十第十二葉版片）

彩圖十四

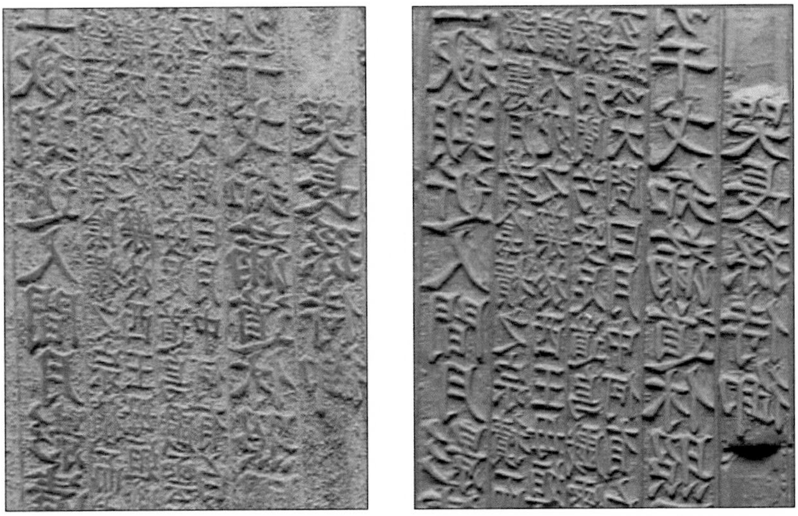

（左爲原刻局部，右爲補版局部）

彩圖十五：浙江圖書館藏《原本玉篇零卷》試印本正文首葉

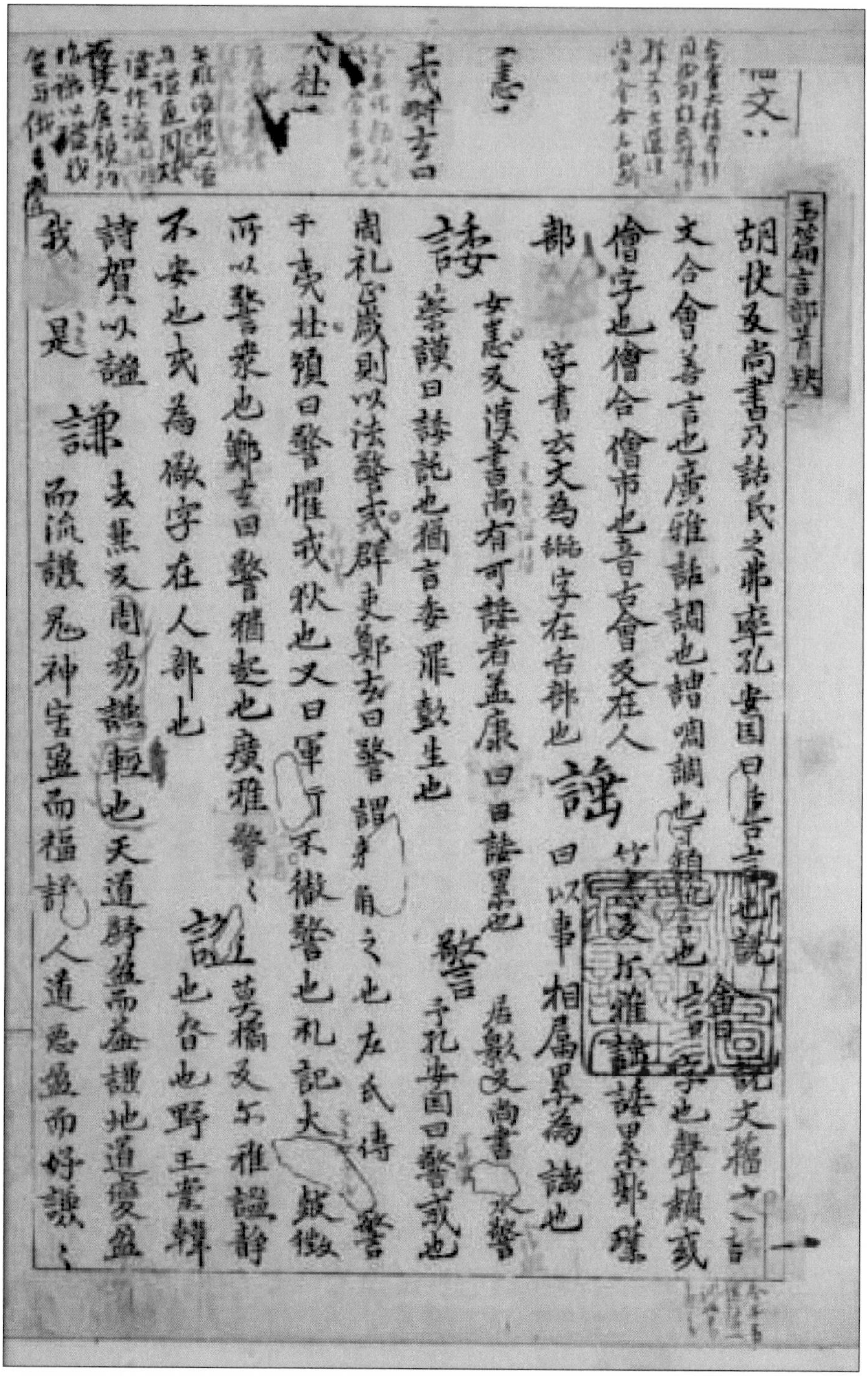

胡伏反尚書乃詰民之弗率孔安国曰詰言也說文譮之言

文合會善言也廣雅詁調也譜嘲調也字也聲類或

譮字也譮合譮市也善古會反在人

部 字書亦文為繲字在舌部也 譪 曰以事相屬累為譪也

諉 女恚反漢書尚有可諉者孟康曰諉累也

蒼頡曰諉託也猶言委罪累生也 警 居影反尚書水警

于孔安国曰警戒也

周礼宮歲則以法警戒群吏鄭玄曰警謂勅戒之也左氏傳警

于夷杜預曰警懼戒狄也又曰軍ゝ不徹警也礼記大𠷣徹

所以警衆也鄭玄曰警猶起也廣雅警ゝ 譩 莫褊反尒雅譩靜

也忩也野王案韓

不安也或為㜳字在人部也

詩賀以譩 謙 去兼反周易謙輕也天道虧盈而益謙地道變盈

我 是 而流謙鬼神害盈而福謙人道惡盈而好謙ゝ

彩圖十六：《原本玉篇零卷》試印本中插入的楊守敬手書校記

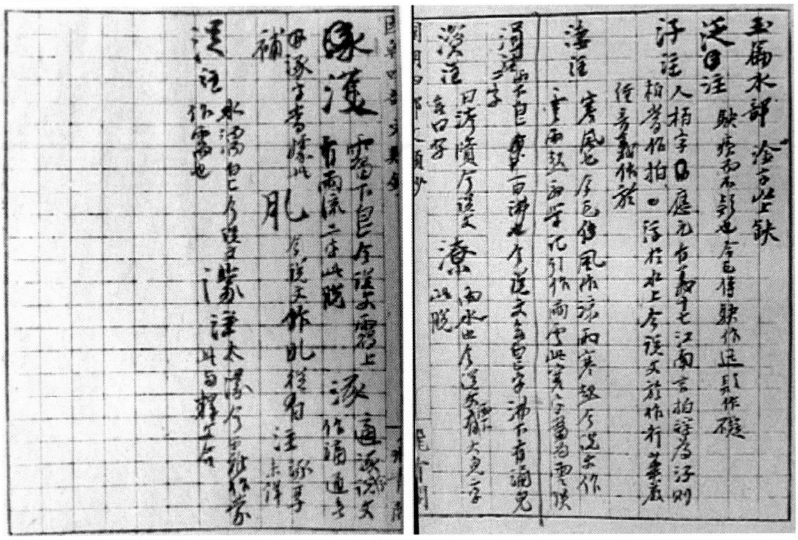

（僅一葉，版心下記「飛青閣」）

彩圖十七：《原本玉篇零卷》試印本正文

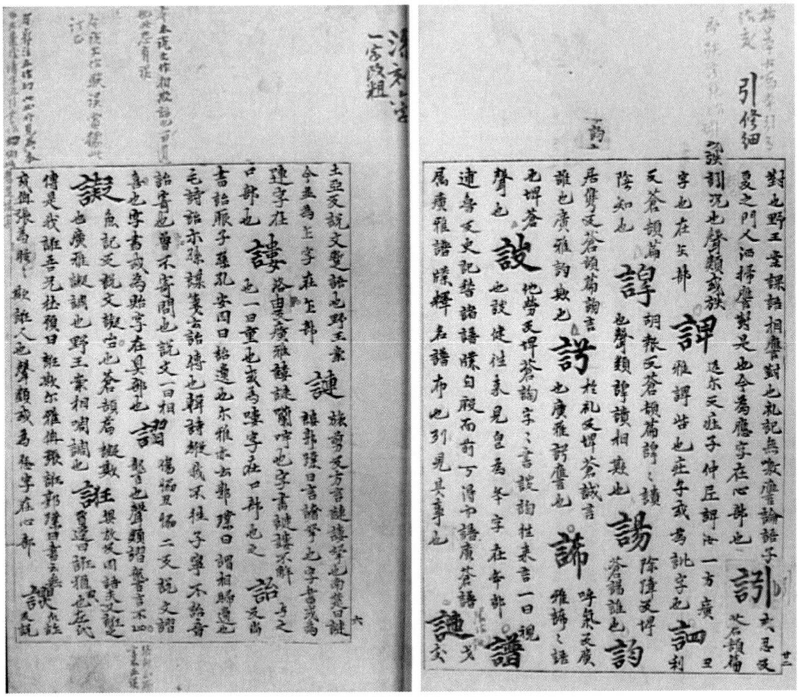

（校記中淡紅者楊守敬所書，深紅者黎庶昌所書）

彩圖十八：《古逸叢書》補版廣告

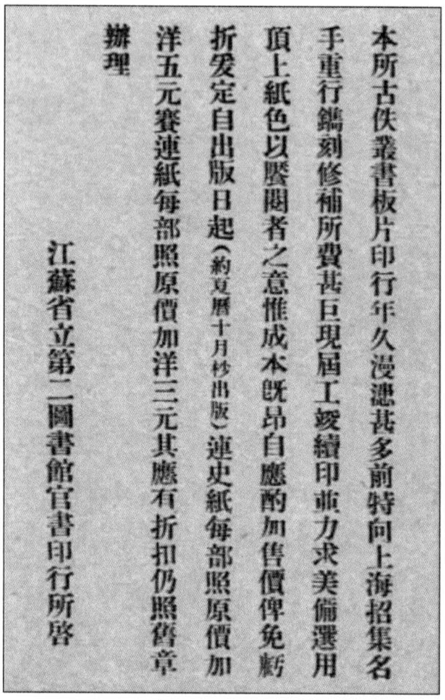
本所古佚叢書板片印行年久漫漶甚多前特向上海招集名
手重行鐫刻修補所費甚巨現屆工竣續印亟力求美備選用
頂上紙色以饜閱者之意惟成本既昂自應酌加售價俾免虧
折爰定自出版日起（約夏曆十月杪出版）連史紙每部照原價加
洋五元賽連紙每部照原價加洋三元其應有折扣仍照舊章
辦理
江蘇省立第二圖書館官書印行所啓

彩圖十九：蘇州振新書社木記

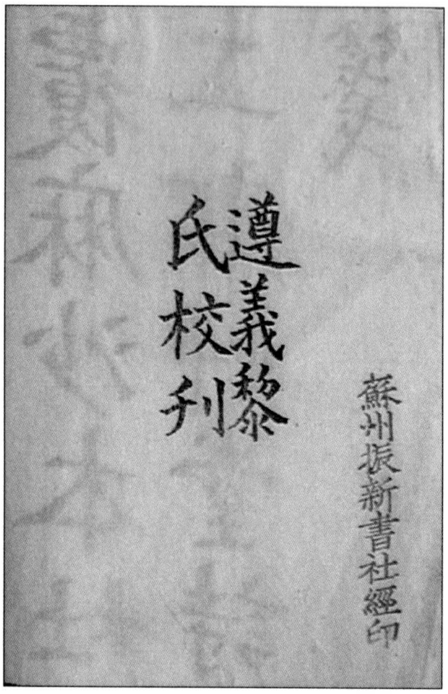
遵義黎氏校刊
蘇州振新書社經印

彩圖二十：上海圖書館藏《穀梁傳》單行本

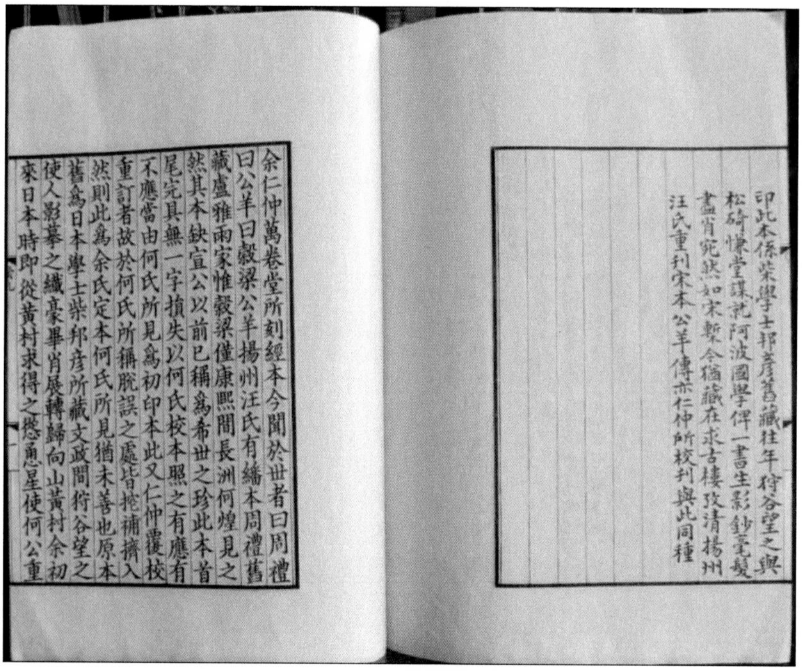
印此本係柴學士邦彥舊藏往年狩谷望之與
松碕慊堂謀託阿波國學俾一書生影鈔毫髮
畫肖宛然如宋槧今猶藏在求古樓致請揚州
汪氏重刊宋本公羊傳亦仁仲所校刊與此同種

余仁仲萬卷堂所刻經本今聞於世者曰周禮
曰公羊曰穀梁公羊揚州汪氏有繙本周禮舊
藏盧雅雨家惟穀梁僅康熙間長洲何煌見之
然其本鈌宜公以前已稱爲希世之珍此本首
尾完具無一字損失以何氏校本照之有應有
不應當由何氏所見爲初印本此又仁仲覆校
重訂者故於何氏所稱脫誤之處皆挖補擠入
然則此爲余氏定本何氏所見猶未善也原本
舊爲日本學士柴邦彥所藏文政間狩谷望之
使人影摹之纖豪畢肖展轉歸向山黃村余初
來日本時即從黃村求得之懋勇星使何公重

（右爲美濃紙原印正文，左爲白棉紙補印校記）

導　言

本文以《古逸叢書》的編刊校印爲主要研究對象，在研究開始前，應先對三個問題加以說明。

一、《古逸叢書》的名義和性質

《古逸叢書》是晚清光緒年間駐日公使黎庶昌與其隨員楊守敬在日本東京合作編成的收錄中日漢籍的覆刻類叢書。黎庶昌本人對叢書名的解釋是「以其多古本逸編，遂命之曰《古逸叢書》」〔註 1〕。古者，古代；叢書者，群書之集合，均無異說，唯獨逸字的含義，有必要稍作探討。

《說文解字注》十篇上：「逸失也」。段注：「此以疊韻爲訓。亡逸者，本義也。引申之爲逸游、爲暇逸」〔註 2〕。

《爾雅義疏》卷上二：「逸諐過也」。郝疏：「逸者，《說文》云失也。失，兼縱也，放也，逃也，亡也，諸義而俱名爲過。……《文選》『荅盧諶詩』云：逸珠盈椀。李善注：逸謂過於眾類，通作佚」〔註 3〕。

《廣雅疏證》卷二下：「台既抎墜逸失也」。王疏：「逸者，縱之失也。《說文》：失，縱也。逸，失也。《盤庚》：惟予一人有佚罰，《周語》引作逸。……逸、佚、軼、失竝通」〔註 4〕。

因知逸與佚通（葉昌熾、葉德輝均稱《古逸叢書》爲《古佚叢書》）〔註 5〕，

〔註 1〕語出黎庶昌《刻古逸叢書序》，該序冠於《古逸叢書》正式印本的卷首。

〔註 2〕段玉裁《說文解字注》，上海古籍出版社，1981 年，第 472 頁。

〔註 3〕郝懿行《爾雅義疏》，上海古籍出版社，1983 年，第 370 頁。

〔註 4〕王念孫《廣雅疏證》，中華書局，1983 年，第 67 頁。

〔註 5〕葉昌熾《緣督廬日記》第 2 冊，乙酉年四月初七日條：「復購《古佚叢書》二部」，江蘇古籍出版社，2002 年；葉德輝《書林清話》：「至黎星使庶昌《古佚

而佚當作亡失解〔註6〕，一般所說的佚書就是指已經散亡、失傳的古籍，陳金生在《古佚書輯本目錄序》中也將佚書釋爲「已經佚失的書」、「本身已經失傳的古籍」〔註7〕，但《古逸叢書》收書二十六種，其中絕大部份都是海外流傳的內容完整的珍貴版本，故黎庶昌所說的「古本逸編」，並非散亡失傳者，而是指當時不見於中國的圖書。

除書名含義外，《古逸叢書》的性質也需加以界定。

一般而言，和刻本指古代日本用傳統的書籍製作方法刊印的漢文圖書〔註8〕，《古逸叢書》從製作過程來看是符合這一標準的，但長澤規矩也認爲清國人在日本刊印的書籍屬於清刻本，而非和刻本（「本邦在留中の清国人が日本で印刷出版したものはやはり清刊本であり。これは、和刻本にも飜刻にも入らない」）〔註9〕，故《和刻本漢籍分類目錄》中不著錄《古逸叢書》。

簡單地說，界定《古逸叢書》的性質有兩個要點：首先，它是中國人出資刊刻的叢書，故屬中國刻本；其次，它刊成於日本，無論是版片雕刻方法還是早期印本形制都具有鮮明的日本本特色。對於這種跨地區合作出版的書籍，我們不妨稱之爲「代刻本」〔註10〕。

需要說明的是，也有學者認爲「(《古逸叢書》) 此類書籍的出版地雖在日本，但它的裝幀、版刻等也許更具中國特色」〔註11〕，此說不確，因爲《古逸叢書》的早期印本（開本近於方形，而非長方形；四孔等距裝訂，而非兩寬一窄；內葉用上好皮紙，而非棉紙或竹紙）和板刻（版片用櫻木，而非梨

叢書》，専樵宋元舊槧，海外卷抄」，上海古籍出版社，2008年，第190頁。

〔註6〕焦循《孟子正義》：「遺佚而不怨。疏：按《說文》兔部云，逸，失也。人部云，佚，佚民也。逸、佚、失三字古通，此云遺佚即遺失也」，中華書局，1987年，第244頁。

〔註7〕孫啓治、陳建華《古佚書輯本目錄》，中華書局，1997年，第1頁。

〔註8〕見陳正宏師、梁穎編《古籍印本鑒定概說》，上海辭書出版社，2005年，第114頁。

〔註9〕長澤規矩也《和刻本漢籍分類目錄（增補補正版）》，汲古書院，2006年，序第2頁。

〔註10〕2010年10月30日，陳正宏師在關西大學主辦的「印刷出版與知識環流——16世紀以後的東亞」研討會上發表題爲《越南漢籍里的中國代刻本》的報告，首先提出「代刻本」的概念。

〔註11〕王寶平、韓錫鐸《中國館藏和刻本漢籍書目》「和刻本漢籍初探（代序）」，杭州大學出版社，1995年，第4頁。

木；刻法淺且圓潤，而非深且細碎）都體現了典型的日本本風格，並無中國特色可言（除了刪去部份底本行間的訓點符號外）。

二、《古逸叢書》編刊問題的研究意義

《古逸叢書》是較早的中國人在日本搜輯珍貴漢籍並大規模影刻出版的叢書之一。在它之後，中國學者普遍認識到日藏漢籍的價值並且更加頻繁地東遊訪書，但影刻的出版形式已逐漸被更廉價可靠的照相影印所取代，所以《古逸叢書》又可視爲東亞漢籍出版史上新舊技術轉型期的代表作。關於其編刊問題的研究意義有二：

其一、《古逸叢書》是中日兩國人士通力合作的成果。黎庶昌、楊守敬擬定刊印原則和要求，日本工匠則予以執行。從東亞漢籍出版的角度來看，這是很好的國際合作的例證，可藉以瞭解中日兩國出版習慣的異同以及具體工作中的配合情況。

其二、與以往的影刻古籍不同，《古逸叢書》選擇、處理底本時採用了校正覆刻、集字成書等多種頗具新意的方法，這也是晚清出版技術轉型時期值得關注的動態之一。

三、相關史料與前人研究成果

因爲《古逸叢書》兼具珍貴的版本價值和獨特的成書經歷，所以問世之初，就受到了中國學者的關注。自其成書以來，前人撰寫了大量的相關文字。從內容上看，約可分爲兩類。一是史料性的，即有關《古逸叢書》源起、刊印、流傳及相關背景的史實的記錄或回憶；一是考訂性的，即從文獻學、史學、文學、哲學等不同角度對《古逸叢書》的整體或部份所收書加以利用、研究。今日探討《古逸叢書》的編刊校印，應先對之作一梳理。因爲《古逸叢書》刊成於近代，收錄的又大多是基礎典籍，所以在中國流傳甚廣，但當時讀者能否獲見此書，不僅要視乎其與刊刻主事者的關係而定〔註 12〕，還與所在地區有關〔註 13〕。下面對與《古逸叢書》有關的史料和研究成果分別加

〔註 12〕如潘祖蔭當時位居尚書，與黎庶昌往來頗密，故《古逸叢書》零種刊成時，黎庶昌多寄予潘祖蔭品評。《古逸叢書》本《原本玉篇零卷》刊成後，潘祖蔭就是最早獲見者之一。

〔註 13〕《古逸叢書》刊成於光緒十年（1884），其中的《爾雅》源於宋本，是當時可見的較好的版本，但直到光緒十八年（1892），王樹枏在四川資陽刊行《爾雅

以介紹。

1. 相關史料

（1）黎庶昌撰《古逸叢書序》及《敘目》。《序》言刊刻叢書之緣起，《敘目》爲所收二十六種古籍的解題，或陳述底本來源（如「太平寰宇記補闕」條），或評價字體工拙（如「老子注」條、「急就篇」條），或介紹成書經過（如「莊子注疏」條）。《序》與《敘目》合刊於《古逸叢書》卷首〔註 14〕。黎氏是整套叢書刊印事務的最終裁斷者，故《序》及《敘目》是研究《古逸叢書》最堪採信的史料之一。

（2）黎庶昌撰《宋本廣韻校札》。此札附於《古逸叢書》本《覆宋本重修廣韻》卷尾，係據黎庶昌手書上板。這是較早利用《古逸叢書》校勘古籍的成果，雖然並非完全出於黎氏本人之手〔註 15〕，仍彌足珍貴。

（3）楊守敬所撰跋文。楊氏是《古逸叢書》編修刊刻具體工作的負責人，撰寫了多篇相關跋文。跋文已刊者共十七篇，其中《日本訪書志》收錄十六篇，王重民輯得的《日本訪書志補》收錄一篇〔註 16〕。此外，北京大學圖書館藏《日本國見在書目錄》影鈔本一部，雖非《古逸叢書》底本，但也是楊守敬從日本帶回者，卷端有其手書跋文，藉此可知楊氏對該書的評價。

（4）楊守敬撰《鄰蘇老人年譜》。此爲楊氏七十三歲時自訂年譜，是研究其生平的重要材料。其中「光緒辛巳」至「光緒甲申」年條記錄了有關《古逸叢書》刊印的緣起、經過的細節。

（5）楊守敬編《留真譜》。此爲楊守敬摹刻的漢籍善本書影集，中有二

郭注佚存補訂》時，仍未見此書，故其校勘部份只引及唐石經本、明吳元恭仿宋刻本、元槧雪牕書院本等版本。這就是當時書籍傳播的地區差異。

〔註 14〕《古逸叢書》早期刷印的美濃紙印本將《古逸叢書序》與《敘目》單獨訂爲一冊（中國國家圖書館、上海圖書館、中國科學院圖書館、復旦大學圖書館所藏皆如此），其後的中國紙印本爲節約成本考慮，均將《序》及《敘目》與《古逸叢書》第一種《爾雅》合訂（大多數本子的《序》、《敘目》與《爾雅》全文訂成一冊，也有個別印本將《序》、《敘目》與《爾雅》卷上訂成一冊，《爾雅》卷中、卷下另訂一冊，如復旦大學圖書館藏著錄號爲 250105:2 的本子）。

〔註 15〕《日本訪書志》卷三「廣韻五卷北宋刊本」條：「唯此書（指《宋本廣韻》）及《老子》是黎公使據余校本自爲札記」，《續修四庫全書》第 930 冊，上海古籍出版社，2002 年。

〔註 16〕即《日本訪書志補》所收之「漢書食貨志一卷日本影鈔本」條，《續修四庫全書》第 930 冊。

十一種《古逸叢書》所收書底本的書影〔註 17〕。

（6）《鄰蘇園藏書目錄》。此爲楊守敬「生前託人編撰完成，並經其過目」的楊氏家藏書籍目錄〔註 18〕，共十冊，現藏湖北省博物館。這是存世的楊氏藏書目錄中時間最早、著錄種類最多的一部，其中不乏《古逸叢書》底本及印本的記載。

（7）楊守敬與日本人的筆談記錄。楊守敬在日期間，因爲語言障礙，其與日本學者、文人的交流多採用筆談形式。目前可見的筆談記錄中，最重要的是現藏於日本慶應義塾大學附屬研究所斯道文庫的《清客筆話》。原本共十冊，前八冊爲楊守敬與森立之的筆談稿〔註 19〕，文中多次談及有關《古逸叢書》的底本訪求和校勘刻印的問題。《清客筆話》後經陳捷譯注整理，收入《楊守敬集》第十三冊（日人原田種成也有這部《筆話》的注本刊行）〔註 20〕。此外，楊守敬與宮島誠一郎、岩谷修、日下部鳴鶴、山本竟山、松田雪柯等人皆有筆談記錄傳世，其中與宮島誠一郎、岩谷修二人的筆談有涉及《古逸叢書》刊印之事的內容。前者有陳捷整理稿《楊守敬與宮島誠一郎的筆談錄》〔註 21〕，後者有穆毅譯稿《楊守敬與岩谷一六之筆談》〔註 22〕。

上述皆黎、楊二人親自編定或撰寫的材料，最可信據。此外，與其同時的學者文士的文字中也多見評述《古逸叢書》者，如李慈銘《荀學齋日記》的「光緒甲申十月」節〔註 23〕、葉昌熾《緣督廬日記》的「光緒甲申二月」

〔註 17〕據北京圖書館出版社 2004 年出版的《留眞譜》（初編）影印本統計而得，二十一種底本依次爲：《春秋穀梁傳》、《御注孝經》、《爾雅》、《原本玉篇》、《宋本廣韻》、《元本廣韻》、《韻鏡》、《漢書食貨志》、《史略》、《碣石調幽蘭》、《日本國見在書目錄》、《太平寰宇記》、《天台山記》、《南華眞經注疏》、《荀子》、《玉燭寶典》、《琱玉集》、《姓解》、《楚辭集注》、《文館詞林》、《杜工部草堂詩箋》，缺少《古逸叢書》中的《易程傳》、《論語集解》、《老子注》、《急就篇》和《尚書釋音》等五種底本的書影。

〔註 18〕《鄰蘇園藏書目錄概論》。《鄰蘇園藏書目錄》，上海辭書出版社，2009 年，第 8 頁。

〔註 19〕森立之是日本江户末至明治初期著名的考證學者和藏書家，也是楊守敬在日本訪書時依據的《經籍訪古志》的作者之一。

〔註 20〕原田種成《清客筆話——楊守敬與森立之的筆談》一文中對《清客筆話》附加了註釋，文載《長澤先生古稀紀念圖書學論集》。

〔註 21〕見東京大學中國哲學研究會《中國思想研究》第十三號（1998 年 10 月）。

〔註 22〕岩谷修（1834～1905），字誠卿，號一六，別號古梅、迂堂。譯稿發表於《楊守敬研究學術論文選集》，崇文書局，2003 年。

〔註 23〕見李慈銘撰《越縵堂日記》第 14 冊，廣陵書社，2004 年。

節〔註 24〕、陳矩《記遵義黎蒓齋先生刊古逸叢書》〔註 25〕、葉昌熾《藏書紀事詩》「黎庶昌」條〔註 26〕、倫明《辛亥以來藏書紀事詩》「楊守敬」條〔註 27〕、葉德輝《書林清話》卷九「乾嘉人刻叢書之優劣」條、卷十「日本宋刻書不可據」條、「近人藏書侈宋刻之陋」條〔註 28〕、王文進《文祿堂訪書記》卷三「荀子」條所載莫棠跋語〔註 29〕、王同愈《栩緣日記》卷二「光緒己亥十一月」節〔註 30〕。

上述史料是我們瞭解《古逸叢書》編刊過程的文獻基礎，其中黎、楊二人的撰述尤爲重要，但值得注意的是，史料中關於細節的描述不盡合於事實，其對《古逸叢書》所作的一些學術方面的論斷也難免疏誤，所以仍然有必要用實物材料驗證文獻中的相關記載。

2. 早期研究成果

《古逸叢書》成書以來，學者從不同的角度對其加以考察研究，產生了相當數量的成果。爲便於敘述，筆者將有關成果分爲早期和近期兩個階段。早期主要指從《古逸叢書》開始傳入中國到學界普遍採用符合現代學術規範的論文形式研究《古逸叢書》之前的階段。在這一階段，研究者開始利用《古逸叢書》考證其所收書的形制和內容，並涉及相關古籍的成書背景、文本校勘等問題。

校勘方面：李慈銘、章鈺、羅振玉、王國維、周祖謨等人都曾利用《古逸叢書》校勘過一種或多種古籍，如李慈銘校《玉篇》、《琱玉集》〔註 31〕，

〔註 24〕見葉昌熾撰《緣督廬日記》第 2 冊，江蘇古籍出版社，2002 年。

〔註 25〕文載陳矩《靈峰草堂集》「東遊文稿」，清光緒間貴陽陳氏刻本。

〔註 26〕見《藏書紀事詩》卷七，上海古籍出版社，1999 年。按葉昌熾與楊守敬本爲友朋，葉曾託楊在日本代購《一切經音義》，楊氏虛報高價欺之，後葉氏察覺，二人遂交惡，事見《緣督廬日記鈔》卷三，故楊氏之名竟不見於《藏書紀事詩》，至倫明撰《辛亥以來藏書紀事詩》始補錄。觀海堂藏書之美富，當時幾無抗手，如無義利之爭，葉氏絕不至闕載。此亦書林掌故，因略言之。

〔註 27〕見《辛亥以來藏書紀事詩》，上海古籍出版社，1999 年，第 66～67 頁。

〔註 28〕分別見葉德輝撰《書林清話》，上海古籍出版社，2008 年，第 190、202 頁。

〔註 29〕見王文進撰《文祿堂訪書記》，上海古籍出版社，2007 年，第 154 頁。

〔註 30〕見《王同愈集》，上海古籍出版社，1998 年，第 334～336 頁。

〔註 31〕《荀學齋日記》：「光緒甲申十月十一日壬午，得日本朱砂印泥一盒、黎蒓齋新刻《正平本論語集解》一部、殘本顧野王《原本玉篇》兩冊……十八日己丑，終日校勘《玉篇》糸部至率部」。此外，中國國家圖書館現藏《古逸叢書》本《琱玉集》（單行本）一部（著錄號：6020），行間、天頭有李慈銘手書校

章鈺校《穀梁傳》〔註 32〕、羅振玉校《玉篇》〔註 33〕、王國維校《爾雅》〔註 34〕、周祖謨校《廣韻》〔註 35〕等，但這些校記中只有羅振玉的《原本玉篇跋》和周祖謨的《廣韻校本》已經印行。

版本方面：王國維、傅增湘等人對《古逸叢書》部份所收書的版本進行了考訂，如王國維撰《覆五代刊本爾雅跋》〔註 36〕根據卷尾題名李鶚之事蹟論證《古逸叢書》本《爾雅》的底本來自五代監本，而非蜀本；傅增湘的《校宋殘本杜工部草堂詩箋跋》〔註 37〕根據師友所言及內容比對梳理《古逸叢書》本《杜工部草堂詩箋》的流變得失。

值得一提的是，民國初年楊宗稷已將《古逸叢書》中的《碣石調幽蘭》編入《琴學叢書》〔註 38〕。與《後知不足齋叢書》竊書欺世不同〔註 39〕，楊宗稷不僅注明所收《碣石調幽蘭》的底本即《古逸叢書》本，而且爲其重撰

記，卷末有其跋語。

〔註 32〕《章氏四當齋藏書目》：「《春秋穀梁傳》十二卷……跋云：辛酉八月二十一至二十三日據黎庶昌覆宋紹熙本校讀一過，同治初年各官局以金陵爲最有名，此刊不知出何本，乃誤脱至此，殊不可解，不及公羊傳遠矣。長洲章鈺記」，北京圖書館出版社，2007 年，第 22～23 頁。

〔註 33〕羅振玉以珂羅版影印《原本玉篇殘卷》，附丙辰仲冬、丁巳十一月所撰跋文兩篇，詳述與《古逸叢書》本對校所得。此二跋後收入《羅振玉校刊群書敘錄》，江蘇廣陵古籍刻印社，1998 年。

〔註 34〕中國國家圖書館藏清嘉慶二十年南昌府學刻《爾雅注疏》(著錄號：A02082)、光緒十二年湖北官書處刻《爾雅》(著錄號：A02079)，均有王國維校記跋文。前者卷尾墨筆書「戊午年秋七月以蜀大字本校經注一過」，後者卷尾墨筆書「戊午年十二月初八日復以前校覆宋大字本、元雪牕書院本錄於此本上」，所言「蜀大字本」、「覆宋大字本」即《古逸叢書》本《爾雅》。

〔註 35〕周祖謨撰《廣韻校本序言》稱「……涵芬樓所藏景寫南宋監本與黎氏校札所言宋本相同，與張氏澤存堂本亦極相近，由是始知張黎兩本所據同爲南宋監本。因以澤存堂初印本爲底本，參照各本，以復宋本之舊。其後復取《四部叢刊》景印南宋巾箱本、曹刻楝亭五種本、黎刻《古逸叢書》覆元泰定本以及顧炎武翻刻明經廠略注本，校其異同」。《廣韻校本》於 1937 年由商務印書館影印出版，其後中華書局、臺北世界書局迭有翻印。

〔註 36〕見王國維撰《觀堂集林》卷二十一，中華書局，1959 年，第 1033～1035 頁。

〔註 37〕見傅增湘撰《藏園群書題記》，上海古籍出版社，1989 年，第 587～589 頁。

〔註 38〕筆者所見《琴學叢書》爲上海圖書館藏民國初年刻本，著錄號：線普長 494275-77。

〔註 39〕清末鮑廷爵翻刻《古逸叢書》本《史略》，又加刻黃丕烈印章，且記其刊行於光緒九年（早於《古逸叢書》成書時間一年），以掩翻刻之跡，詳見石田肇《古逸叢書的刊刻及刻工木邨嘉平史略》一文，載《貴州文史叢刊》1992 年第 3 期。

提要（見《琴學叢書》第一冊《琴粹瑣言》），又在第三冊《琴譜》中撰《幽蘭自序》、《幽蘭例言》、《幽蘭古指法解》、《幽蘭減字譜》、《幽蘭雙行譜》。於是黎庶昌在《敘目》中感歎「予非知音，不敢是正，以待世之能鑒希聲者」的《碣石調幽蘭》反而成爲《古逸叢書》中最早得到較充分研究的一種。人書相得之機緣，確非當時可逆睹者。

這一時期的研究成果雖然主要是傳統形式的校記、跋文，但由於研究者均具有深厚的舊學修養，又受新學薰陶，故所論往往別開生面而確鑿可依。研究者多從原書出發，以實證的方法對其加以評價、利用。直到今天，他們的大部份觀點仍然被學界廣泛認同。這一時期的不足是過於重視《古逸叢書》本對某書的校勘、參照價値，較少將注意力置於《古逸叢書》本身，所以對《古逸叢書》所收書的研究還不夠深入，更缺乏將《古逸叢書》整體看作研究對象的意識。

3. 近期研究成果

近期主要指學界開始用符合現代學術規範的論文形式對《古逸叢書》進行研究至今的這一階段（有直接研究者，有間接涉及者）。由於信息傳播方式的逐步改善和理論方法的日益成熟，這一階段研究成果的數量大大增加，其佼佼者與前人著述相比，無論是視野的開闊性還是立論的周密程度都有所進步。

專著方面：

（1）《古逸叢書考》。這是賈二強於一九八六年在陝西師範大學完成的碩士學位論文，分「總說」與「分述」兩部分，對《古逸叢書》的刊刻過程與所收書的底本都進行了考辨。該書是第一部研究《古逸叢書》的專著，篳路藍縷，其功匪淺。

（2）《黎庶昌楊守敬古逸叢書研究》。這是連一峰於一九九七年在中國文化大學完成的碩士學位論文，主要內容爲總結黎、楊二人在日本訪書刻書之意義，並較簡略地敘述了《古逸叢書》所收書的版本情況。

（3）《觀海堂藏書研究》。這是趙飛鵬於一九八六年在臺灣師範大學完成的碩士學位論文，二〇〇五年經修訂後被收入花木蘭文化工作坊出版的《古典文獻研究輯刊初編》第十冊中。該書雖然不是研究《古逸叢書》的專著，但其「東瀛訪書的經過」、「觀海堂藏書的特色」以及「楊氏藏書題記的分析」等章節，都與《古逸叢書》之成書有密切的聯繫。

（4）《黎庶昌評傳》。作者黃萬機，貴州人民出版社一九八九年出版。其第六章第五節專門討論《古逸叢書》的輯印問題，並提出刊印《古逸叢書》過程中，黎庶昌所起作用要大於楊守敬的新見解。

（5）《楊惺吾先生年譜》。作者吳天任，臺北藝文印書館一九七四年出版。該書以楊守敬自撰年譜與楊氏其他著述爲基礎，廣泛搜集他人有關評述和爲楊氏所作的傳記材料，如陳衍《楊守敬傳》、陳三立《宜都楊先生墓誌銘》、汪辟疆《楊守敬熊會貞傳》、容肇祖《史地學家楊守敬》等文，比楊氏自訂年譜更加詳實。

（6）《楊守敬學術年譜》。作者楊世燦，湖北人民出版社二〇〇四年出版。此書體例不如吳撰年譜謹嚴，所述事蹟不注出處，且更改原文，以己意出之，但因成書較晚，故吸收了不少新出材料和成果（如楊守敬與岩谷一六、日下部鳴鶴等人的筆談記錄），可備參考。

（7）《楊守敬學術研究》。這是郗志群於一九九九年在首都師範大學完成的博士學位論文。其中「東渡扶桑，搜印佚書」、「楊守敬藏書中的和刻本及其價值」、「楊守敬版本目錄學的成就及地位」三節論及《古逸叢書》。

（8）《楊守敬學術研究》。這是鄒華清於二〇〇一年在華中師範大學完成的博士學位論文。其中「擅長版本目錄學」、「搜訪闕佚」兩節論及《古逸叢書》。

除上述八種專著外，黃永年編著的《古籍版本學》〔註 40〕、《清代版本圖錄》〔註 41〕（附《清代版本述略》）中也屢次論及《古逸叢書》，多爲其經驗之談，有較高的實證價值。

論文方面：

近期發表的有關論文大致可分爲三個方面，約舉於下：

（1）整體研究《古逸叢書》者：有張新民《黎庶昌及其〈古逸叢書〉》〔註 42〕、《黎庶昌的版本目錄學——讀〈古逸叢書〉箚記》〔註 43〕、陳東輝

〔註 40〕黃永年撰《古籍版本學》，江蘇教育出版社，2005 年。

〔註 41〕黃永年、賈二強編《清代版本圖錄》，浙江人民出版社，1997 年。

〔註 42〕這篇論文首先發表於《貴州社會科學》1984 年第 2 期，後又發表於《古籍整理研究學刊》2006 年第 4 期，論文題目、段落、內容、作者署名均相同，僅細節用詞稍有修改（如前者開頭第一句稱「訪求輯錄了二十六種」，後者改爲「訪求輯錄了 20 餘種」，第四段第一句前者作「蒓齋隋郭嵩燾出使英法」，後者作「蒓齋乃隨郭嵩燾出使英法」）。

《從日本輯刻的〈古逸叢書〉及其文獻價值》〔註 44〕、《〈古逸叢書〉考略》〔註 45〕、長澤規矩也《楊惺吾日本訪書考》〔註 46〕、《古逸叢書の信憑性について》〔註 47〕、高橋智《臺灣故宮博物院所藏觀海堂舊藏日本古鈔本〈論語集解〉之價值》〔註 48〕、石田肇《〈古逸叢書〉をめぐつて》〔註 49〕、《楊守敬と森立之》〔註 50〕、《〈古逸叢書〉的刊刻及刻工木村嘉平史略》〔註 51〕、《高似孫〈史略〉研究》〔註 52〕。其中長澤規矩也的兩篇論文較爲重要。前者整理了所見楊守敬手批《經籍訪古志》和《留眞譜》的批語，並將有關《古逸叢書》的部份彙爲專類，以示區別；後者將《古逸叢書》與其底本的關係分爲四類，又取三種《古逸叢書》校本（《爾雅》、《論語集解》和《杜工部草堂詩箋》）與其底本、印本比對異同，考察《古逸叢書》忠實底本的程度。

（2）研究《古逸叢書》成書背景者：有王鐵策的《楊守敬與森立之的〈清客筆話〉》〔註 53〕，王承略《楊守敬與〈日本訪書志〉》〔註 54〕，來新夏《黎庶昌對異域古籍搜刊的貢獻》〔註 55〕，王寶平《黎庶昌東瀛訪書史料二則》〔註 56〕，陳捷《關於楊守敬與日本刻工木村嘉平交往的考察》〔註 57〕，夏日新《楊守敬日本訪書成功原因初探》〔註 58〕，許媛婷《清末中日文人對影鈔及覆刊漢籍的主張——以楊守敬〈古逸叢書〉成書過程爲例》〔註 59〕。

〔註 43〕《貴州文史叢刊》1992 年第 3 期。
〔註 44〕《社會科學戰線》1993 年第 4 期。
〔註 45〕《史學史研究》1997 年第 1 期。
〔註 46〕見《長澤規矩也著作集》第 2 冊，汲古書院，昭和五十七年（1982），第 235～263 頁。
〔註 47〕見《長澤規矩也著作集》第 1 冊，第 489～502 頁。
〔註 48〕《故宮學術季刊》第 25 卷第 4 期。
〔註 49〕《書論》第 25 號，1989 年。
〔註 50〕《書論》第 26 號，1990 年。
〔註 51〕《貴州文史叢刊》1992 年第 3 期。
〔註 52〕《貴州師範大學學報（社會科學版）》1993 年第 4 期。
〔註 53〕《文獻》1996 年第 2 期。
〔註 54〕《文獻》1989 年第 1 期。
〔註 55〕《北京圖書館館刊》1993 年第 1 期。
〔註 56〕《文獻》2004 年第 4 期。
〔註 57〕《中國典籍與文化論叢》第七輯，2002 年。
〔註 58〕《江漢論壇》2007 年第 4 期。
〔註 59〕《故宮學術季刊》2010 年夏季號。

（3）研究《古逸叢書》所收書版本者：有郗志群《〈漢書・食貨志上〉補校》〔註60〕，范志新《〈古逸叢書〉本〈爾雅〉之底本辨析》〔註61〕，陳東輝、彭喜雙《〈古逸叢書本爾雅之底本辨析〉商榷及釋疑》〔註62〕，崔富章、朱新林《〈古逸叢書〉本〈玉燭寶典〉底本辨析》〔註63〕，張麗娟《南宋建安余仁仲刻〈春秋穀梁傳〉考》〔註64〕，馬月華《略論元泰定本〈廣韻〉》〔註65〕。

與之前相比，近期研究成果數量的增加、範圍的擴大顯而易見，並且有研究國際化的趨勢。這主要得益於文獻調查、信息交流的日益便利，但就其內容而言，仍有不盡如人意的地方。其一，對各書的版本系統缺乏全局性的把握，因此不能精確地辨明其關係；其二，對基本史料的梳理仍顯薄弱，故關於《古逸叢書》刊刻責任等問題仍然眾說紛紜而無定論。

除上述論著外，現代出版的點校本也多有直接用《古逸叢書》本爲底本，或參校《古逸叢書》者，如毛炳生撰《易程傳集校》〔註66〕，曹礎基、黃蘭發點校《南華眞經注疏》〔註67〕，周天遊撰《史略校箋》〔註68〕都以《古逸叢書》本爲底本；周祖謨撰《爾雅校箋》〔註69〕、《廣韻校本》，王孝魚點校《二程集》〔註70〕中的《易傳》，金良年點校《孝經注疏》〔註71〕，樓宇烈撰《老子道德經注校釋》〔註72〕都參校了《古逸叢書》中相關的本子。整理古籍過程中對《古逸叢書》的利用同樣是研究《古逸叢書》的一個重要方面。

還有一些海外學者的專著、論文雖然並非以《古逸叢書》研究爲中心，但與其成書背景、底本性質等問題有密切關係。

〔註60〕《首都師範大學學報（社會科學版）》1996年第6期。
〔註61〕《文獻》2008年第2期。
〔註62〕《圖書館工作與研究》2009年第3期。
〔註63〕《文獻》2009年第3期。
〔註64〕《版本目錄學研究》第一輯，2009年。
〔註65〕《文獻》2010年第2期。
〔註66〕毛炳生撰《易程傳集校》，花木蘭文化出版社，2008年。
〔註67〕《南華眞經注疏》，曹礎基、黃蘭發點校，中華書局，1998年。
〔註68〕周天遊撰《史略校箋》，書目文獻出版社，1987年。
〔註69〕周祖謨撰《爾雅校箋》，江蘇教育出版社，1984年。
〔註70〕《二程集》，王孝魚點校，中華書局，1980年。
〔註71〕《孝經注疏》，金良年點校，上海古籍出版社，2009年。
〔註72〕樓宇烈撰《老子道德經注校釋》，中華書局，2008年。

專著如日本青裳堂書店昭和五五年（1980）出版的木村嘉次撰《字彫り版木師木村嘉平とその刻本》。木村嘉平（四代）是《古逸叢書》刻工中的領袖，本書記載了其家族、門徒的主要事蹟（作者係第四代木村嘉平之孫），其中有部份涉及《古逸叢書》刊印的內容〔註 73〕。

論文如《影弘仁本文館詞林》〔註 74〕附錄的阿部隆一《文館詞林考》、尾崎康《文館詞林目錄注》、《文館詞林現所在一覽表》、《高野山本文館詞林舊現藏・影鈔一覽表》、《非高野山本文館詞林舊藏・著錄一覽表》，均有助於瞭解《古逸叢書》本《文館詞林》底本的來歷；岡井愼吾《玉篇研究》理清了日本所存的各種《原本玉篇》與印行本的對應關係，又將《原本玉篇》與歷代刊行的完整的《大廣益會玉篇》做詳細的比對，從而較完整地勾畫出《玉篇》流傳變化的軌跡，《古逸叢書》本《原本玉篇零卷》的價值也因此得到了最準確的評價〔註 75〕。凡此種種，都是《古逸叢書》研究者不可忽視的材料。

四、本文研究思路

《古逸叢書》研究至今，無論是成書背景的調查還是底本版本的考訂，都已取得豐富的成果，但關於該書的編刊過程仍缺少全局性研究。筆者認爲，應首先解決以下三個問題。

其一、《古逸叢書》向以覆刻精良著稱，但由於編刊過程中的校改，其印本與底本之間仍有明顯的差異。要正確認識《古逸叢書》覆刻的性質，必須先對從底本到印本的過程中主事者所作的校正加工的內容有深入的研究。

其二、《古逸叢書》的印本面貌是在刻印過程中確定的，爲了瞭解印本面貌的來歷，應充分利用版片、試印本、初後印本等各階段對應的實物材料，在描述刻印工作細節的基礎上闡明其與印本面貌之間的聯繫。

其三、黎庶昌、楊守敬是《古逸叢書》主事者，他們所做的編刊方面的具體工作和關於覆刻古籍觀念上的異同直接決定了全書的性質和特點，所以

〔註 73〕因爲作者是日本人，故書中對中文史料的識讀有一些問題，如第 9 頁抄錄《古逸叢書》目次時將「影宋紹熙本穀梁傳」寫成「給熙本」、將「影宋台州本荀子」寫成「臺州本」，第 11 頁抄錄黎庶昌《穀梁傳》題記時將「余氏家塾」寫成「餘氏家熟」。

〔註 74〕日本古典研究會昭和四十四年（1969）出版。

〔註 75〕有關岡井愼吾《玉篇研究》的內容簡介，轉引自李慶師《日本漢學史》第二部，上海外語教育出版社，2004 年，第 528～533 頁。

在研究《古逸叢書》本身時，也應注意其背後的人的因素，將主事者訪書刻書的事蹟較爲完整準確地勾稽出來。

研究古籍版本時，不僅要比對其文本異同，還應關注其實物形制，故本文對史實勾稽、文本校勘和實物材料調查均給予相當的重視，希望最終能較爲客觀地還原《古逸叢書》的編刊過程，並對現存印本的有關特點做出合理的解釋。

上編　《古逸叢書》底本考

選擇底本是編刊叢書的基礎，底本的版本優劣直接決定了叢書的文獻價值，所以研究《古逸叢書》編刊問題的第一步就是對其底本進行考察。因爲《古逸叢書》屬於雜纂類叢書，又「刻隨所獲」〔註1〕，缺少周密的規劃，故其所收書底本的性質、來源不盡相同，如欲對其分類，可適用多個分類標準。以刻本和寫本區分，《易程傳》、《荀子》、《南華眞經注疏》等書屬於刻本系統，《論語集解》、《御注孝經》、《原本玉篇零卷》等書屬於寫本系統；以原書、影鈔本或傳鈔本區分，《楚辭》、《大宋重修廣韻》等書用原書（刻本）作底本，《爾雅》、《春秋穀梁傳》等書用原書之影鈔本作底本，《玉燭寶典》用原書之傳鈔本作底本。凡此種種，皆可見《古逸叢書》所收書之龐雜。長澤規矩也在《古逸叢書の信憑性について》一文中將《古逸叢書》與其底本的關係分爲四類：

1. 將主事者得到的原書作爲底本。
2. 將主事者得到的原書影寫本作爲底本。
3. 將主事者得到的原書寫本（即傳鈔本）作爲底本。
4. 製作原書的影寫本作爲底本。

此說有一定的道理，但前三條都是指有完整的底本來源的情況，第四條則是指底本的部份或全部出於主事者自製的情況，標準仍不統一。根據筆者研究，《古逸叢書》所收二十六種書的底本大致可分爲兩類，其一爲覆刻已有之書，但在覆刻過程中多加校正，可稱之爲「校正覆刻型底本」；其一爲組合

〔註1〕語出黎庶昌《刻古逸叢書序》。

多種古籍的文本、字體，使之成爲新的底本，可稱之爲「集字成書型底本」。《古逸叢書》的底本中絕大部份屬於前者。

根據此標準，本編分別選取《古逸叢書》本《爾雅》、《易程傳》與《老子注》作爲底本考察的重點，前兩種書的底本屬於校正覆刻型，後者的底本則屬於集字成書型。對這三種底本的研究又各有側重。

《爾雅》研究，主要考察《古逸叢書》本與宋監本的確切關係（後者向來被認爲與《古逸叢書》本底本的祖本同源），藉以探討《古逸叢書》底本的源流問題。

《易程傳》研究，比對現藏復旦大學圖書館的元至正本殘帙與《古逸叢書》本之間的異同，考察《古逸叢書》主事者對底本進行校改的問題。

《老子注》研究，分別從文本和實物兩方面推考《古逸叢書》集字成書的方法及其得失。

通過這三例個案研究，對《古逸叢書》的底本問題或可獲得相對完整的認識。

第一章　校正覆刻型底本研究之一
——以《爾雅》爲例

《古逸叢書》本《爾雅》的底本是一部日本室町時期覆宋刻大字本的影抄本。黎庶昌、楊守敬均認爲其祖本即後唐蜀本，故題作《影覆宋蜀大字本爾雅》。王國維撰《五代監本爾雅跋》，提出室町時覆宋大字本實爲五代監本經南宋補刻者，民國二十一年（1932）故宮博物院影印《天祿琳琅叢書》時便根據王說改題所收《爾雅》爲《宋監本爾雅郭注》。《古逸叢書考》也明確地將《天祿琳琅叢書》本《爾雅》的底本稱爲《古逸叢書》本《爾雅》的祖本。此後范志新、陳東輝等人續有討論，但關於《古逸叢書》本《爾雅》的版本問題，仍有未發之覆，故本章再作專門研究。

一、《爾雅》在《古逸叢書》中的地位

在《古逸叢書》所收的二十六種書中，《爾雅》的底本時代既非最早（《古逸叢書》本《玉篇》、《文館詞林》的底本時代多源於唐鈔），形式也平平無奇（《穀梁傳》摹刻的精緻、《南華眞經注疏》集字的奇巧都不是它可以比擬的）。它被列爲《古逸叢書》第一種的原因何在，是我們開始研究其底本前要解決的問題。筆者認爲，主要有以下三點：

1.《古逸叢書》刊印之事緣起於楊守敬日本訪書，而楊氏訪得之書以小學爲大宗。

《鄰蘇老人年譜》「壬午」年條：

> 及黎公有刻書之議，則日日物色之。又得森立之《經籍訪古志》抄本，其時立之尚存，乃按目索之，其能購者，不惜重值，遂已十

得八九，且有爲立之所不載者數百種。大抵醫書類爲多，小學類次之〔註 1〕。

黎庶昌對刊刻醫書沒有興趣，其所刻書中無一醫籍，故選目時以小學類書籍爲重點（所收書中有關小學者共七種，占總數的四分之一強，是《古逸叢書》中比重最大者）。小學類中，《爾雅》屬正經，其體最尊，他書皆不能及。

2.《古逸叢書》所收小學書中，《爾雅》、《大宋重修廣韻》和《原本玉篇》文獻價值最高，而《大宋重修廣韻》中國已有張士俊影刻之澤存堂本，其底本與《古逸叢書》底本同源，足敷時用；《原本玉篇》只存零卷，雖多吉光片羽，但既非全書，又久佚於中國，故當時學者研讀查考時皆用卷帙完整的《大廣益會玉篇》，不知有原本存世，更無所謂需求了。唯獨《爾雅》一直是必讀的經書，中國卻久不見善本〔註 2〕。《木犀軒藏書題記及書錄》「爾雅三卷」條稱：「《爾雅注》三卷，是元明間刊本……然《爾雅》自東洋景蜀大字本未入中國，絕少善槧，則此本不得不與宋本同珍也。」以李盛鐸的閱歷，尙且要將元明間刊《爾雅》看作與宋本同樣珍貴，則《古逸叢書》刊印前，中國的《爾雅》善本之匱乏與學界之渴求可想而知。楊守敬當然瞭解這一點，所以在《日本訪書志緣起條例》中將《爾雅》列爲急宜刊布的小學類書籍的首位。

與《爾雅》情況相似，同樣在中國久絕善本流傳的經書還有《春秋穀梁傳》，但相對《爾雅》而言，當時研讀《春秋穀梁傳》的中國學者比較少〔註 3〕，刊行該書對學界的影響也不像《爾雅》那麼顯著，這應該是《古逸叢書》中

〔註 1〕《鄰蘇老人年譜》，第 18 頁。

〔註 2〕《古逸叢書》刊印前中國僅存宋本《爾雅》兩部，皆南宋本。其一內府秘藏，1932 年才由故宮博物院影印行世，其一藏於常熟瞿家，至商務印書館出版《四部叢刊》時才爲世人熟知。民國以前，宋本原書外，只有瞿家藏本的一部影鈔本曾經高郵王氏、顧千里、張仲炤遞藏。明清公私書目中著錄宋本《爾雅》的僅有瞿家自己的《鐵琴銅劍樓藏書目錄》而已，其珍秘可知。所以當時中國最常利用的《爾雅》善本不過元雪牕書院本（及其翻刻本）和明吳元恭翻宋本而已，專治爾雅的學人也未見談及宋本者。

〔註 3〕森（立之）：「日本小島，且在今日則學者掃地無一人。只汲汲爲浮雲之貴者皆是。雖然，同好者流亦唯有四五輩耳。噫，如（森氏朱筆改爲在）貴邦則如《穀梁傳》讀之者不知幾千人。我邦無一人讀《穀梁》者。況其善本與否，誰分涇渭是爲耶。」楊（守敬）：「我邦讀《穀梁傳》者，萬人中不一人。三傳束高閣，古今同慨。唯《左傳》頗有習之者。」見《清客筆話》，第 530 頁。

《爾雅》居首，《春秋穀梁傳》次之的主要原因。另外，《春秋穀梁傳》影刻艱難，工期較長的因素也可能對叢書排序有所影響〔註4〕。

3. 拋開其經書身份不談，《古逸叢書》本《爾雅》的版本還具有特殊的意義。黎庶昌在《古逸叢書敘目》中稱此本有「蜀本眞面目，最可貴」，楊守敬更作跋稱「此本當根源於長興本。今日海內所存宋槧，當以此爲第一，勿論《爾雅》刊本無與之爲比也」〔註5〕。在黎、楊看來，此本《爾雅》源自五代，版本最古。《古逸叢書》既以「古本逸編」「概還其眞」爲宗旨，取此「海內所存宋槧第一」冠諸卷首，自然是再合適不過的了。

二、宋監本與古逸本的聯繫

光緒十年（1884），《古逸叢書》刊成於日本。同年版片運回中國，又經多次刷印而導致版片明顯磨損。民國辛酉（1921），吳縣曹允源安排中國刻工對《古逸叢書》的部份版片進行修補。故傳世的《古逸叢書》有日本印本〔註6〕、中國早期印本和中國補版後印本之分。筆者在復旦大學圖書館調取了分屬於三個階段的《爾雅》印本進行對校，確認這三種印本之間只有因版片逐漸磨損造成的板匡、筆劃完整程度上的差異，無人爲剜改的痕跡〔註7〕。因此在比較《古逸叢書》本《爾雅》與其他版本《爾雅》的異同時，不必考慮

〔註4〕《古逸叢書》本《爾雅》字大行疏，《春秋穀梁傳》則細密精美，二者的影刻難度相去甚遠。光緒十年，楊守敬爲木邨嘉平畫像題詞，稱：「木邨嘉平者，日本梓人第一。余爲遵義黎氏刻《古逸叢書》，中有影宋本《穀梁傳》，最難措手，廼（當作迺）以屬之嘉平，踰年刻成，竟出原本上」。見《字彫り版木師木村嘉平とその刻本》，第8頁。

〔註5〕見王重民輯《日本訪書志補》「爾雅注三卷」條。

〔註6〕日本印本包括最初的單行本和全書刊成後整套刷印的叢書本。據日本《書藝》雜誌第4卷第11號《楊守敬特集》所載《宜都楊氏觀海堂書目》介紹，楊氏自藏的《古逸叢書》日本初印單行本有《爾雅》、《穀梁傳》等七種，印刷、用紙皆極精美（轉引自石田肇《古逸叢書的刊刻及刻工木邨嘉平史略》），但筆者在北京大學圖書館和南京圖書館見到的兩部《古逸叢書》本《爾雅》的單行本無論是印刷還是用紙都不如日本美濃紙印叢書本，頗爲可疑。故本章對比《古逸叢書》本《爾雅》的先後印本時，日本印本只取美濃紙印叢書本爲樣本。又按湖北省博物館所藏楊守敬編《鄰蘇園藏書目錄》相關內容只有「影蜀本《爾雅》三本」、「覆宋蜀大字本《爾雅》一本」、「影覆宋蜀大字本《爾雅》」、「東洋刻《爾雅》百十二本（欠十五本）」四條，未見注明單行本者，與《書藝》所載《宜都楊氏觀海堂書目》不同。

〔註7〕曹允源《重修古逸叢書敘》中也未提到曾對《爾雅》的版片進行修補。該序文多冠諸《古逸叢書》補版後印本首冊的卷端。

《古逸叢書》本身的先後印問題。

爲免辭費，下文中的《古逸叢書》本《爾雅》簡稱古逸本，《天祿琳琅叢書》本《爾雅》簡稱宋監本。

據《日本訪書志》卷三「爾雅注三卷」條〔註 8〕及古逸本所附楊守敬跋文，可知古逸本的底本是日本室町時覆刻宋大字本的影鈔本。室町覆刻本的底本今已不可見，但《天祿琳琅叢書第一集敘目》中明確地將宋監本稱爲古逸本的祖本。

> 《爾雅郭注》三卷
>
> 影南宋監本。南宋胄監大字諸經多覆北宋監本，北本則源出後唐長興舊刻。《爾雅》爲四門博士李鶚書，《玉海》著其淵源甚備。《古逸叢書·爾雅》亦祖是刻而誤以爲出於蜀本。

《古逸叢書考》也認爲宋監本與古逸本有「明顯遞嬗關係……其諱字、行款、版幅及版式皆契合，尤其是字之結體亦無一不合」〔註 9〕，所言籠統而不夠確切，故筆者通校二本，類編可說明其關係的材料於下：

宋監本與古逸本均分三卷，行款同爲半葉八行，行十六字，小字雙行，行二十一字。在文字內容和寫刻形式上，二本有大量相互吻合的細節，今分三類述之：

1. 同一字在書中的不同位置有不同寫法。宋監本與古逸本在各個位置的寫法均相同。

《爾雅》書中文字多有重複，部份重複之字宋監本的前後寫法有別，古逸本該字的前後寫法均與宋監本一致，如卷中第十六葉後半葉　共有四個「南」字，宋監本與古逸本均寫成「南」，而卷中第二十二葉前半葉第一行「霍山爲南嶽」之「南」字，宋監本與古逸本均寫成「南」。同葉同行內，某字重出而前後寫法不同時，宋監本、古逸本也保持一致，如卷中第九葉前半葉第七行「穹蒼……穹隆」，前一「穹」字宋監本、古逸本均作「穹」，後一「穹」字宋監本、古逸本均作「穹」；又如卷中第十三葉前半葉第四行「謂之柳……柳鶉」，前一「柳」右邊之「卯」，宋監本、古逸本均作「夘」，後一「柳」右

〔註 8〕《日本訪書志》卷三「爾雅注三卷」條：「影鈔蜀大字本……此本爲翻蜀大字本……此本後爲黎公刊入《古逸叢書》中，余別有札記，未刊。又按此書據松崎明復云是日本室町氏所刻……」。

〔註 9〕見《古逸叢書考》，第 14～15 頁。

邊之「卯」，宋監本、古逸本均作「卯」。

2. 宋監本與古逸本在相同的位置出現相同的異體字。

如卷中第十八葉後半葉　第四行「斗」字，宋監本寫作斗，古逸本寫作斗；又如卷下第六葉後半葉　第二行「厤」字，宋監本寫作厤，古逸本寫作厤。

卷上第十五葉前半葉第八行「範」字，宋監本、古逸本均作「範」；卷中第十葉後半葉　第五行「淵」字，宋監本、古逸本均作「淵」；卷下第四葉前半葉第一行「莔」字，宋監本、古逸本均作「莔」。

卷上第十二葉後半葉　第三行「戒」字，宋監本、古逸本均作「戒」；卷中第二葉後半葉　第二行「朮」字，宋監本、古逸本均作「朮」；卷下第六葉前半葉第五行「皀」字，宋監本、古逸本均作「皁」。

3. 宋監本不誤，古逸本誤，但誤字顯然是由正字變化而來。

因古逸本的底本是在宋本覆刻本的基礎上影鈔而成的，展轉摹寫，不能無誤。筆者也發現了不少宋監本正確而古逸本錯誤的文字，但正字誤字往往形態相近，細審宋監本正字之寫法，可知古逸本誤刻之緣由。如卷上第二十一葉後半葉第七行「欺誑人」之「誑」字，宋監本不誤，而中間「犭」部上面未出頭，作狂，古逸本遂將未出頭之「犭」誤認爲「彳」，刻成狂（古逸本中多見「犭」部誤刻作「彳」者）；卷上第十七葉前半葉第二行「空者爲罄」之「罄」字，宋監本左上角一點稍稍出頭，作声，古逸本遂誤以爲此出頭之點應爲單獨的一豎，故刻成声；卷中第三葉後半葉第八行「無室曰榭」之「榭」字，宋監本作榭，「身」之一撇與「寸」之一點相近，古逸本遂以爲此相近之兩筆當係一筆，刻成榭。

凡此種種，皆可證明雖然從宋本到古逸本，經歷了覆刻、影鈔、再覆刻的傳遞，但古逸本仍然基本保留了宋本的面貌。《天祿琳琅叢書》所收的宋監本與古逸本祖本確實屬於同一版本系統（或爲同一板的先後印，或爲原板刷印本與補板後印本的關係）。

三、宋監本與古逸本的差異

上文論證了宋監本與古逸本祖本屬於同一版本系統，但二者畢竟不是同一部書。宋監本卷端鈐有「宋本」、「甲」、「毛晉私印」、「子晉」、「汲古主人」、「毛扆之印」、「斧季」、「青箕生」等八印，卷尾鈐有「毛晉之印」、「毛氏子晉」、「毛扆之印」、「斧季」等四印，無日人收藏印，而古逸本祖本則在日本流傳，並早在室町時期就有日人覆刻本；宋監本末兩葉不存，由毛氏鈔補，室町覆刻本則首尾完整。從祖本到古逸本又迭經摹刻，故宋監本與古逸本之間也存在明顯的區別，今分三個方面論述其差異。

1. 避諱

《古逸叢書考》稱古逸本與宋監本「諱字契合」，並不准確。今將古逸本與宋監本的避諱字分列如下。

古逸本諱字：

徵、弘、彀、遘、率、恒、愼、胤、寧、昜、頊、玄、楨、玆、佇、般、匡、桓、顒、丘、宁、琝、弦、旻、牽、鸋、鷩、貆、羚。

宋監本諱字：

徵、彀、遘、恒、愼、胤、昜、頊、玄、楨、般、朗、匡、桓、瑗、禎、弦、貞、貆。

其中「寧、佇、顒、丘、宁、旻、鸋、羚」屬清諱，係古逸本刊板時剜改。「玄」字雖宋、清同諱，但清人避諱更嚴，故宋監本的「率、玆、牽、鷩」字完整，而古逸本的「率、玆、牽、鷩」字中之「玄」部缺末筆（古逸本缺筆也有疏漏，如卷上第二葉前半葉第六行「率」字重見，前一「率」之「玄」部缺末筆，後一「率」之「玄」部則完整），。

值得注意的是二本的宋諱問題。

楊守敬《日本訪書志》「爾雅注三卷」條明言古逸本的底本是翻蜀大字本的影鈔本，又根據松崎明復〔註 10〕《景宋本爾雅校譌》所述定翻蜀大字本爲室町時刻本，並將森立之《經籍訪古志》「爾雅三卷」條附於古逸本後，可知楊氏認爲松崎明復所見「室町氏時翻刻大字本」、森立之所見「覆宋大字本」與《日本訪書志》所言「翻蜀大字本」是同一種書。

《校譌》記室町翻刻本避諱字云：「敬、驚、弘、般、匡、胤、玄、朗、恒、楨、貞、禎、徵等字皆缺筆，其係補刊者，桓、遘、愼三字皆缺筆，餘溝、購等字及桓、愼二字係原刻者亦不缺筆。」

《經籍訪古志》記覆宋大字本避諱字云：「敬、驚、弘、般、匡、胤、

〔註 10〕松崎明復即松崎慊堂（1771～1844），名復，初名密，字明復，號慊堂，肥後人。著作有《慊堂日錄》、《海錄碎事》等。見李慶師撰《日本漢學史》第 1 冊，第 26 頁。

玄、朗、恒、楨、眞、徵等字欠筆，間有南宋孝宗時補刊，桓、溝、愼三字欠筆。」

根據筆者的調查結果：

「敬」字，古逸本、宋監本凡五見，無一缺筆。

「驚」字，古逸本、宋監本凡三見，無一缺筆。

「弘」字，古逸本、宋監本凡一見，古逸本缺末筆，宋監本不缺。

「殷」字，古逸本、宋監本凡五見，均缺末筆。

「匡」字，古逸本、宋監本凡一見，均缺末筆。

「胤」字，古逸本、宋監本凡一見，均缺末筆。

「玄」字，古逸本、宋監本凡十三見，均缺末筆。

「朗」字，古逸本、宋監本凡一見，古逸本不缺，宋監本缺「月」中二橫。

「恒」字，古逸本、宋監本凡五見，均缺末筆。

「楨」字，古逸本、宋監本凡一見，均缺末筆。

「貞」字，古逸本、宋監本凡一見，古逸本不缺，宋監本缺末筆。

「眞」字，古逸本、宋監本凡兩見，均不缺筆。

「禎」字，古逸本、宋監本凡一見，古逸本不缺，宋監本缺末筆。

「徵」字，古逸本、宋監本凡六見，卷中第八葉前半葉第二行「徵謂之迭」之「徵」字古逸本缺末筆，宋監本不缺，另外五處「徵」字二本均缺末筆。

「桓」字，古逸本、宋監本凡三見，均缺末筆。

「遘」字，古逸本、宋監本凡三見，均缺筆作「遘」。

「溝」字，古逸本、宋監本凡一見，均不缺筆。

「購」字，古逸本、宋監本凡一見，均不缺筆。

「愼」字，古逸本、宋監本凡七見，卷上第二葉後半葉　第六行、第七行兩處「愼」字古逸本缺末筆，另外五處古逸本均不缺，宋監本七處「愼」字均缺末筆。

古逸本與《校譌》、《經籍訪古志》校記有出入的地方主要是「敬、驚、朗、貞、眞」等字，校記說缺筆，而古逸本不缺。「桓」字校記說原刻者不缺筆，而古逸本均缺。宋監本的「敬、驚、弘、眞」等字均不缺筆，而「愼」字缺。

如果《校譌》、《經籍訪古志》所記不誤的話，則《日本訪書志》著錄的翻蜀大字本與松崎明復、森立之所見本雖然都是覆刻宋本，卻存在先後板次之分。松崎明復、森立之所見本有原刊葉，有補刊葉，原刊葉「桓」字完整，補刊葉「桓」字缺筆，而古逸本均缺筆，這意味著古逸本底本據以影鈔的翻蜀大字本實際上是一個更晚的本子。當其翻刻時，「桓」字完整的原刊葉都已換成了缺筆的補刊葉。也就是說，雖然楊守敬認爲翻蜀大字本與松崎明復所說的室町覆刻本是同一種書，事實卻並非如此簡單。

「愼」字的情況與「桓」字相似，松崎明復、森立之稱原刊葉「愼」字完整，補刊葉「愼」字缺筆，古逸本也同時存在完整和缺筆的兩種「愼」字，說明翻蜀大字本的底本中包含「愼」字的部份原刊葉尚存，而宋監本「愼」字均缺筆，所以宋監本是一個相對於翻蜀大字本更晚的本子，因爲刷印宋監本時，所有「愼」字完整的原刊葉都已換成了缺筆的補刊葉。

爲了便於理解相關版本之間的關係，筆者將其製成圖表如下：

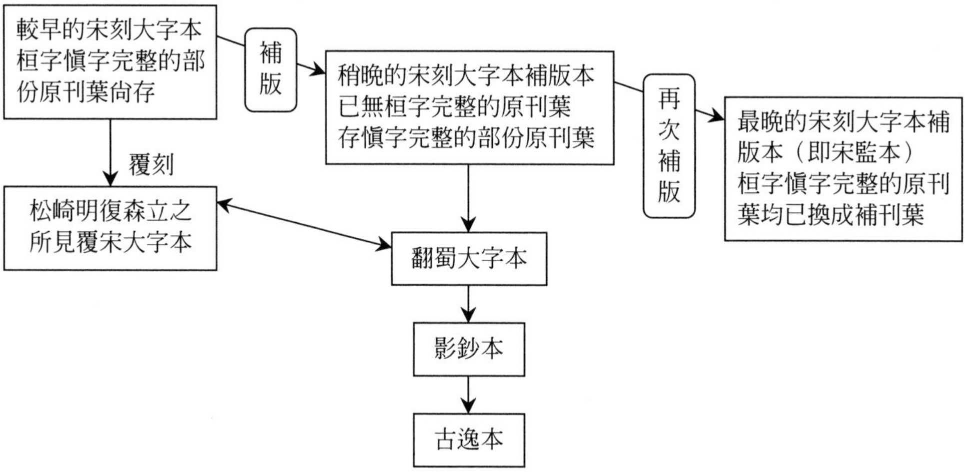

上文研究的是《校譌》、《經籍訪古志》稱某字不缺筆，而古逸本、宋監本缺筆的情況。此外，「敬、驚、朗、貞、眞」等字，《校譌》、《經籍訪古志》稱缺筆，古逸本、宋監本卻不缺的原因也應稍作探討。

筆者請人核對了臺北故宮博物院所藏日本影鈔本（即古逸本底本）的避諱情況〔註 11〕，確認「敬、驚、朗、貞、眞」等字日本影鈔本均完整，而「桓、

〔註 11〕因筆者無法親自去臺灣故宮博物院目驗該書，故請時在臺北訪學的廖明輝代爲覆核。

胤、勗」等字缺筆，可知古逸本與《校譌》、《經籍訪古志》所言避諱字不合，是由於其底本如此，並非《古逸叢書》刊刻時所改。這種避諱不一致的現象大概是由於迭經日本人覆刻、影鈔造成的。

雖然古逸本《爾雅》的避諱字較爲忠實地保留了底本的原貌，但《古逸叢書》中也有針對底本的避諱字反覆修改的情況，今以復旦大學圖書館所藏美濃紙印《古逸叢書》本《御注孝經》爲例對此現象加以說明。

復旦大學藏《古逸叢書》（著錄號：250105:3），是一套完整的叢書極初印本，爲和刻本常見的四孔等距裝訂形式，內葉用薄而堅韌的淡黃色美濃紙，刷印極佳，且保留了許多與通行本不同的初印細節特徵。其第五種爲《御注孝經》（此書底本爲日本寬政十二年源弘賢（即屋代弘賢）影刻舊鈔卷子本）〔註 12〕，其中有三處避諱字存在貼紙塗改的痕跡。現將寬政刻本、《古逸叢書》復旦大學藏美濃紙印本和通行中國印本的相關書影排列於下：

第八葉前半葉第四行「愼行禮法」中的「愼」字（見圖一）

圖一

左爲寬政刻本，中爲復旦藏本，右爲通行中國印本

第八葉後半葉　第三行「戒愼」中的「愼」字（見圖二）

圖二

左爲寬政刻本，中爲復旦藏本，右爲通行中國印本

〔註 12〕楊守敬手批《經籍訪古志》「（享祿鈔）御注孝經」條注曰：「《古逸叢書》即據屋代弘賢本重翻，而去其日本點校」，見《楊惺吾日本訪書考》（上），第 247 頁。屋代弘賢（1758～1841），江戶時代後期的國學者、藏書家，號輪池，初名詮虎，曾參與《古今要覽稿》、正續《群書類從》的編纂。生平見《廣辭苑》相關詞條。

第八葉後半葉　第四行「恒愼」中的「恒」字（見圖三）

圖三

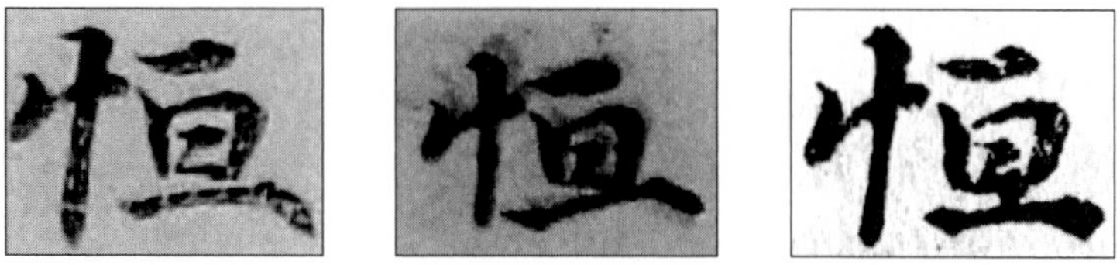

左爲寬政刻本，中爲復旦藏本，右爲通行中國印本

就第一條例子中的「愼」字而言，作爲底本的寬政刻本並不缺筆，復旦藏本的原印葉面也是完整的（透過貼紙可以看到原印的字形），而貼紙上的「愼」字同樣不缺筆。既然文字不變，爲什麼要多此一舉地在復旦藏本上貼紙？經仔細觀察，可以看到貼紙上的「愼」字其實分爲兩部份，「慎」是刷印而成的，最後一點則是墨筆書寫。藉這一區別就能想見貼紙改字的過程。

底本「愼」字不缺筆，據此影刻的《古逸叢書》試印本也不缺筆。試印本成書後，校勘者在檢查時出於某種考慮，認爲「愼」字應該缺筆，於是單獨雕了個「慎」字，刷印成小紙片，再將其貼在試印本對應的位置上。初次校勘者大概是日本人，認爲「愼」爲宋諱，遵古例應缺筆，卻未意識到此本《御注孝經》並非影鈔自宋刻本〔註 13〕；也可能是受日本工匠的書寫習慣影響，不自覺地改爲缺筆〔註 14〕。二次校勘時，校勘者發現此處問題，認爲實不必改，於是用墨筆在貼紙的「慎」字上補書一點。最終刷印定本時，版片也回改爲完整的「愼」字。因此雖然今日所見底本（寬政刻本）和通行印本此處皆不缺筆，其間卻經歷了一段曲折的校改過程。另外，底本和通行印本的「愼」

〔註 13〕此本《孝經》爲唐開元十年初注本，天寶時唐明皇重注後，初注本即廢棄，且此本「書法亦神似明皇御書，想原本必效明皇手跡，故此尚有典型」（見《日本訪書志》卷二「唐玄宗開元注孝經一卷」條），則可能影鈔自唐寫本，更在宋刻以前。

〔註 14〕《日本訪書志》卷二「論語集解十卷」條：……至《退朝章》注中「匡」作「𠥥」，此亦因當時宋本書流傳彼國最多，觸目皆是，故鈔胥輩亦信筆效之。即如楓山庫所藏古卷子《左傳》，確爲六朝本之遺，而所書「桓」字亦多作「桓」，蓋緣彼本亦鈔於宋末，故有此弊也。不特此也。余所見日本當宋時所鈔彼國古文書及佛經，凡「匡」「桓」字皆多作「𠥥」「桓」，又如慶長活本《七經》實不盡據宋本而所用活字皆缺「桓」「匡」「貞」等筆，此足見習慣不察矣。

字字同而形異，足證初次校勘後即對版片進行了剜補，後來雖然改回，但原刻之字已不能復原了。第二條、第三條例子與此同理。

2. 校改

通過對校，筆者發現古逸本與宋監本除避諱有別外，正文內容也有出入，其中部份文字明顯有校改的痕跡。而楊守敬在日本所見的《爾雅》善本，除了影鈔翻蜀大字本外，還有一部「重翻北宋本」。《古逸叢書》刊板時是否參考了這個本子，有必要用對校的方法加以驗證。

《日本訪書志》卷三「爾雅注三卷重翻北宋本」條：

> ……松崎明復定爲北宋仁宗時刊本，亦有桓、遘二字缺筆，則係南宋時補刊。其版心有重刊重開記，每卷末附《釋音》，比前本〔註15〕字稍小，然望而知爲北宋刊本也。其中僞舛不少，然無臆改之失，遠勝元以來刊本。此書原本爲日本大醫某所藏，狩谷望之借之精摹而松崎明復據以重刊，又別作《校譌》以附于後。

上海圖書館藏景宋本《爾雅》一部，行款、內容與《日本訪書志》所言悉合，即所謂「重翻北宋本」。正文三卷，末卷後附《校譌》，分訂兩冊。首冊開本高二十五點五釐米，寬十七點九釐米。正文首葉前半葉板匡高二十一點六釐米，寬十四點八釐米。內封題「景宋本爾雅」，牌記爲「羽澤石經山房刻梓」。首爲《爾雅序》，次爲《爾雅》正文。正文半葉十行，行二十字，小字雙行，行三十字。左右雙邊，白口，單魚尾，版心中記書名、卷數，下記刻工。各卷末記該卷經注字數，又分附《音釋》三卷。《校譌》末葉有跋，署天保甲辰春月益城松崎復識時年七十有四。下文簡稱天保本。

經對校發現古逸本與宋監本不同，而與天保本相同之處共七十五條，約可分爲四類：

（1）古逸本有明顯剜改痕跡者

如古逸本卷上第一葉前半葉第八行「壬」字，古逸本、天保本作「壬」，宋監本作「王」，古逸本的「壬」字最下一横長於中間一横，作壬，顯係剜改「王」字第一横而成；古逸本卷上第二葉後半葉　第四行「墮」字，古逸本、天保本作「墮」，宋監本作「隋」，古逸本「墮」下之「土」顯係後補入者；古逸本卷上第十六葉後半葉　第八行「𧝁」字，古逸本、天保本作「𧝁」，宋監

〔註15〕指影鈔翻蜀大字本，即古逸本底本。

本作「𧎬」，古逸本「𧎬」右之「虫」筆劃加重，顯係剜改而成。

（2）宋監本為異體字，古逸本與天保本為通行寫法者

如古逸本卷上第八葉前半葉第二行「翰」字，宋監本作「翰」，古逸本與天保本作「翰」；古逸本卷中第二十二葉前半葉第五行「井」字，宋監本作「丼」，古逸本與天保本作「井」；古逸本卷下第五葉前半葉第三行「賫」字中之「罒」，宋監本作「罒」，古逸本與天保本作「罒」。

（3）宋監本為譌字，古逸本與天保本為正字者

如古逸本卷上第十葉前半葉第三行「享祀」，古逸本、天保本均作「享」，宋監本作「亨」；卷上第十六葉前半葉第四行「詩曰」，古逸本、天保本均作「詩」，宋監本作「謂」；卷上第二十二葉前半葉第四行「蒼頡」，古逸本、天保本均作「蒼」，宋監本作「箸」；卷中第十三葉後半葉第六行「大道」，古逸本、天保本均作「大」，宋監本作「火」。

（4）宋監本為正字，古逸本與天保本為錯字或異體字者

如卷上第十七葉後半葉　第七行「恐」字，宋監本作「恐」，古逸本與天保本作「恐」；卷下第十八葉後半葉　第八行「饒」字右下角，宋監本作「兀」，古逸本與天保本作「几」。

總的來說，古逸本與天保本相同，而異於宋監本之處，絕大部份都是宋監本爲異體字或譌字，古逸本與天保本爲正字。從古逸本有明顯剜改痕跡、不同於宋監本而與天保本相同的地方有七十五處之多這兩點來看，楊守敬在主持刊刻工作時確實參照天保本（即《日本訪書志》所稱「重翻北宋本」）進行了校改。

3. 古逸本獨異之處

除避諱和據他本校改之外，古逸本還有大量既不同於宋監本，也不同於天保本的地方。這種獨異之處凡一百四十四見。其中有天保本、宋監本都是異體字或譌字，而古逸本獨爲正字的情況〔註 16〕，但更多的是古逸本獨有的異體字或訛字：有多一筆者，如卷上第五葉前半葉第七行「隰」字，宋監本與天保本均作「隰」，古逸本作「隰」；有少一筆者，如卷上第九葉後半葉第

〔註 16〕 如卷上第二葉前半葉第八行「閎天」，古逸本作「天」，宋監本、天保本均作「夭」；卷上第二十葉前半葉第五行「陋人」，古逸本作「陋」，宋監本與再造本均作「陋」。

二行「傅」字，宋監本與天保本均作「傅」，古逸本作「傅」；有筆劃過頭者，如卷中第二十葉後半葉　第一行「平坦」，宋監本、天保本作「坦」，古逸本作「坦」；有筆劃不足者，如卷下第六葉前半葉第六行「蔜」下之「敖」，宋監本與天保本均作「敖」，古逸本作「敖」；有偏旁獨異者，如卷中第二葉後半葉　第六行「祝祭」，宋監本與天保本均作「祝」，古逸本作「祝」；有全字不同者，如卷上第四葉後半葉第八行「離祉」，宋監本與天保本均作「祉」，古逸本作「社」。

古逸本的獨異之處的成因尚不清楚，但考慮到其底本係日本影鈔本，也許是因爲日本書手對中國漢字的寫法不夠熟悉，故多有筆劃增減或部首錯亂的問題。這種推測是否成立，還有待今後相關文獻的調查。

四、古逸本末葉的兩個問題

古逸本末葉有全書字數統計和書手題款，這兩項內容是確定其版本年代、價值的首要證據，之前的考訂者無不以末葉題款爲立論基礎，森立之、楊守敬、王國維皆然，但此二者均有疑點，宜重加審核（宋監本末二葉佚去，今存者爲毛氏鈔補，無字數統計，亦無書手題款。古逸本末葉所記遂成孤證，只能藉原書推考）。

1. 字數問題

古逸本卷下第二十八葉（正文末葉）前半葉第五行大字書「經凡一萬八百九言」，第六行大字書「注凡一萬七千六百二十八言」。根據筆者手工統計的結果，古逸本卷上經文爲三千八百六十五字，卷中經文爲三千五百字，卷下經文爲三千零六十九字，加上各卷卷端的書名、作者名、目次共一百零六字，合計一萬零五百四十字，比末葉標稱的「一萬八百九言」少了二百六十九字，故可確定末葉所記字數與全書實際字數不合。

爲了探尋古逸本末葉所記字數的來歷，筆者調查了二十九種《爾雅》刊本：

（1）宋刻十行本（《中華再造善本》）及清影鈔宋刻十行本、日本天保覆刻本（北大、上圖藏）。

（2）宋監本（《天祿琳琅叢書》本）。

（3）元大德己亥進德齋刻本（《中華再造善本》）

正文分三卷，各卷末附《音釋》，卷下之《音釋》以清影元鈔本配補。卷端爲郭璞《爾雅序》，題下鈐「鐵琴銅劍樓」白文長方印。序末刻大德己亥平水曹氏進德齋牌記。半葉八行，行十五字，小字雙行同。左右雙邊，雙魚尾。版心上記大小字數，中記書名卷數，下記葉數。

（4）元雪牕書院本（《中華再造善本》）及清臧氏重雕雪牕書院本（北大藏）

元雪牕書院本分三卷。卷首爲《註爾雅序》，題下刻陰文牌記「雪牕書院校正新刊」。正文半葉十一行，行十九字，小字雙行，行二十六字。左右雙邊，白口，雙魚尾。鈐臧在東等人藏書印。卷尾有嘉慶辛酉十一月陳焯識語。

臧氏重雕本分三卷，係《拜經堂叢書》之一種。內封題「宋本重雕爾雅三卷　武進臧氏拜經堂藏版」，卷首爲《註爾雅序》，亦刻陰文牌記「雪牕書院校正新刊」。正文首葉前半葉板匡高十三點五釐米，寬九點四釐米。半葉十行，行二十一字，小字雙行同。左右雙邊，白口，單魚尾。版心上記大小字數，中記書名卷數，下記葉數。卷尾記「嘉慶屠維協洽陽月，武進臧氏重雕宋本爾雅三卷。共計經壹萬叁伯廿桼字，注壹萬漆仟捌伯廿肆字，題名壹伯拾捌字，序目參伯廿桼字，反音伍阡伍伯拾伍字」。後附臧鏞堂《重雕宋本爾雅書後》，末行下方小字記「順德馮裕祥摹刻」。此本係重刊雪牕書院本，故行款、板式全變。

（5）明吳元恭刻本（復旦藏）及清顧廣圻思適齋覆刻吳元恭本（上圖藏）

明吳元恭刻本共三卷。卷首爲《校刊爾雅序》，署「東海吳元恭述」；次爲郭璞《爾雅序》。次爲正文。正文首葉前半葉板匡高二十釐米，寬十三點八釐米。半葉八行，行十七字，小字雙行同。四周雙邊，白口，單魚尾。版心中記書名卷數，下記葉數，各卷末記經注字數。

關於顧廣圻翻刻本的版本情況，郭立暄曾撰《顧廣圻刻爾雅的版本問題》〔註17〕加以考訂，今不贅述。

（6）張岱松舊藏明刻本（國圖藏）

共兩卷。扉葉行書題：「此書正文、注文與唐石經、宋單注本及宋本殆無不合，其源於宋可知，傳本極少。此爲張岱松君舊藏，曾認爲第二宋本。寶靜簃主、靜宜夫人雅翫。辛卯三月靜遠記。」又附記：「按刻工氣韻，紙張墨色，似爲成化刻本。」卷首爲邢昺《爾雅注疏序》，次爲郭璞《爾雅序》，次

〔註17〕見《圖書館雜誌》2008年第9期。

爲正文。半葉十行，行二十字，小字雙行同。左右雙邊，白口，無魚尾。版心中記書名、卷數，下記葉數。字體稚拙、筆劃肥碩。卷上自釋詁至釋地，卷下自釋丘至釋畜。各卷末附《音釋》。

（7）明嘉靖四年許宗魯宜靜書堂刻本（國圖藏）

共兩卷。卷首爲郭璞《爾雅序》，次爲邢昺《爾雅注疏序》，次爲正文。半葉十行，行二十字，小字雙行同。左右雙邊，白口，無魚尾，版心中記書名、卷數，下記葉數，底部有「宜靜書屋」字樣。卷上自釋詁至釋地，卷下自釋丘至釋畜。各卷末附《音釋》。卷尾附《刻爾雅序》，署「皇明嘉靖四年臘月望日關中許宗魯謹序。門人陳熙校正，何杲、佘蔭、李芁、張芳同校」。此本字體方正硬朗、棱角分明，與張岱松藏本不同。

（8）明嘉靖四年張景華翻刻景泰七年馬諒本（國圖藏）及清道光年間陳氏獨抱廬重刻馬諒本（上圖藏）

張景華翻刻本共三卷。卷首爲《重刊爾雅序》，署「嘉靖乙酉秋九月甲子古郯張景華著」。次爲郭璞《爾雅序》，皆篆文，天頭有楷書釋語。次爲正文。半葉九行，行二十字，小字雙行同。四周單邊，白口，無魚尾。版心上記書名、卷數，下記葉數。卷尾附跋文《書爾雅注後》，隸書，多異體，署「景泰七年歲次丙子八月癸丑日賜進士出身通議大夫應天府府尹和陽馬諒識」。

道光翻刻本內封題「爾雅郭注　道光甲申重刊景泰馬京兆本　陶山唐仲冕題　石經精舍藏板」。卷首爲張敦仁序，署「道光四年秋八月雲南鹽法道前江寧府知府陽城張敦仁」，末行記「郡人劉文模手刊」。次爲《重刊爾雅序》，署「道光五年歲在乙酉秋七月獸抱居士書」。次爲馬諒《書爾雅注後》。次爲郭璞《爾雅序》。序末記「道光甲申金陵陳氏獨抱廬重刊行」。次爲正文。正文首葉前半葉板匡高二十點六釐米，寬十四點八釐米。半葉十行，行二十二字，小字雙行同。四周雙邊，黑口，單魚尾。版心中記書名、卷數，下記葉數。卷上末記「道光甲申秋日陳氏獨抱廬重雕」，卷中末記「道光乙酉春日陳氏獨抱廬續雕」，卷下末記「道光乙酉夏季陳氏獨抱廬續雕畢」，各卷分附音釋而不記字數。字體工整清麗，板式疏闊開朗。卷尾附刻書箚一通，題「附當塗夏卯生明經炯札　顧晴崖局刻」，札中所談皆校正馬諒本文字之事，末有刊者識語，稱「固屬有功此本，尤爲嘉惠學者，謹摹附卷末，庶免挖改之病。」

（9）明嘉靖年間畢效欽刻《二雅》本（國圖藏）

《爾雅》與《廣雅》合刊，其中《爾雅》三卷。卷首爲明新安畢效欽《刊二雅序》，署署「嘉靖昭陽大淵獻陽月哉生明書于奉新邑署」。次爲郭璞《爾雅敘》。次爲正文。首行題「新刊註釋爾雅卷之上」。半葉九行，行十八字，小字雙行同。四周雙邊，單魚尾，版心較窄，膠卷中無法分辨白口黑口。此本刊刻不精，開篇即錯，如將目錄中的「釋詁」刻成「釋祜」。

（10）明天啓六年郎奎金堂策檻刻本（國圖藏）

共兩卷，係明郎奎金編《五雅》之一。卷首爲虎林張堯翼幼青甫《序》。次爲天啓丙寅歲孟冬武林棘人郎奎金公在父《五雅自序》。次爲《五雅凡例》。次爲郭璞《爾雅序》。次爲邢昺《爾雅注疏序》。次爲慈水葉自本茂叔《讀爾雅》。次爲《爾雅目錄》。次爲正文。卷上自釋詁至釋樂，卷下自釋天至釋畜。各卷末附釋音。正文卷端題「晉郭璞景純注；明葉自本茂叔重訂；郎奎金公在糾譌」。半葉九行，行二十字，小字雙行同。四周單邊，白口，無魚尾。版心上記書名，中記卷數，下記葉數，底部記「堂策檻」。經文旁有圈點。字爲狹長宋體，板式疏朗。

（11）明天啓年間邵闇生刻《�古介書》本（國圖藏）

不分卷，係明邵闇生編《藖古介書》之第五種。無郭璞《序》及目錄，僅存正文。半葉九行，行二十字，小字雙行同。左右雙邊，白口，無魚尾。版心上記書名，下記葉數。

（12）傅氏雙鑑樓舊藏明刻本（軟體字）（國圖藏）

共三卷。卷首爲郭璞《爾雅序》，鈐「雙鑑樓藏書印」朱文長方印。次爲正文。半葉十行，行二十字，小字雙行同。四周雙邊，大黑口，雙魚尾。版心中記書名、卷數，下記葉數。各卷末附《音釋》。字作趙體，肥厚柔媚。

（13）傅氏雙鑑樓舊藏明刻本（硬體字）（國圖藏）

共三卷。卷首爲郭璞《爾雅序》，鈐「雙鑑樓藏書印」朱文長方印。次爲正文。半葉十行，行二十字，小字雙行同。四周雙邊，大黑口，雙魚尾。版心中記書名、卷數，下記葉數。各卷末附音釋。字體瘦硬方正，略顯板滯。卷末鈐「江安傅沅叔所藏善本」朱文方印。

（14）繆氏雲輪閣舊藏明刻本（似內府本）（國圖藏）

共三卷。卷首爲郭璞《爾雅序》。次爲正文。半葉十行，行二十字，小字雙行同。四周單邊，大黑口，雙魚尾。版心中記書名、卷數，下記葉數。各卷末附音釋。字體柔媚少骨氣。卷端鈐「雲輪閣」、「荃孫」等印，係繆荃孫舊藏。

（15）明吳勉學刻本（國圖藏）

共兩卷，係明新安吳勉學校刻《十三經》之一。卷首爲郭璞《爾雅序》。次爲正文。半葉九行，行十八字，小字雙行同。左右雙邊，白口，單魚尾。版心中記書名、卷數，下記葉數。卷上自釋詁至釋地，卷下自釋丘至釋畜。字作宋體，工整勻稱，板式疏朗，刻印俱佳。

（16）明胡文煥刻《五雅》本（清華藏）

共三卷，係明胡文煥編《五雅》之一。卷首爲郭璞《爾雅序》。次爲《新刻爾雅目錄》。次爲正文，首行題「新刻爾雅卷之上」。正文首葉前半葉板匡高十九點五釐米，寬十三點二釐米。半葉十行，行二十字，小字雙行同。左右雙邊，白口，雙魚尾。版心中記書名、卷數，下記葉數。正文爲軟體字，多異體。凡分小節，均用「右某某」識之，如卷上《釋親》篇有「右宗族」、「右母黨」、「右妻黨」、「右婚姻」等小題。各卷末附釋音。

（17）明永懷堂刻本（上圖藏）

共十一卷。內封題「永懷堂／爾雅／晉郭璞註」。卷首爲郭璞《爾雅序》。次爲《爾雅目錄》（《目錄》前兩葉版心下記「浙江書局補刊」）。次爲正文。正文首葉前半葉板匡高二十點一釐米，寬十二點二釐米。半葉九行，行二十五字，小字雙行同。左右雙邊，白口，單魚尾。版心上記書名，中記卷數、篇名，下記葉數，底部有「永懷堂」字樣。卷端題「明後學東吳金蟠訂」。字體方扁，書法拙劣。此本僅存經、注、釋音，而分十一卷，當係遵循明刻《十三經注疏》分卷之例〔註18〕，惟抽去疏文而已。

（18）清乾隆年間孔繼汾刻本（北大藏）

共三卷。卷首爲乾隆甲申孟秋闕里孔繼汾《序》。次爲郭璞《爾雅序》。次爲陸德明《序》。次爲正文，題「晉河東郭璞注／唐吳縣陸德明音／後學曲阜孔繼汾／錢塘張樞仝校」。正文首葉前半葉板匡高十七點二釐米，寬十二點九釐米。半葉十行，行二十字，小字雙行，行三十字。左右雙邊，大黑口，單魚尾。版心中記書名、卷數、篇名，下記葉數。文中間有墨釘。按清華大學圖書館藏此書之後印本，墨釘皆已剜改成字。

（19）清嘉慶年間張青選刻本（清華藏）及其翻刻本（按此書清代翻刻

〔註18〕《爾雅注疏》之明嘉靖閩刻本、汲古閣刻本均爲十一卷，至清殿本猶然。

最多，有蘇州大學藏同治十三年湖南書局刻本、上圖藏光緒九年湘西經濟書局刻本、華東師大藏光緒二十一年金陵書局刻本）

清華藏張青選刻本共三卷。內封紅印，題「江南城聚珤門三山街大功坊郭家巷內秦狀元巷中李光明莊自梓童蒙各種讀本，揀選重料紙張，印訂發售，分鋪狀元境、狀元境口、狀元閣，實價有另單」，牌記題「狀元閣印爾雅郭注」。卷首爲郭璞《爾雅序》。次爲《爾雅目錄》。次爲正文。正文首葉前半葉板匡高十八點八釐米，寬十三點四釐米。半葉十一行，行二十二字，小字雙行同。左右雙邊，白口，單魚尾。版心上記「爾雅郭注／陸氏音義」，中記卷數、篇名，下記葉數，底部有「李光明莊」字樣。字作方扁宋體，經注皆刻圈點。卷末附嘉慶丁丑嘉平望後一日順德張青選識語。其他各館所藏此書之行款、字體、張青選識語皆同，而牌記各異，未知何爲祖本。

（20）清同治七年崇文書局刻本（蘇州大學藏）及光緒十二年湖北官書處翻刻本（華東師大藏）

共三卷。內封題「爾雅」，牌記題「同治七年湖北崇文書局開雕」。卷端爲《凡例》，言避諱、校勘經注、增補音義等事。次爲郭璞《爾雅序》。次爲正文。正文首葉前半葉板匡高二十釐米，寬十三點四釐米。半葉九行，行十七字，小字雙行同。四周雙邊，白口，單魚尾。版心上記書名，中記卷數、篇名，下記葉數。大字方正，小字狹長，板式疏朗。凡「注」及「音義」起首處均用陰文標識。據《凡例》可知此書參校之本甚多，文本自當精善。華東師大藏光緒十二年刻本僅牌記有別，其他與此本無異。

在這些版本中，古逸本外，只有宋刻十行本、清影鈔宋刻十行本、日本天保覆刻本、明吳元恭刻本和清思適齋覆刻吳元恭本的正文卷末記字數〔註 19〕。其中宋刻十行本、清影鈔宋刻十行本和日本天保覆刻本屬於同一版本系統，明吳元恭刻本和清思適齋覆刻吳元恭本屬於另一個版本系統（行款、內容、避諱均與前一系統有別）。這兩個系統的本子均分三卷，每卷末記該卷經注字數，所記字數都是卷上經四千一百三十二字、注五千四百一十六字，卷中經三千五百六十四字、注四千三百二十二字，卷下經三千一百一十三字、注七千八百九十字。

〔註 19〕元雪牕書院本不記字數，但清臧氏拜經堂翻刻雪牕書院本卷尾題「嘉慶屠維協洽陽月武進臧氏重雕宋本《爾雅》三卷，共計經壹萬叁伯廿柒字，注壹萬漆仟捌伯廿肆字，題名壹伯拾捌字，序目參伯廿柒字，反音伍阡伍伯拾伍字。」此當係臧氏翻刻時重新統計所得，並無依據，故本文不加討論。

而根據筆者手工統計的結果，宋刻十行本卷下注文共八千零三十三字，比卷下末葉所記「注七千八百九十字」多一百四十三字，由此可知，卷上、卷中所記字數亦非實錄。將宋刻十行本三卷末葉所記字數相加，爲經文一萬八百零九字，注文一萬七千六百二十八字，恰與古逸本卷尾所標經注總字數吻合。

所以至少有三個不同版本系統的宋刻《爾雅》的字數統計相同〔註20〕，區別只在於宋刻十行本系統與吳元恭本系統的字數分記於各卷末，而古逸本系統則在卷下末葉統計全書字數。事實上，這三個版本系統的《爾雅》的經注字數肯定有差異（宋刻十行本與吳元恭本的《爾雅》「釋畜」節「狗四尺爲獒」的注文中均有「尙書孔氏傳曰犬高四尺曰獒即此義」十五字，古逸本則無此十五字），而根據筆者統計，無論是總字數還是分卷字數，均與這三個系統的原書不合。爲什麼三個不同版本系統的《爾雅》會在卷末附記相同的字數，而所記字數又都與原書有明顯出入呢？王國維《覆五代刊本爾雅跋》中的一句話或可給我們以啓發。

> 其行款大小與唐人書諸經卷子一一相近，自是五代舊式。

筆者認爲，早期的《爾雅》以手鈔卷子的形式流傳時，各卷末記該卷經注字數。後來由鈔本衍生出各種版本系統的刻本時，雖然因爲刊板前整理、校改的緣故，內容出現歧異，字數有所增減，但鈔本卷末的字數統計結果始終被各個刻本保留，而沒有核對它是否符合刻本的實際字數。到刊刻所謂宋大字本時，又將相傳的各卷經注字數分別相加，作爲總字數刻於末卷末葉，才造成今天所見各本《爾雅》所記字數相同，卻與各本的實際字數無一吻合的局面。

2. 題名問題

古逸本卷下末葉後半葉第三行大字書「將仕郎守國子四門博士臣李鶚書」，這是將古逸本祖本定爲五代監本的直接證據，但關於這行題名也有可疑之處：

疑點之一：只存官銜，不見年號

洪邁撰《容齋續筆》卷十四「周蜀九經」條：

> 予家有舊監本《周禮》，其末云「大周廣順三年癸丑五月雕造九

〔註20〕明吳元恭刻本歷來公認源出宋槧，詳見顧千里《重刻吳元恭本爾雅序》。

經書畢　前鄉貢三禮郭嵠書」，列宰相李穀、范質、判監田敏等銜子後（子當作于，《四部叢刊續編》影印宋刊本誤作子字）。《經典釋文》末云「顯德六年己未三月太廟室長朱延熙書」，宰相范質、王溥如前，而田敏以工部尚書爲詳勘官。〔註21〕

王應麟輯《玉海》卷二十七「景德國子監觀羣書漆板」條：

（咸平二年）九月，國子監言《尚書》、《孝經》、《論語》、《爾雅》四經字體訛缺，請以李鶚本別雕，命杜鎬、孫奭校勘鶚字是廣順三年書，熙寧七年監書一百二十五部詳見五經。〔註22〕

《玉海》卷四十三「後唐九經刻板」條：

後唐長興三年二月，令國子監校正九經，以西京石經本抄寫刻板，頒天下。四月，命馬鎬、陳觀、田敏詳勘。周廣順三年六月丁巳，十一經及《爾雅》、《五經文字》、《九經字樣》板成，判監田敏上之，各二部，一百三十冊，四門博士李鶚書，惟《公羊》、前三禮郭嵠書。〔註23〕

李鶚、郭嵠同時（廣順三年）爲官方雕造經籍寫樣，其寫成的格式必定相同。李鶚書原本已不可見，但據《容齋續筆》可知其卷末應先列宰相、判監、詳勘官等地位較高者的官銜、姓名，然後記書寫雕造的年號時間，最後才是寫樣者的身份。古逸本末葉只存最後一項，既不記編修校勘者，又無書板年號。楊守敬認爲是翻刻時鏟去了年號。如果翻刻時要鏟去前朝年號，爲何不鏟去前朝所授的「國子四門博士」的官銜〔註24〕？古逸本卷末不記編修校勘者的身份，依楊說則亦翻刻時鏟去者，既如此爲何獨存李鶚名銜？如果是民間藏書賞玩的文士，重視寫樣風格、書家名號不足爲奇，但作爲當時嚴肅的政府行爲，翻刻經書時，編修校勘者的身份顯然比寫樣者更加重要，沒有鏟去前者只存後者的道理。

〔註21〕據《四部叢刊續編》影印之《容齋續筆》宋刊本。

〔註22〕見《玉海》第1冊，上海書店、江蘇古籍出版社影印光緒九年浙江書局重刻本，1987年，第534頁。

〔註23〕見《玉海》第2冊，第810～811頁。

〔註24〕《金石錄》卷三十「後唐汾陽王眞堂記」條：「右後唐汾陽王眞堂記，李鶚書。鶚五代時仕爲國子丞。九經印板多其所書。前輩頗貴重之。余後得此記，其筆法蓋出歐陽率更，然窘於法度，而韻不能高，非名書也。」見《宋本金石錄》，中華書局，1991年，第707頁。

疑點之二：題名獨佔一葉

古逸本卷下末葉前半葉第三行書「爾雅卷下」，第五行第六行記經注字數，第七第八行空白，而後半葉只有第三行爲李鶚題名，其餘七行均空白。如果將題名上提至前半葉的第七行或第八行，則整個後半葉的板匡欄線都可以省去不刻，其板式效果也不會像古逸本那樣突兀。在雕版印刷發展的早期階段，是否會僅僅爲了一行寫樣者的題名，耗時耗力地另刻半葉板匡欄線，而無視已有的前半葉中可利用的空行？現存宋本中極少有卷末刻書手的例證可供比較，但即使是雕版技術完全成熟、效率大大提高的明清兩代，如果後半葉沒有必須刻的內容，也往往省去其板匡欄線不刻，故後半葉　多有刷印成整片黑色者，甚至乾脆以版心爲界，將後半葉的紙張裁掉，只留前半葉。相對而言，古逸本末葉這種近乎浪費的做法不能不引人懷疑。

需要說明的是，現藏臺灣故宮博物院的古逸本底本——日本影鈔本只有文字，不劃欄線，這是出於影鈔時節約工時的需要。影鈔本中文字排列疏朗而整齊，可知其底本覆宋大字本仍是有欄線的。影鈔本的板式不影響上文的推論。

因爲這兩個疑點的存在，我們在研究古逸本時，應考慮到此題名爲後人補書的可能。李鶚是五代時寫樣名家，其書板在宋代已爲人推重。後世經籍借其名以示淵源有自，並不奇怪。明清書坊刻小說詩文，觸目皆是鍾伯敬、李卓吾評點，也是一樣的道理。

五、結　論

過去多認爲臺灣故宮博物院藏宋監本《爾雅》爲古逸本《爾雅》的祖本，而根據本章研究，可知二者避諱有別，宋監本只是古逸本祖本（南宋刻大字本）的一個補版後印本。楊守敬在日本除訪得古逸本《爾雅》的底本外，還見到了宋刻十行本《爾雅》的天保覆刻本，所以古逸本刊版時也參考天保本校正了部份文字，並非完全忠實於底本。古逸本末葉所記字數與正文統計結果不符，可能是傳鈔自古卷子本的字數，李鶚題名的格式、位置都有疑點，故根據此題名得出的古逸本祖本源自五代監本的結論也是值得商榷的。

附：《爾雅》古逸本、宋監本、宋刻十行本校記

周祖謨、范志新等學者都曾校勘過古逸本《爾雅》的文字，但皆爲部份校勘，難窺全貌，故筆者重校古逸本、宋監本與宋刻十行本《爾雅》，以見其淵源異同。校記中古逸本指《古逸叢書》本，宋監本指《天祿琳琅叢書》影印宋監本，宋刻十行本指《中華再造善本》影印宋刻本。校記所言葉數、行數皆指古逸本。

爾雅序

第一葉後半葉第六行：援據徵之，「徵」三本均缺末筆。

卷上

第一葉前半葉第八行：有壬有林，「壬」古逸本、宋刻十行本作「壬」，宋監本作「王」；弘廓，「弘」古逸本、宋刻十行本缺末筆，宋監本不缺。

第一葉後半葉第三行：下國駿厖，「駿」古逸本「馬」旁下無四點，宋監本、宋刻十行本均有。第五行：遂幠大東，「幠」古逸本、宋刻十行本均爲「巾」旁，宋監本爲「忄」旁。

第二葉前半葉第一行：令類綝縠，「縠」古逸本、宋監本、宋刻十行本均缺末筆。第六行：率循由從自也，「率」古逸本作「率」，中缺一點，然下文「率循也」之「率」字不缺筆，宋監本、宋刻十行本兩「率」字均不缺筆。第八行：咨于二虢度于閎天，「虢」古逸本作「虢」，宋監本作「虢」，宋刻十行本左邊作「虢」；「天」古逸本作「天」，宋監本、宋刻十行本均作「夭」。

第二葉後半葉　第一行：恒律，「恒」古逸本、宋監本均缺末筆，宋刻十行本作「恒」（《四部叢刊》影印宋刻十行本《爾雅》此字作恒，係影印時描改者）。第四行：齒墮，「墮」古逸本、宋刻十行本作「墮」，宋監本作「隋」（古逸本「土」字底係後加者）。第六行：允慎，「慎」古逸本、宋監本均缺末筆，宋刻十行本不缺。第八行：出征，「征」古逸本、宋刻十行本正常，宋監本末筆左邊不出頭，作「征」。

第三葉前半葉第五行：紹胤，「胤」古逸本、宋監本均缺末筆，宋刻十行本末筆係用朱筆補者，作「胤」。第六行：慎貉，「慎」古逸本、宋刻十行本不缺筆，宋監本缺末筆；寧靜，「寧」古逸本缺末筆，宋監本、宋刻十行本不缺。

第四葉前半葉第三行：秋獵爲獮，「獮」宋監本、宋刻十行本正常，古逸本訛爲「獼」。第四行：勗釗，「勗」古逸本、宋監本缺末筆，宋刻十行本不缺。

第四葉後半葉第六行：熲光，「熲」古逸本作「頮」，宋監本作「頮」，宋刻十行本完整。第八行：離社，古逸本作「社」，宋監本、宋刻十行本作「社」。

第五葉前半葉第七行：原隰，宋監本、宋刻十行本作「隰」，古逸本右上角「曰」作「白」。第八行：枸樓，古逸本作「枸」，宋監本、宋刻十行本作「拘」。

第五葉後半葉　第二行：徵隍，「徵」古逸本、宋監本、宋刻十行本均缺末筆。第六行：玄黃，「玄」古逸、宋監本、宋刻十行本均缺末筆。

第六葉前半葉第三行：盱矣，「盱」古逸本、宋刻十行本右邊均作「于」，宋監本右邊作「干」。第四行：我勩，「勩」古逸本、宋刻十行本左上角作「世」，宋監本左上角作「云」。第八行：禋祀，「祀」古逸本、宋監本右邊爲「巳」，宋刻十行本右邊爲「巳」；祠蒸，「祠」古逸本、宋刻十行本左邊爲「礻」，宋監本左邊爲「衤」。

第七葉前半葉第一行：愼爾，「愼」宋監本缺末筆，古逸本、宋刻十行本不缺；通謂，「通」宋監本、宋刻十行本中間作「甬」，古逸本作「用」。第八行：國語曰戾，「戾」中「犬」古逸本、宋監本缺一點，宋刻十行本不缺。

第七葉後半葉　第三行：古逸本、宋刻十行本作「穀梁」，宋監本作「穀梁」。第五行：豫寧，「寧」古逸本缺末筆，宋監本、宋刻十行本不缺。

第八葉前半葉第二行：楨翰，「楨」古逸本、宋監本、宋刻十行本均缺末筆，「翰」古逸本、宋刻十行本正常，宋監本「羽」上多一點。第七行：玆斯，「玆」中兩「玄」古逸本均缺末筆，宋監本、宋刻十行本不缺。

第八葉後半葉　第一行：麈佇……麈垢佇企，前一「佇」古逸本缺末筆，宋監本、宋刻十行本不缺；後一「佇」古逸本、宋監本、宋刻十行本均不缺。

第九葉後半葉第二行：傅近，「傅」古逸本右上角少一點，宋監本、宋刻十行本完整。第五行：謚愼，「愼」宋監本缺末筆，古逸本、宋刻十行本不缺。第六行：猶猶，「猶」左「犭」旁古逸本均訛作「彳」，宋監本、宋刻十行本不誤。

第十葉前半葉第三行：享祀，「享」古逸本、宋刻十行本均作「享」，宋監本訛作「亨」。第七行：烈栟，「栟」右邊古逸本作「幷」，宋監本「幷」。

第十葉後半葉　第七行：就終，「就」古逸本右上角少一點，宋監本完整，宋刻十行本右邊作就（古逸本的底本可能此處模仿宋刻十行本，而忽視橫下一點，故少一點）；成就，「就」宋監本左邊作「京」，古逸本左邊作「京」。

第十一葉前半葉第三行：殷齊，「殷」古逸本、宋監本、宋刻十行本均缺末筆。

第十一葉後半葉第八行：憮愛，「愛」宋監本、宋刻十行本作「愛」，古逸本作「爱」。

第十二葉前半葉第一行：桄熲，「熲」古逸本、宋監本左下角「火」均缺末筆，宋刻十行本不缺。第八行：被及，「被」古逸本、宋刻十行本左邊作「衤」，宋監本左邊作「衤」。

第十二葉後半葉　第三行：戒眾，「戒」古逸本、宋監本作「戒」，宋刻十行本作「戒」。第七行：相屬，「屬」古逸本中間作「[illegible]」，少一豎，宋監本、宋刻十行本完整。第八行：樹蔭，「樹」右邊「寸」宋監本、宋刻十行本少一點，古逸本完整。

第十三葉前半葉第四行：徵祥，「徵」古逸本、宋監本、宋刻十行本均缺末筆。第六行：速徵也徵召，兩「徵」古逸本、宋監本、宋刻十行本均缺末筆。

第十三葉後半葉第二行：明朗，「朗」右邊「月」宋監本、宋刻十行本均缺中間兩橫，古逸本完整。第五行：水底，「底」宋監本缺末筆，古逸本、宋刻十行本不缺。

第十四葉前半葉第一行：竈見詩，「竈」古逸本作「竈」，宋監本作「竈」。第三行：筑拾，「筑」右邊「凡」古逸本少一點，宋監本、宋刻十行本完整。第八行：眕重，「眕」左邊宋監本、宋刻十行本均作「目」，古逸本作「目」。

第十四葉後半葉第一行：寇賊，古逸本「賊」下有一○，示意殘缺，宋監本無此圈。第四行：如玆，此「玆」字古逸本、宋監本、宋刻十行本均不缺筆。

第十五葉前半葉第六行：宴飲，「宴」古逸本、宋刻十行本完整，宋監本缺首筆一點。第八行：模範，「範」古逸本、宋監本作範，宋刻十行本作「範」。

第十五葉後半葉　第六行：休慶，「休」古逸本、宋監本右上角多一點，宋刻十行本正常；祈叫，「叫」宋監本作「叫」，古逸本、宋刻十行本作「叫」；叫呼，「叫」古逸本、宋監本作「叫」，宋刻十行本作「叫」；濬幽深也濬亦深也，前一「濬」古逸本、宋監本同，後一「濬」古逸本作「濬」，宋監本作濬。第七行：皇匡，「匡」古逸本、宋監本、宋刻十行本均缺末筆。

第十六葉前半葉第一行：緜則，「緜」右邊之「系」古逸本、宋監本均少首筆一撇，宋刻十行本完整。第三行：頔躓，「頔」古逸本、宋刻十行本作「頔」，宋監本作「頻」。第四行：詩曰神，「詩」古逸本、宋刻十行本作「詩」，宋監本作「謂」；握具，「具」古逸本、宋監本作「具」，宋刻十行本作「具」。第六行：王休，「休」宋監本右上角多一點，古逸本、宋刻十行本正常。第八行：偟暇，「暇」古逸本、宋監本作「暇」，宋刻十行本作「暇」。

第十六葉後半葉　第八行：袍襺也左傳曰重襺，兩「襺」古逸本、宋刻十行本作「襺」，宋監本作「襺」。古逸本第二個「襺」中的「虫」明顯加重，係剜改者。

第十七葉前半葉第二行：隍壑也城池空者爲壑，兩「壑」古逸本左上角作「㕡」，宋監本作「㕡」。特別是第二個「壑」字，應爲古逸叢書刻工將宋監本左側出頭的一小點誤會爲再添一豎。宋監本該處作㕡，古逸本該處作㕡。第七行：寬綽，「寬」古逸本、宋監本作「寬」；宋刻十行本作「寬」。

第十七葉後半葉　第四行：「敬也……謹敬」、第五行「恭敬」，三「敬」宋刻十行本均缺末筆，古逸本、宋監本均不缺。第六行：戒慎，「慎」宋監本缺末筆，古逸本、宋刻十行本不缺。第七行：恐動，「恐」右上之「凡」古逸本、宋刻十行本少一點，宋監本正常。

第十八葉前半葉第一行：「桓桓」古逸本、宋監本、宋刻十行本均缺末筆。

第十九葉前半葉第二行：「殷殷」古逸本、宋監本、宋刻十行本均缺末筆。

第十九葉後半葉第一行：「顒顒」古逸本缺末筆，宋監本、宋刻十行本不缺。第四行：民協，「民」古逸本、宋刻十行本作「民」，宋監本作「民」。第八行：傷己，「己」古逸本、宋監本作「巳」，宋刻十行本作「己」。

第二十葉前半葉第五行：陋人，「陋」古逸本作「陋」，宋監本、宋刻十行本作「陋」。

第二十葉後半葉　第三行：得已，「已」古逸本、宋刻十行本作「巳」，宋監本作「已」。

第二十一葉後半葉第七行：欺誑，「誑」中「犭」古逸本訛作「彳」，宋監本不誤。

第二十二葉前半葉第一行：以簿，「簿」上邊古逸本、宋刻十行本作「⺮」，宋監本作「艹」。第四行：桓之母，「桓」古逸本、宋監本、宋刻十行本均缺末筆；蒼頡，「蒼」上邊古逸本、宋刻十行本作「艹」，宋監本作「⺮」。

第二十三葉前半葉第三行：玄孫，「玄」古逸本、宋監本、宋刻十行本均缺末筆。

第二十五葉後半葉　第四行：僚壻，「僚」古逸本、宋監本作「倷」，宋刻十行本作「僚」。

卷中

第一葉前半葉第四行：釋丘，「丘」古逸本、宋監本、宋刻十行本均不缺筆。

第一葉後半葉第四行：聚窔窔亦，前一「窔」古逸本、宋監本、宋刻十行本均作「窔」；後一「窔」古逸本作「窔」，宋監本、宋刻十行本作「窔」。

第二葉前半葉第五行：埤蒼，「埤」右邊古逸本作「甲」，宋監本作「甲」。

第二葉後半葉　第二行：牀頭，「牀」古逸本、宋監本右上角多一點，宋刻十行本正常。第五行：謂之宁……宁立，兩「宁」古逸本均缺末筆，宋監本、宋刻十行本不缺；謂之樹，「樹」右邊「寸」古逸本、宋監本、宋刻十行本均少一點。第六行：祝祭，「祝」古逸本作「祝」，宋監本、宋刻十行本作「祝」。

第三葉前半葉第四行：謂之壺，「壺」古逸本作「壺」，宋監本作「壺」。第六行：博說，「博」左邊古逸本、宋監本作「十」，宋刻十行本作「忄」。

第三葉後半葉第五行：名云，「名」古逸本作「名」，宋監本完整。第六行：謂之梁，「梁」古逸本作「梁」，宋監本作「梁」。

第四葉前半葉第八行：以簿，「簿」上邊古逸本、宋刻十行本作「⺮」，宋監本作「廿」。

第四葉後半葉第二行：以簿，「簿」上邊古逸本、宋監本、宋刻十行本均作「⺮」。第六行：謂之救救絲，前一「救」左邊之「求」，古逸本右上角少一點，宋監本、宋刻十行本完整；後一「救」三本均完整；或曰，「或」古逸本少「口」下一横，宋監本、宋刻十行本均完整。第八行：約束，「約」古逸本作「絇」，宋監本、宋刻十行本作「約」。

第五葉前半葉第七行：名爲，「名」古逸本作「名」，宋監本、宋刻十行本正常。

第五葉後半葉　第三行：物臭，「臭」下邊古逸本作「大」，宋監本、宋刻十行本作「犬」。

第六葉前半葉第二行：最大，「最」古逸本作「最」，宋監本上邊多一點。第四行：溉之，「溉」古逸本、宋刻十行本作「溉」，宋監本作「既」。

第六葉後半葉　第三行：白鑞，「鑞」古逸本作鑞，宋監本作鑞、宋刻十行本作鑞。

第七葉前半葉第八行：謂之瑗，「瑗」古逸本、宋監本缺末筆，宋刻十行本不缺。

第七葉後半葉　第二行：謂之禎，「禎」宋監本、宋刻十行本缺末筆，古逸本不缺。第五行：即底，「底」古逸本、宋監本少末筆一點，宋刻十行本完整；謂之玆，「玆」三本均不缺筆。

第八葉前半葉第二行：徵謂，「徵」古逸本缺末筆，宋監本、宋刻十行本不缺；第四行：七弦，「弦」三本均缺末筆。

第八葉後半葉　第一行：平底，「底」宋監本少末筆一點，古逸本、宋刻十行本完整；鵝子，「鵝」左邊之「我」古逸本右上角少一點，宋監本、宋刻十行本完整。第四行：一寸，「一」古逸本作「一」，宋監本、宋刻十行本作「二」。第五行：有底，「底」宋監本少末筆一點，古逸本、宋刻十行本完整；謂之簻，「簻」右下角古逸本、宋監本作「工」，宋刻十行本作「土」。

第九葉前半葉第二行：連底，「底」宋監本少末筆一點，古逸本、宋刻十行本完整。第七行：穹蒼……穹隆，前一「穹」三本同，後一「穹」古逸本、宋監本作「穹」，宋刻十行本作「穹」。第八行：旻天……旻猶，兩「旻」古逸本均缺末筆，宋監本、宋刻十行本不缺。

第九葉後半葉第四行：玄英，「玄」三本均缺末筆。第六行：安寧，「寧」古逸本缺末筆，宋監本、宋刻十行本不缺。

第十葉前半葉第二行：穀不熟，「穀」三本均不缺筆；通名，「名」古逸本作「名」，宋監本、宋刻十行本正常。第七行：玄黓，「玄」三本均缺末筆。

第十葉後半葉　第三行：在巳，「巳」古逸本、宋刻十行本作「巳」，宋監本作「巳」。第五行：淵獻，「淵」古逸本、宋監本作「渊」，宋刻十行本作「淵」。

第十一葉前半葉第五行：攝提貞，「貞」宋監本、宋刻十行本缺末筆，古逸本不缺。第七行：爲玄……玄月，兩「玄」三本均缺末筆。

第十二葉前半葉第三行：挈貳，「挈」左上角古逸本作「手」，宋監本、宋刻十行本作「丰」。

第十二葉後半葉　第六行：牽牛，「牽」上之「玄」古逸本缺末筆，宋監本、宋刻十行本不缺。第七行：星紀，「紀」古逸本作「紀」，宋監本、宋刻十行本正常；玄枵，「玄」三本均缺末筆。

第十三葉前半葉第二行：昴也，「昴」下之「卯」，古逸本、宋監本作「卯」，宋刻十行本作「卯」。第四行：謂之柳……柳鶉，前一「柳」右之「卯」，古逸本、宋監本作「卯」，宋刻十行本作「卯」；後一「柳」右之「卯」，三本均作「卯」（若非影抄，無是之巧）。第五行：牽牛，「牽」古逸本又不缺筆。第八行：爲旳，「爲」古逸本作「為」，宋監本、宋刻十行本作「爲」。

第十三葉後半葉第六行：大道，「大」古逸本、宋刻十行本作「大」，宋監本作「火」。

第十四葉前半葉第三行：祭名，「名」古逸本作「名」，宋監本、宋刻十行本正常。第四行：秋獵，「獵」左之「犭」，古逸本作「犭」，宋監本、宋刻十行本作「犭」。第六行：獠獵……呼獵，前一「獵」左之「犭」，古逸本作「犭」，宋監本、宋刻十行本作「犭」（宋刻十行本之「犭」明顯加重，作獠），後一「獵」左之「犭」，三本均作「犭」。

第十五葉前半葉第三行：爲旒，「旒」左之「方」古逸本作「方」，宋監本、宋刻十行本正常。

第十五葉後半葉　第二行：殷制，「殷」三本均缺末筆。

第十六葉前半葉第三行：息慎，「慎」宋監本缺末筆，古逸本、宋刻十行本不缺。

第十六葉後半葉　之「南」，古逸本、宋監本均寫作「南」，宋刻十行本作「南」。第八行：岸山，「岸」古逸本作「岸」，宋監本作「岸」，宋刻十行本作「斥」。

第十七葉前半葉第四行：牛脾，「脾」右之「卑」，古逸本作「甲」，宋監本、宋刻十行本作「甲」。

第十七葉後半葉　第三行：驚急，「驚」三本均不缺筆。第四行：弩弦，「弦」三本均缺末筆。第七行：邑外，「邑」上之「口」古逸本作「厶」，宋監本、宋刻十行本作「口」。第八行：國都，「國」中之「或」古逸本作「或」，宋監本、宋刻十行本正常。

第十八葉前半葉第四行：曰菑……爲菑，前一「菑」古逸本作「菑」，宋監本、宋刻十行本作「菑」；後一「菑」三本均作「菑」。

第十八葉後半葉　第四行：斗極，「斗」古逸本與宋監本均作「斗」，與通行寫法不同。

第十九葉前半葉「釋丘篇」中「丘」字古逸本均缺末筆，宋監本、宋刻十行本不缺。第四行：如椉者椉丘，前一「椉」中之「舛」古逸本作「舛」，宋監本、宋刻十行本作「舛」，後一「椉」三本均作「椉」。

第二十葉前半葉第六行：但未詳，「但」古逸本作「但」，宋監本、宋刻十行本作「但」。

第二十葉後半葉　第一行：平坦，「坦」古逸本作「坦」，宋監本、宋刻十行本作「坦」。第三行：重厓岸……爲岸，兩「岸」末筆古逸本均帶鉤，宋監本不帶鉤。第八行：河北恒……北嶽恒山，兩「恒」三本均缺末筆。

第二十一葉前半葉第三行：廣貌，「貌」古逸本、宋監本均作貌，與通行寫法不同。第六行：山巔，「巔」左下之「眞」古逸本作「真」，宋監本、宋刻十行本作「眞」。

第二十二葉前半葉第一行：南嶽，「南」古逸本、宋監本寫成正常的「南」字。第二行：恒山，「恒」三本均缺末筆。第五行：井一有水，「井」古逸本、宋刻十行本作「井」，宋監本作「丼」。第六行：天井，「井」古逸本、宋刻十行本作「井」，宋監本作「丼」。

第二十二葉後半葉　第六行：底也，「底」宋監本少末筆一點，古逸本、宋刻十行本完整。

第二十三葉前半葉第三行：為徑言徑涏，兩「徑」古逸本、宋監本均作「徑」，宋刻十行本作「徑」。第八行：水底，「底」宋監本少末筆一點，古逸本、宋刻十行本完整。

第二十四葉後半葉第一行：狀如，「狀」宋監本右上一點與橫相連，古逸本未細看，故漏刻此點，宋監本作狀，古逸本作狀。第三行：盤桓，「桓」古逸本、宋監本缺末筆，宋刻十行本不缺。

卷下

第一葉前半葉第八行：椵木，「椵」古逸本、宋監本作「椵」，宋刻十行本作「椵」。

第一葉後半葉第一行：李樹，「樹」右之「寸」宋監本少一點，古逸本、宋刻十行本完整。第三行：其樹，「樹」右之「寸」古逸本、宋監本少一點，宋刻十行本完整。

第二葉前半葉第二行：廣雅，「雅」左之「牙」古逸本作「牙」，宋監本、宋刻十行本作「牙」。第五行：菟荄，「荄」下之「亥」古逸本作「亥」，宋監本、宋刻十行本作「亥」

第二葉後半葉　第五行：似竹，「竹」古逸本寫成竹，足見影鈔者運筆不熟，宋監本正常。

第三葉前半葉第一行：但小，「但」古逸本作「但」，宋監本作「但」。第三行：鉤芺，「芺」下之「夭」古逸本作「夭」，宋監本作「夭」；似蓇，「蓇」左下之「角」古逸本作「角」，宋監本作「角」，宋刻十行本作「魚」。第五行：芑白苗，「芑」下之「己」古逸本、宋監本作「已」，宋刻十行本作「己」；好穀，「穀」古逸本、宋監本作「穀」，宋刻十行本作「穀」。第六行：但中米，「但」

古逸本作「佀」，宋監本作「但」。

第四葉前半葉第一行：蘄茝，「茝」古逸本、宋監本作「茝」，宋刻十行本作「茝」。第二行：竊衣，「竊」右中之「囚」古逸本作「囚」，宋監本作「囚」。第三行：顛蕀，「蕀」古逸本作「蕀」，宋監本、宋刻十行本作「蕀」；女木，「木」古逸本、宋刻十行本作「木」，宋監本作「朮」。第四行：生斷，「斷」古逸本作「断」，宋監本、宋刻十行本作「斷」；提母，「母」古逸本作「毋」，宋監本、宋刻十行本作「母」；澤蔦，「蔦」古逸本作「蔦」，宋監本作「蔦」。第八行：白蒻，「蒻」下之「弱」古逸本作「弱」，宋監本作「弱」。

第四葉後半葉第四行：薞蕪薞蕪似羊蹄，前一「薞」左下之「歹」，古逸本、宋監本作「夕」，宋刻十行本作「歹」；後一「薞」左下之「夕」，古逸本作「夕」，宋監本作「氵」，宋刻十行本作「歹」。第五行：下溼，「溼」左上之「氵」古逸本、宋刻十行本作「氵」，宋監本作「氵」。

第五葉前半葉第一行：音瓢，「瓢」左之「票」古逸本作「票」，宋監本作「票」；狀如，「狀」古逸本、宋監本右上角少一點，宋刻十行本完整。第二行：呼草，「呼」古逸本作「呼」，宋監本、宋刻十行本作「呼」。第四行：蕒斷，「蕒」中之「罒」古逸本、宋刻十行本作「罒」，宋監本作「四」。第七行：藨莓，「藨」古逸本作「藨」，宋監本、宋刻十行本作「藨」。

第五葉後半葉　第一行：水底，「底」宋監本少末筆一點，古逸本、宋刻十行本完整。第二行：菟絲，「菟」下之「兔」，古逸本作「免」，宋監本、宋刻十行本作「兔」；苗蓨，「苗」下之「田」，古逸本作「由」，宋監本、宋刻十行本作「田」。第四行：木槿，「槿」右上角古逸本作「卄」，宋監本、宋刻十行本作「廿」。第八行：離騷，「騷」右之「蚤」古逸本、宋監本作「蚤」，宋刻十行本作「蚤」。

第六葉前半葉第四行：椉車，「椉」中之「夕」古逸本作「久」，宋監本作「夕」，宋刻十行本作「夕」。第五行：狀如，「狀」右之「犬」古逸本、宋監本少一點，宋刻十行本完整；染皀，「皀」古逸本、宋監本作「阜」，宋刻十行本作「皀」。第六行：蕵薂，「薂」下之「敫」，古逸本作「敫」，宋監本、宋刻十行本作「敫」。

第六葉後半葉　第二行：山蔴……蔴生，兩「蔴」古逸本、宋監本同作蔴，與通行寫法不同；莽數節，「莽」中之「犬」，古逸本少一點，宋監本、宋刻十行本完整。第三行：桃枝四寸……桃枝節間，前一「枝」三本同；後一「枝」右之「支」，古逸本、宋監本作「攴」，宋刻十行本作「支」。第六行：越人，「越」右之「戉」古逸本、宋監本作「戊」，宋刻十行本作「戉」；蓁月，「蓁」上之「卄」古逸本完整，宋監本作「卝」。第八行：音怙，「音」古逸本作「音」，宋監本、宋刻十行本作「音」。

第七葉前半葉第二行：非也，「非」古逸本、宋監本作「非」，宋刻十行本作「非」；第四行：繩索，「繩」古逸本作「繩」，宋監本、宋刻十行本作「繩」。第六行：蕀蒬，「蕀」三本均作「蕀」，「蒬」古逸本作「蒬」，宋監本、宋刻十行本作「蒬」。

第八葉前半葉第四行：音丘，「丘」古逸本作「丘」，宋監本、宋刻十行本不缺。第六行：宿莽，「莽」中之「犬」，宋監本、宋刻十行本少一點，古逸本完整；離騷，「騷」右之「蚤」，古逸本作「蚤」，宋監本、宋刻十行本作「蚤」。第七行：韭根，「韭」古逸本、宋監本作「韭」，宋刻十行本作「韭」。

第八葉後半葉　第四行：山樗，「樗」古逸本作「樗」，宋監本、宋刻十行本作「樗」。第五行：白椴，「椴」古逸本作「椴」，宋監本作「椴」，宋刻十行本作「椴」。

第九葉前半葉第三行：刺楡，「刺」古逸本、宋刻十行本作「刺」，宋監本作「刺」。

第九葉後半葉第四行：卯果，「卯」左邊古逸本、宋監本作「卯」，宋刻十行本作「夕」；椴大椒，「椴」右之「毀」古逸本作「毀」，宋監本、宋刻十行本作「毀」。第七行：有梂，「梂」右之「求」，古逸本作「求」，宋監本、宋刻十行本作「求」。第八行：冬熟，「熟」古逸本作「熟」，宋監本、宋刻十行本作「熟」。

第十葉前半葉第三行：白棗，「棗」古逸本作「棗」，宋監本、宋刻十行本作「棗」；白熟，「熟」古逸本作「熟」，宋監本、宋刻十行本作「熟」。第六行：皙無，「皙」下之「白」古逸本、宋刻十行本作「曰」，宋監本作「白」。

第十葉後半葉　第一行：槐樹，「樹」右之「寸」古逸本少一點，宋監本、宋刻十行本完整。第二行：爲櫰，「櫰」古逸本作「櫰」，宋監本、宋刻十行本作「櫰」。第三行：楸楸，兩「楸」左之「木」古逸本均作「才」，宋監本、宋刻十行本均作「木」。第七行：魁瘣，「魁」右之「斗」古逸本作「斗」，宋監本作「斗」，宋刻十行本作「斗」。

第十一葉前半葉第二行：樹小，「樹」右之「寸」宋監本少一點，古逸本、宋刻十行本完整。第四行：槲樕，「槲」右之「斗」古逸本作「斗」，宋監本、宋刻十行本作「斗」。第六行：死椔，「椔」古逸本、宋刻十行本作「椔」，宋監本作「椔」。

第十一葉後半葉第五行：桑柳，「柳」右之「卯」，古逸本、宋刻十行本作「卯」，宋監本作「夘」。

第十二葉前半葉第一行：翹繚，「繚」右之「尞」，古逸本作「尞」，宋監本、宋刻十行本作「尞」；族叢，「叢」古逸本、宋監本作「叢」，宋刻十行本作「叢」。第五行：謂之蓁，「蓁」右邊古逸本作「至」，宋監本、宋刻十行本作「虫」。

第十二葉後半葉　第二行：叢生，「叢」古逸本、宋監本作「叢」，宋刻十行本作「叢」。第四行：螻蛄類，「類」左上角古逸本、宋刻十行本作「米」，宋監本作「光」。第五行：蛘子，「蛘」左之「虫」，古逸本右下少一點，宋監本、宋刻十行本完整。第六行：似蝗，「蝗」左之「虫」，古逸本右下少一點，宋監本、宋刻十行本完整。第七行：蟼蟆，「蟼」上之「敬」，宋刻十行本缺末筆，古逸本、宋監本不缺。

第十三葉前半葉第一行：螇蚸，「蚸」右邊古逸本、宋監本作「厈」，宋刻十行本作「斥」。第四行：孫叔然，「然」古逸本作「然」，宋監本、宋刻十行本作「然」。第六行：器底，「底」古逸本、宋監本少末筆一點，宋刻十行本完整。第八行：蠶蛹，「蛹」左之「虫」，古逸本右下少一點，宋監本完整，宋刻十行本「蛹」作「蝚」。

第十三葉後半葉第三行：布網，「網」古逸本作「網」，宋監本、宋刻十行本作「網」。第六行：鼠婦，「婦」左邊古逸本作「女」，宋監本、宋刻十行本作「虫」。第八行：蝍蛆，「蛆」左之「虫」，古逸本右下少一點，宋監本、宋刻十行本完整；果蠃，「蠃」上邊古逸本作「亡」，宋監本、宋刻十行本作「亡」。

第十四葉前半葉第七行：螟食，「螟」右之「冥」，古逸本作「冥」，宋監本作「冥」，宋刻十行本此字模糊。

第十四葉後半葉第三行：三丈，「丈」古逸本、宋監本右上多一點，宋刻十行本正常。第五行：黑鱵，「鱵」三本均不缺筆。第七行：三丈，「丈」古逸本、宋監本右上多一點，宋刻十行本正常。第八行：鰽屬「屬」古逸本作「屬」，宋監本、宋刻十行本作「屬」。

第十五葉前半葉第一行：丈餘，「丈」古逸本、宋監本右上多一點，宋刻十行本正常。第二行：鱣屬，「屬」古逸本作「屬」，宋監本、宋刻十行本作「屬」。第七行：井中，「井」古逸本、宋刻十行本作「井」，宋監本作「丼」。

第十五葉後半葉　第一行：蝦螟，「螟」古逸本作「螟」，宋監本、宋刻十行本作「螟」。第三行：蜃也，「蜃」宋監本最下少一横，古逸本、宋刻十行本完整。第四行：苦山，「苦」古逸本作「苦」，宋監本、宋刻十行本作「若」。第五行：贏小者蝠，「蝠」古逸本作「蝠」，宋監本、宋刻十行本作「蝠」。第七行：蜃小者，「蜃」宋監本少最下一横，古逸本、宋刻十行本完整。

第十六葉前半葉第一行：左庳……右庳，「庳」下之「卑」古逸本作「甲」，宋監本作「甲」。第四行：玄貝，「玄」三本均缺末筆；餘貾，「貾」右之「氐」，古逸本作「氐」，宋監本、宋刻十行本作「氐」。第六行：污薄，「薄」右中之「甫」，宋監本、宋刻十行本右上均少一點，古逸本完整。

第十六葉後半葉　第一行：蟒王蛇，「蟒」右中之「犬」古逸本、宋刻十行本少一點，宋監本完整。第七行：觜蠵，「觜」下之「角」，古逸本、宋刻十行本作「角」，宋監本作「角」。

第十七葉前半葉第一行：著叢，此「叢」字三本均作「叢」，與之前的異體不同。第二行：猶火，「猶」左之「犭」，古逸本訛作「犭」，宋監本、宋刻十行本不誤。第三行：所怪，「怪」右上之「又」，古逸本、宋監本作「乂」，宋刻十行本作「又」。第七行：烏鳴，「鳴」左邊古逸本作「臼」，宋監本作「口」，宋刻十行本此處缺損，似爲「口」；爲鶚，「鶚」左上之「吅」，古逸本作「吅」，宋監本、宋刻十行本作「吅」。第八行：鶹鵂，「鶹」左上角古逸本、宋刻十行本作「巛」，宋監本作「巛」。

第十七葉後半葉　第三行：烏鶝，「鶝」古逸本、宋監本寫法不同，古逸本作鶨，宋監本作鶨。第四行：火災，「災」上古逸本、宋刻十行本作「巛」，宋監本作「巛」。第八行：鴿鶨，「鶨」左邊古逸本作「彖」，宋監本、宋刻十行本作「彖」。

第十八葉前半葉第二行：雌䳭，「䳭」左邊古逸本、宋刻十行本作「艾」，宋監本作「女」。第五行：鴾母，「鴾」左邊古逸本作「牟」，宋監本、宋刻十行本作「牟」。第六行：誤重，「誤」古逸本比宋監本多一撇，古逸本作誤，宋監本作誤；玄鳥，「玄」三本均缺末筆。第七行：鸋鴂，「鸋」左之「寧」古逸本缺末筆，宋監本、宋刻十行本完整；怪鴟，「怪」右上之「又」，古逸本、宋監本作「乂」，宋刻十行本作「又」。第八行：通呼，「通」上之「甬」，古逸本作「甬」，宋監本、宋刻十行本作「甬」；怪鳥，「怪」右上之「又」，古逸本、宋監本作「乂」，宋刻十行本作「又」。

第十八葉後半葉　第一行：噣雛，「雛」古逸本、宋監本作「雛」，宋刻十行本作「雛」。第二行：竊玄，「玄」三本均缺末筆。第三行：鶇鶥，「鶇」古逸本、宋刻十行本作「鶇」，宋監本作「鶇」。第六行：鳴喚，「喚」古逸本作「喚」，宋監本、宋刻十行本作「喚」；鶿鷧……鸕鶿，「鶿」上之「茲」，兩「玄」古逸本均缺末筆，宋監本、宋刻十行本不缺。第七行：鶉鸙，「鸙」左上角古逸本作「令」，宋監本、宋刻十行本作「今」。第八行：鴢頭，「鴢」左之「幼」，古逸本、宋刻十行本作「幼」，宋監本作「㓜」；饒箭，「饒」右下角古逸本、宋刻十行本作「几」，宋監本作「兀」。

第十九葉前半葉第二行：有角，「角」古逸本、宋刻十行本作「角」，宋監本作「角」。第三行：搏黍，「搏」古逸本作「搏」，宋監本、宋刻十行本作「搏」。第八行：狀如，「狀」宋監本右上少一點，古逸本、宋刻十行本完整。

第十九葉後半葉第三行：鷊斲，「斲」左下角古逸本作「㞢」，宋監本作「㞢」。第六行：鳪雉，「鳪」古逸本、宋刻十行本左邊作「卜」，宋監本左邊作「十」；鷩雉，「鷩」上之「敝」，古逸本作「敝」，宋監本、宋刻十行本作「敝」。

第二十葉前半葉第五行：尙書傳，「傳」右下之「寸」宋監本少一點，古逸本、宋刻十行本完整。

第二十葉後半葉　第四行：子鸋，「鸋」左之「寧」古逸本缺末筆，宋監本、宋刻十行本不缺；晚生，「晚」古逸本、宋監本作「脕」，宋刻十行本作「晚」。

第六行：留離，「離」古逸本作「離」，宋監本、宋刻十行本作「離」。第七行：鵙伯勞，「鵙」左邊古逸本作「臭」，宋監本作「臭」，宋刻十行本作「貝」。

第二十一葉前半葉第二行：跡躔，「躔」古逸本、宋刻十行本作「躔」，宋監本作「躔」。第六行：子嬔，「嬔」中之「免」，古逸本、宋刻十行本作「免」，宋監本作「兔」。

第二十一葉後半葉第四行：銅鐵，「鐵」中之「王」，古逸本作「土」，宋監本、宋刻十行本作「王」。第五行：獲白虎，「獲」左之「犭」，古逸本作「犭」，宋監本、宋刻十行本作「犭」。第六行：玄虎玄豹，兩「玄」三本均缺末筆。

第二十二葉前半葉第二行：貀子貆，「貆」古逸本、宋監本缺末筆，宋刻十行本不缺。第四行：腳似狗，「腳」右邊古逸本作「阝」，宋監本、宋刻十行本作「卩」。第五行：山民，「民」古逸本、宋刻十行本作「民」，宋監本作「民」；拔樹，「拔」宋監本右上角少一點，古逸本、宋刻十行本完整。第六行：貑羆，「貑」右邊古逸本作「叚」，宋監本作「叚」。

第二十二葉後半葉　第三行：狻麑，「狻」左之「犭」古逸本作「彳」，宋監本、宋刻十行本作「犭」。第六行：上樹，「樹」右之「寸」三本均少一點。第八行：項上，「項」古逸本作「項」，宋監本、宋刻十行本作「頂」。

第二十三葉前半葉第一行：一角，「角」古逸本、宋刻十行本作「角」，宋監本作「角」。第二行：其狀，「狀」右上角古逸本、宋監本少一點，宋刻十行本完整；反踵，「反」古逸本作「反」，宋監本、宋刻十行本作「及」。第四行：狀如，「狀」右上角古逸本、宋監本少一點，宋刻十行本完整。

第二十三葉後半葉第一行：獺尾，「獺」右邊古逸本作「頁」，宋監本、宋刻十行本作「負」。第二行：於樹，此「樹」三本均完整。第三行：狀如，「狀」右上角古逸本、宋監本少一點，宋刻十行本完整。宋刻十行本「狀」下脫「如」字。第八行：狀如，「狀」右之上角古逸本、宋監本少一點，宋刻十行本完整。

第二十四葉前半葉第三行：狀如，「狀」右上角古逸本、宋監本少一點，宋刻十行本完整。第五行：已久，「久」古逸本作「夂」，宋監本、宋刻十行本作「夂」。

第二十四葉後半葉第五行：牀如，「牀」三本均完整。第七行：陸黀「陸」古逸本作「陸」，宋監本、宋刻十行本作「陸」。第八行：陸黀，三本均作「陸」。

第二十五葉前半葉第五行：白馬，「馬」古逸本作「馬」，宋監本作「馬」，宋刻十行本作「馬」。第八行：漫驢，「驢」右上之「虍」古逸本作「虍」，宋監本作「声」。

第二十五葉後半葉　第三行：玄駒，「玄」三本均缺末筆。

第二十六葉前半葉第八行：犦牛，「犦」古逸本作「犦」，宋監本作犦。

第二十六葉後半葉　第一行：徐聞，「聞」古逸本作「聞」，宋監本、宋刻十行本作「聞」。第六行：長犻，「犻」古逸本作「犻」，宋監本、宋刻十行本作「犻」。

第二十七葉前半葉第一行：羖䍽，「䍽」右之「歷」，古逸本、宋刻十行本作「歷」，宋監本作「歷」。第二行：兩壺，「壺」古逸本作「壺」，宋監本作「壺」，宋刻十行本作「壺」；白黑，「白黑」古逸本、宋刻十行本作「白黑」，宋監本作「黑白」。第三行：角三匝，「匝」古逸本作「迊」，宋監本、宋刻十行本作「匝」；羳羊，「羳」古逸本作「羳」，宋監本、宋刻十行本作「羳」。第四行：羜，古逸本缺末筆，宋監本、宋刻十行本不缺。第七行：羬毛，「羬」古逸本、宋刻十行本作「羬」，宋監本作「羬」；猲獢，「猲」右之「曷」古逸本作「曷」，宋監本作「曷」。

第二十七葉後半葉　第二行：江東，古逸本作「江東」，宋監本作「今江東」。第四行：雞屬，「屬」古逸本、宋刻十行本作「屬」，宋監本作「屬」。第五行：周禮曰，古逸本作「周禮曰」，宋監本、宋刻十行本作「周禮云」；巳上，古逸本、宋刻十行本作「巳上」，宋監本作「以上」；爲龍，「龍」古逸本作「龍」，宋監本、宋刻十行本作「駥」。第六行：𧯷五尺，「𧯷」左下之「丬」古逸本、宋刻十行本作「丬」，宋監本作「土」。第八行：雞名，「雞名」古逸本作「雞名」，宋監本、宋刻十行本作「名雞」。

第二章　校正覆刻型底本研究之二
——以《易程傳》爲例

上一節主要藉《爾雅》討論了《古逸叢書》底本的遞嬗過程，並且證明雖然《古逸叢書》以影刻存眞著稱，但其印本與底本之間仍有差異。下面以《易程傳》爲例，對《古逸叢書》從底本到印本的環節中發生的形式、內容上的變化及校改者的意圖進行深入的考察。

選擇《易程傳》爲本節主題的理由主要有兩點：

其一，《古逸叢書》本《易程傳》形制複雜，其印本相對於底本發生的改變也較他書爲多。在探討主事者對底本所作校改的問題時，《易程傳》更具代表性。

其二，復旦大學圖書館藏元至正本《易程傳》殘帙，對探討《古逸叢書》印本對底本之校改有重要參考價值，而前人未及深究。

一、《古逸叢書》本《易程傳》底本及其相關版本之調查

《古逸叢書》本《易程傳》「易圖」末葉牌記爲「至正己丑孟春積德書堂新刊」，因知其底本爲元至正刊本，但《古逸叢書》所附黎庶昌《敘目》、楊守敬跋文均未介紹此底本之來歷。楊守敬編《鄰蘇園藏書目錄》、何澄一編《故宮所藏觀海堂書目》、葉恭綽鈔《宜都楊氏觀海堂書目》、楊守敬手批《經籍訪古志》及《留眞譜》亦無有關元至正本之內容。

底本既不知所蹤，只能先對前人著錄及今日大陸館藏程頤《易傳》的宋元刻本作一梳理，以明其舊槧流傳之大概。

《藏園訂補郘亭知見傳本書目》卷一「易類」〔註1〕：

《易傳》四卷。宋程頤撰。

○錢曾云，宋刊本六卷。○《天祿後目》有宋刊本六卷。宋本每葉廿四行，行廿二字。

【增】《易程傳》六卷。○宋本。○光緒八年遵義黎欽使庶昌在日本國得元本，每葉大字二十二行，行廿一字，即在日本東京據以重刊，極精。○宋元間刊大字本，八行十五字，注單行，低一格十四字，白口，左右雙闌。○宋江西刊本，八行十五字，白口，左右雙闌。

【補】《晦菴先生校正伊川易傳》八卷。○宋刊本，十一行二十二字，注雙行二十六字，黑口，四周單闌。京肆見。

【補】《伊川程先生周易經傳》十卷。○元刊本，七行十五字，細黑口，左右雙闌。

《中國古籍善本書目》卷一「易類」〔註2〕：

《易傳》六卷《上下篇義》一卷。宋程頤撰，宋刻本。存一卷（上下篇義）。

《伊川程先生周易經傳》十卷《上下篇義》一卷。宋程頤撰，元刻本。

《晦庵先生校正伊川易傳》八卷。宋程頤撰，元刻本。存四卷（一至四）。

目前大陸只有中國國家圖書館尚存宋刻程頤撰《易傳》中的《上下篇義》一卷，正文半葉八行，行十五字，白口，左右雙邊，與《藏園訂補郘亭知見傳本書目》著錄的宋江西刊本行款吻合，其他宋本現狀暫不可攷。

元刻《伊川程先生周易經傳》十卷，亦藏於中國國家圖書館。其書名、卷數與《古逸叢書》本皆有出入，故本文不作討論。

〔註1〕《增訂四庫簡明目錄標注》卷一「易傳四卷」條所載與《藏園訂補郘亭知見傳本書目》略同，而後者著錄版本較前者爲詳備，故正文只錄後者。《增訂四庫簡明目錄標注》，中華書局，1959年。《藏園訂補郘亭知見傳本書目》，中華書局，2009年。

〔註2〕《中國古籍善本書目・經部》，上海古籍出版社，1989年，第44～45頁。

元刻《晦庵先生校正伊川易傳》殘帙，今藏於復旦大學圖書館。其行款、版式與《古逸叢書》本相同，或以爲此即《古逸叢書》底本。具體關係如何，詳見下文。

首先要提出的問題是，《中國古籍善本書目》將此書定爲八卷（存四卷），而根據筆者調查原書所見，該書首尾皆殘，並無足以證明其全本卷數的材料。《藏園訂補郘亭知見傳本書目》著錄之宋本《晦菴先生校正伊川易傳》八卷，與復旦大學所藏元刻本標題相同、行款相近，可能後者就是根據這條著錄也定爲八卷〔註3〕。這一結論未必錯誤，但仍可商榷。

本文主要利用復旦大學藏元刻本《晦庵先生校正伊川易傳》殘帙與復旦大學藏日本美濃紙印《古逸叢書》本《易程傳》進行比對研究，爲免辭費，下文中此二書分別簡稱爲復旦本、古逸本。

二、復旦本與古逸本底本屬於同一版本系統

經筆者比對，確認復旦本與古逸本底本屬於同一版本系統，理由如下：

1. 二本行款、板匡尺寸相同，均爲半葉十一行，行二十、二十一字，小字雙行，行二十六字，左右雙邊，雙魚尾，細黑口。版心上記卷數，下記葉數。正文首葉板匡均高十九點一釐米，寬十二點四釐米。
2. 除顯係影刻疏誤和有意剜改的情況外，二本文字內容相同。
3. 除顯係影刻疏誤和有意剜改的情況外，二本的字體尤其是異體字的寫法一致。如卷二第十五葉下半葉第七行「物乱是爲蠱象。蠱之義，壞亂也」，前一「亂」字二本同作「乱」，後一「亂」字二本同作「亂」。
4. 書籍形式的細節特徵彼此吻合。如：
   (1) 二本都只有卷三第九葉、第十葉所記葉數爲陰文，其它葉面版心所記葉數均爲陽文。
   (2) 二本都只有卷一第九葉、第十葉、卷四第一葉、第二葉、第十一葉、第十二葉、第廿四葉爲單魚尾，其它葉面版心均爲雙魚尾。
   (3) 二本都只有卷一第十三葉、第十四葉、卷二第十七葉、卷三第十三葉、第十四葉、第廿五葉、卷四第十九葉、第二十葉同爲上下相對的雙魚尾，其它葉面版心均爲同朝下的雙魚尾。

〔註3〕《增訂四庫簡明目錄標注》卷一「易類」也著錄了京肆所見宋刊殘本《晦庵先生校正伊川易傳》，但未記卷數。

(4) 二本都只有卷四第九葉「喪易」、「一作居」、「一無用字」、「一有其字」、「一作義」、第十葉「一作順」、「一作吝」、第十六葉「一作使眾」、「一無睽字」、「一作意」等十處陰文外加一圈，其他葉面的卦名、校記、引用字詞均爲普通陰刻。

這四點足以證明復旦本與古逸本底本是源出同版的不同印本，下面推考二者刷印時間的早晚關係。

三、復旦本刷印時間晚於古逸本底本

與字體清晰、內容完整的古逸本相比，復旦本各卷正文下方的文字多有漫漶，嚴重者完全不可辨認，其板匡、欄線也時有缺損。如果古逸本底本的刷印時間與復旦本相同甚至更晚的話，工匠不可能影刻出完整的正文，除非參照他書，模仿字體，另行添補，但古逸本行氣連貫，字體一致，當未經後來添補。

復旦本卷四第十葉版心下方記葉數爲「十至十二」，次葉即第十三葉，然而此「十至十二」葉末句爲「眾所允從，其悔所」，第十三葉首句爲「雖君子自處之善」，語意不相連屬。實際上，復旦本的第「十至十二」葉的內容與古逸本第十葉相同，而古逸本第十葉後尚有文字完整的第十一葉、第十二葉，復旦本則無。由此可知，刷印復旦本時，第十一葉、第十二葉兩塊書板已缺失或無法使用，刷印者既未另行補版，又希望印成一個「完整」的本子，故直接剜改第十葉版心所記葉數爲「十至十二」〔註 4〕，以欺人耳目，卻未解決這兩葉之間文意不通的問題。古逸本內容完整，則其底本當刷印於第十一葉、第十二葉兩塊書板完好之時。

根據上述兩點，可以確定復旦本刷印時間晚於古逸本底本。

四、古逸本與復旦本之異同即古逸本與其底本之異同

中國古籍在刊印流傳過程中，常見修版補版的現象，書中修版補版葉的文本、形制也可能與原刊葉有所不同。目前已知古逸本與復旦本之間存在差異，研究此差異之前，應先確認其形成時間。如果古逸本底本就與復旦本有此差異，那麼據之影刻的古逸本只是保持了底本的面貌，與差異之形成無關；

〔註 4〕「十至十二」四字字體亦與前後葉面版心所記葉數的字體不符，因知係後來剜改者。

如果古逸本底本與復旦本無此差異，而因爲《古逸叢書》刊印前對底本進行校改，才造成其印本與復旦本有所不同，則此異同形成之責任就歸於《古逸叢書》刊印者，與底本無關。

根據筆者觀察，復旦本全文字體相似，大小一致，行氣連貫。古逸本凡與復旦本不同的地方，與上下文相比，其面貌都有明顯改變，或畸大畸小，或角度不同〔註 5〕，或字形有異，顯然是後來改正者。

核對二書文本差異，古逸本經剜改處絕大部份均爲正確的文字或標識，而復旦本對應的位置多有錯謬。在上一節已經確認復旦本的刷印時間晚於古逸本底本，如果古逸本底本就已有這些剜改，較爲後印的復旦本沒有理由再改回錯誤的內容。考慮到復旦本全文無明顯剜改痕跡，古逸本底本也更不可能有這些剜改。

所以筆者認爲，古逸本與復旦本之異同也就是古逸本與其底本之異同〔註 6〕。在古逸本底本已不可見的情況下，取復旦本與古逸本相比對，不失爲一個瞭解古逸本上板前所作修改的途徑。

五、古逸本與復旦本的五類不同

古逸本是元至正本的影刻本，寫樣影刻，難免疏誤，由日本工匠影刻中國古籍時更是如此。如卷一第十一葉上半葉第一行「利以貞正」，「貞」字復旦本作「貞」，古逸本作「貞」，少一横；卷二第三葉上半葉第四行「城復于隍」，「隍」字復旦本作「隍」，古逸本作「隍」，少一撇。此類差異都是手民之失，不必深究。値得關注的是影刻時對底本所作的有意修改。根據二本差異的性質，約可分爲五類：

1. 避諱問題

元至正本雖刻於元代，卻多避宋諱，故楊守敬將其定爲重翻宋本〔註 7〕。

〔註 5〕如古逸本卷一第廿三葉下半葉第三行「志于尊榮」，上下文字體均略向右上角傾斜，獨此「志」字較大而平。

〔註 6〕筆者承認古逸本底本與復旦本之間仍然存在差異，比如上文所舉的卷四第十葉版心所記葉數，古逸本爲「十」，而復旦本爲「十至十二」，就是刷印復旦本時，版片已經剜改的證據，但這只能證明元刻本的版片曾剜改過版心，與正文內容無關。而復旦本雖然剜改了葉數，其第十葉、第十三葉之間的文意仍然不通，恰恰從反面證明了當時修板者未及修改正文。

〔註 7〕古逸本附楊氏跋語稱「右元至正己丑積德書堂刊本，中缺宋諱，當爲重翻宋本」。

古逸本影刻元至正本，也往往保留了其中的宋諱字，同時遵循清人刻書慣例，對清諱字也做了缺筆處理。具體避諱情況如下表所示：

版本	避諱字	
	宋諱	清諱
復旦本	愼、貞、玄、桓、恒、匡、敦	
古逸本	愼、貞、玄、桓、恒、匡、敦	寧、弘、顒、丘

元人刻書無避諱要求，復旦本中雖間存宋諱，但當避不避的現象也很常見。如卷一第七葉上半葉第十一行「利永貞」之「貞」字缺末筆，同卷第十六葉上半葉第一行「貞吉」之「貞」字則不缺筆；卷一第七葉上半葉第十行「玄黃」之「玄」字缺末筆，同卷第八葉下半葉第四行「玄黃」之「玄」字則不缺筆。此外，宋人常諱的「敬」「弘」「殷」等字，復旦本均不缺筆。

古逸本是清光緒八年在日本影刻元至正本而成，故兼避宋諱、清諱。宋諱如卷一第二十葉下半葉第二行「匡愚反」之「匡」字復旦本、古逸本均缺末筆，但也有復旦本避宋諱而古逸本不避的現象，如卷二第十七葉下半葉第五行「敦尚其事」之「敦」字復旦本缺末筆，古逸本則不缺。清諱中古逸本避「寧、弘、顒、丘」四字，但與復旦本避宋諱不嚴一樣，古逸本避清諱也不周全。如卷二第十葉下半葉第四行「弘厚」之「弘」字缺末筆，同卷第二葉上半葉第二行「含弘之度」之「弘」字則不缺〔註 8〕；卷三第九葉下半葉第五行「本固邦寧」之「寧」字缺末筆，卷四第廿二葉下半葉第八行「安寧無事」之「寧」字則不缺。

2. 規範字體

古逸本對底本的字體進行了規範，主要包括將草體字變爲楷體字和將異體字變爲正體字兩方面。

前者如卷一第十葉上半葉第八行「膏」字，復旦本作「膏」，古逸本作「膏」；卷一第十五葉上半葉第八行「難以吉矣」之「難」字，復旦本作「𩀨」，古逸本作「難」。後者如卷一第十葉下半葉第三行「在險之極」之「極」字，復旦本作「極」，古逸本作「極」；卷二第二葉上半葉第八行「情肆」之「肆」字，復旦本作「肆」，古逸本作「肆」。

〔註 8〕「弘」字宋、清同諱，但復旦本不諱而古逸本諱，則應將其視爲清諱字。

但並不是底本所有的草體字和異體字都在古逸本中得到了規範，如卷三第七葉上半葉第三行「有攸往」之「有」字，復旦本作「冇」，古逸本作「有」，而同葉第五行「質必有文」之「有」字，二本同作「冇」；又如卷三第七葉上半葉第八行「聖人」之「聖」字，復旦本作「垩」，古逸本作「聖」，而卷三第十葉下半葉第一行「聖人」之「聖」字，二本同作「垩」。

甚至還存在復旦本用正體字，古逸本反而用異體字的現象。如卷三第廿一葉上半葉第六行「過極之陰」之「陰」字，復旦本作「陰」，古逸本作「隂」；卷四第廿一葉下半葉第三行「冒極險」之「冒」字，復旦本作「冒」，古逸本作「冐」。這可能是由於日本寫樣工的書寫習慣所致〔註9〕。

由此可見，雖然古逸本確實有意對底本字體加以規範，但這項工作距離最終完成還有一段距離。

3. 調整位置

爲使注文整齊美觀，有時古逸本會使用增加虛字或調整句中空格的方法改變原來文字的位置。

卷一第十四葉上半葉第十一行：

復旦本作「雖不當位□而未至於大失也」（「位」字下空一格）〔註10〕。

古逸本作「雖不當位而未至於大失也□」（「也」字下空一格）。

按此句當連讀，不必停頓，復旦本「位」後空格無意義，故古逸本將下文提上，使空格移至句末。

卷一第十九葉上半葉第十一行：

復旦本作「孚信在中也□」（「也」字下空一格）。

古逸本作「孚信之在中也」。

按此句爲注文，雙行小字。復旦本前一行爲「孚信在」三字，後一行爲「中也」二字，字數不齊，故末有空格。古逸本於「信」下添「之」字，使此句注文兩行各爲三字，較爲整齊〔註11〕。《日本訪書志》卷二「唐玄宗開元注孝經一卷」條稱「古鈔者因注文雙行難於均齊字數，故往往於對行字懸空

〔註9〕《日本訪書志》卷二「論語集解十卷」條也談到日本鈔書人受書寫習慣影響，字體不能盡從底本的問題。

〔註10〕原文並無方框，□爲筆者所加，表示空格，下皆仿此。

〔註11〕清同治十年涂宗瀛刻《二程全書》本《易傳》此句作「孚信之在中也」，與古逸本所改同。

數字者，增添虛字以足之，故所增之字總在注末」，與此處改動之意暗合。稍不同者，「古鈔者」所增虛字在注末，而此句所增虛字在句中而已。

當然要均齊雙行字數，不能只依靠增減虛字來實現。

卷一第廿三葉上半葉第一行：

復旦本作：則必害君子安得不疑慮乎若前知疑慮
　　　　　而警懼求所以□制之則不至於凶矣

古逸本作：則必害君子安得不疑慮乎若前知疑
　　　　　慮而警懼求所以制之則不至於凶矣

復旦本「而」字另起一行，「以」字下空一格，第一行注文因此比第二行多出一字；古逸本改從「慮」字另起一行，「制之則不至於凶矣」上提，並省去原文中的空格，也達到了均齊雙行字數的目的。

另一種現象是古逸本增刪內容造成的文字位置的調整。

卷二第十六葉下半葉第六行，復旦本作「意承考意也」，古逸本刪去第二個「意」字，作「意承考也」，又稍稍拉開字距，均勻擠佔了刪字騰出的空間，使此處無空格，不顯突兀，但比對二本即知，古逸本此處文字明顯比復旦本更疏闊。

增字造成的位置調整與刪字同理，只是刪字處古逸本較疏闊，增字處古逸本較緊密而已。增字之例見古逸本卷一第十一葉下半葉第二行「觀其始出而未有所向」中「出而未有」四字。

4. 變更形制

（1）去除書耳

復旦本與古逸本板式上最明顯的區別是復旦本畫有卦象的葉面左上角多有書耳，內記該葉卦名，或一字或兩字（因書耳處多嚴重漫漶，甚至只存墨痕或完全空白，故不能確定是否每一卦都有對應的記卦名的書耳，可確認有書耳者約占全書的三分之二）；古逸本則去除了所有的書耳。

《藏園群書經眼錄》卷一「易類」「晦庵先生校正伊川易傳」條稱「宋刊本，半葉十一行，行二十二字，注雙行二十六字，黑口，四周單闌，左闌外記篇名」〔註12〕。復旦本首卷卷名即「晦庵先生校正伊川易傳」，半葉十一行，行二十、二十一字，小字雙行，行二十六字，黑口，左右雙邊。二者行款相

〔註12〕見《藏園群書經眼錄》第1冊，中華書局，2009年版，第10葉。

似，僅大字字數差一字，邊欄單雙不同而已。復旦本源自宋本，書耳處記篇名自然也是保留了宋本「左闌外記篇名」的遺制。

按宋代早期書籍裝幀流行蝴蝶裝，版心朝內，葉面邊緣朝外，爲便於翻檢，故刻書耳以記篇名、年號等信息，但到南宋後期出現線裝以後，因線裝本葉面邊緣朝內，合訂於書腦處，在這種形制下，板匡外的書耳查看不便，已失去了翻檢之用，故篇名、卷數等信息逐漸移至版心。《易傳》的宋刊本、元至正本尚存書耳，足見其淵源甚古。古逸本去除此制，雖不影響使用，卻明顯改變了底本面貌，不能不說是一個遺憾。有趣的是，日本舊藏《原本玉篇》本爲古鈔長卷，不分葉，亦無書耳，但《古逸叢書》影刻該卷時，卻分節刻之並加邊匡，匡外又增刻書耳記該葉部首，以便翻檢。《古逸叢書》中這兩種書書耳之有無，主要視乎實用價值之高低，有用則增，無用則除，完全不考慮底本原貌如何。從這一點來看，《古逸叢書》刊印時，其實相當講究實用性，並非要做成尚古仿眞的雅翫而已。

（2）陰刻、加圈的變化

文字多陰刻、加圈，是元至正本刊刻形式的特點之一，古逸本既繼承了這一特點又有所修改，使其更趨規範。

復旦本中，卦象下的卦名、校記、釋音之字通常爲陰刻，間有加圈或無標識者，古逸本多將此類文字改爲陰刻，以合體例。

卷三第十二葉下半葉第八行「無妄」爲卦象下之卦名，復旦本作無妄；同卷第廿三葉上半葉第七行「一作少長」爲校記，復旦本作一作少長；卷一第九葉上半葉第一行「難，乃旦反」，復旦本「難」字無標識。這三處古逸本都統一爲陰刻。

復旦本中，注文中的卦名、卦數通常加圈，間有陰刻者，古逸本多將此類文字改爲加圈，以合體例。

卦名如卷三第十七葉上半葉第一行「艮下震上」，「艮」、「震」二字復旦本陰刻；卷三第六葉下半葉第十一行「下體本乾，柔來文其中而爲離；上體本坤，剛往文其上而爲艮」，復旦本「離」字陰刻，「艮」字加圈。這四處古逸本都統一爲加圈。

卦數如卷一第十五葉下半葉第一行「初於四」，復旦本「初」、「四」二字陰刻；卷一第十六葉下半葉第九行「言二也」，復旦本「二」字陰刻。這兩處古逸本都統一爲加圈。

復旦本中，人名通常無標識，也間有陰刻或加圈者，古逸本多將此類文字改爲無標識，以合體例。

卷四第十八葉下半葉第八行「劉禪之昏弱」，復旦本作劉禪；同卷第廿一葉上半葉第八行「湯武得伊呂」，復旦本「湯武」、「伊呂」四字陰刻。這兩處古逸本都統一爲無標識。

復旦本中還有少數不必加圈的普通文字也以加圈標識，古逸本多將此類文字改爲無標識，以合體例。

卷二第十三葉上半葉第二行「或曰」，復旦本作或曰；同卷第十葉下半葉第三行「係辞」，復旦本作係辞。這兩處古逸本都統一爲無標識。

和規範字體一樣，古逸本有意統一底本陰刻、加圈等標識的使用方法，但這項工作進行得不夠徹底，還有很多依體例應該陰刻或加圈的地方，古逸本只是簡單地去除標識，如卷四第一葉上半葉第一行卦象下的「咸」字（卦名），同卷第七葉上半葉第四行「三與二非正」中的「三」、「二」（卦數）兩字都是如此。這可能是付梓工期促迫，不及詳查所致。

5. 校改文字

文字校改是古逸本影刻過程中最費心力之處，也是最應關注的環節，因爲它直接影響文本內容。以復旦本與古逸本對校，除異體字外，文字不同者卷一凡三十五處、卷二凡三十六處、卷三凡四十七處、卷四凡二十一處，合計一百三十九處。其校改之方法可分四種：增字、刪字、調整字序、改字。

增字如卷一第十六葉下半葉第七行，復旦本作「能以眾可以」，古逸本作「能以眾正可以」。古逸本「眾正」二字較小，只占一格，係剜去原「眾」字後補入者。

刪字如上文所舉「意承考意也」刪「意」字例。

調整字序如卷一第二十葉上半葉第二行，復旦本作「說數相須」，古逸本作「數說相須」。

改字最常見，如卷一第十葉上半葉第六行，復旦本作「濟持之屯」，古逸本作「濟時之屯」，改「持」爲「時」；同卷第廿四葉下半葉第三行，復旦本作「荀專自任」，古逸本作「苟專自任」，改「荀」爲「苟」。

古逸本所作的校改往往能在本文中得到印證，如卷二第五葉下半葉第十一行，復旦本作「君子以族類」，古逸本改爲「君子以類族」，下文小字注文即作「類族」，故知古逸本所改是；又如卷三第八葉下半葉第九行，復旦本作「束帛而　一無如字」〔註13〕，古逸本將校記改爲「一無而字」，方與上文相應。這些都說明古逸本的校改合理有據。

還有一些復旦本明顯的譌誤，古逸本也予以徑改，如卷二第九葉上半葉第一行，復旦本作「一有威如之告易而無備也十字」，按「威如之告易而無備也」僅九字，故古逸本改作「一有威如之吉易而無備也九字」，更正了字數錯誤並將「告」改爲「吉」。

除上述當改之處外，古逸本還替換了部份無礙文義的虛詞，如卷一第廿三葉下半葉第六行，復旦本作「去乎貧賤矣」，古逸本改「矣」爲「耳」。這種不必改而改的現象令人不解。爲了訪求古逸本校改的依據，筆者調查了元至正六年務本堂刻《周易程朱傳義音訓》、元至元二年碧灣書堂刻《程朱二先生周易傳義》、清同治十年涂宗瀛刻《二程全書》等幾個本子，發現古逸本改後的文字與《二程全書》完全符合（包括不必改的虛詞），而與兩種元本多不相應，所以涂刻《二程全書》很可能是古逸本刊板時的主要參校本。

簡而言之，古逸本《易程傳》確實主動對底本作了多方面的校改，這固然有便於研讀的一面，卻也意味著它與元至正本之間存在著不容忽視的差異。

《日本訪書志》卷三「廣韻五卷北宋刊本」條記載了楊守敬對影刻《大宋重修廣韻》時「往往有當存疑而徑改者」的遺憾，但從古逸本《易程傳》來看，楊氏本人並不反對刻書時合理校改底本的做法。這一觀點在他致吳重憙的信札中〔註14〕表達得更爲明確。

第一通　壬寅（1902）二月廿一日

自顧澗濱以來，校書者皆以「不校校之」爲圭臬，而刻書則必奉一本爲尊，雖明知其誤，亦不改刻，而別爲札記（余見澗濱所刻書元本卻不盡然）。守敬則以爲校書不當輕改，而刻書則必當有所擇。如隋唐以前古書，眾本燦列，自當據一本爲主。若宋以下人撰述，則不可拘此例。況所據皆輾轉傳鈔，彼此互錯，既不能定誰爲

〔註13〕後四字爲校記，陰刻。

〔註14〕楊守敬致吳重憙信札十通，現歸日本私人收藏。稻畑耕一郎、朱新林、李曉紅、石碩將之整理後，題爲《楊守敬致吳重憙信札中的校勘學思想》，發表於《藝衡》第四輯（國家圖書館出版社，2010年11月）。本文所引楊守敬致吳重憙信札中文字，皆據該文鈔錄。

禰祖，乃令其般疣滿目，無乃不知所裁乎。前日遜庵得吾氏鈔本《齊民要術》，欲刻之，即據其本爲尊主，而其中有誤「馬援」爲「馬拔」者，誤「杜畿」爲「社畿」者，亦不改刻而爲札記。守敬作書，與之力爭。

大抵刻書妄改者陋，不改而藏拙者亦陋也。

第七通

邇來校書奉「不校校之」之說，雖明知其誤而不改。余以爲改之而存於札記，亦矜愼之至，必使烏焉滿紙，是所不取。去年爲柯愼盦校《大觀本草》，竊持此議，而愼盦大不以爲然，几至決裂。嗟乎，此道日淺，故爲繁瑣以文其陋，不知劉向、揚雄當日校書如此否。狂夫之言，願與閣下商之。

儘管如此，古逸本《易程傳》對元至正本中的部份虛詞所作的改動仍然令人疑惑。從內容上看，這種替換並無意義，且楊守敬與森立之曾就日本流傳的版本中虛詞之變化進行過多次討論〔註 15〕，足見其對虛詞較爲關注，不應作此無謂之修改。莫友芝稱「光緒八年遵義黎欽使庶昌在日本國得元本……即在日本東京據以重刊」〔註 16〕，則此書之校勘，或係黎庶昌授意下屬爲之，當時指定參校之版本及校改之原則必相當詳細，故下屬忠實執行，雖虛詞亦依例改之，這恐怕是黎庶昌當時未曾料到的。

六、結　論

綜上所述，古逸本《易程傳》係據元至正刊本影刻而成，其底本現狀今不可知，但復旦大學圖書館所藏元刊本殘帙與古逸本底本屬於同一版本系統，且復旦本刷印時間較晚。取復旦本與古逸本相比較，可知古逸本並非完全忠實於底本，而是在上板之前進行了規範格式、校改文字、調整形制等一系列的工作。這既使古逸本更爲美觀實用，便於研讀，也意味著其文本與底本原書的文本不盡相符。由於今日已無元至正刊《易程傳》全本傳世，故古逸本仍具有重要的文獻價值，只是在利用其探討元刻本面貌時，應注意古逸本與底本存在差異這一事實。

〔註 15〕見《日本訪書志》卷二「唐玄宗開元注孝經一卷」條、卷四「一切經音義二十五卷」條。

〔註 16〕見莫友芝撰《郘亭知見傳本書目》卷一「易類」「易程傳六卷」條。

附：《易程傳》古逸本、元至正本校記

古逸本指《古逸叢書》本，元本指復旦大學圖書館藏元至正本。校記所言葉數、行數皆指古逸本。因元本僅存卷一至卷四（卷一缺第一至八葉），故此校記係據二本前四卷對校結果寫成。

卷一

第九葉前半葉第一行：元本「難乃旦反」，古逸本「難」字陰刻。第九行：元本「磐步干反」，古逸本「磐步于反」。古逸本誤。

第九葉後半葉第一行：元本「天以剛明」，古逸本「于以剛明」。第四行：「有應在上」，「有」元本作「有」，古逸本作「有」。第六行：「苟合於初」，元本作「合」，古逸本作「台」。

第十葉前半葉第六行：元本「濟持之屯」，古逸本「濟時之屯」。按次行二本均作「濟時」，可證此處古逸本是而元本非。第八行：「其膏」，古逸本作「膏」，元本作「膏」。按此處元本行楷，古逸本改爲工楷。第十行：元本「非有慣也」，古逸本「非有損也」；元本「驟止之」，古逸本「驟正之」。第十一行：元本「則漸正之」，古逸本「謂漸正之」；元本「謂以道」，古逸本「蓋以道」。

第十葉後半葉　第三行：「在險之極」，元本作「極」，古逸本作「極」；「如屯之極」，二本均作「極」。第十一行：元本「至誠求己」，古逸本「至誠求已」。

第十一葉前半葉第二行：元本「告古毒反」，古逸本「若古毒反」。按據上文及反切讀音可知元本是而古逸本非。第五行：元本「得中得時也」，古逸本「得中則時也」。第七行：「不告」。元本「告」字最下一橫與板匡下邊線重合，古逸本「告」字最下一橫與板匡下邊線有明顯距離。按元本每行末字的筆劃多與下邊線相接或重合，古逸本每行末字則與下邊線都保持明顯的距離，可見影刻古逸本時，板匡位置曾另作處理。

第十一葉後半葉第二行：元本「觀其始出未有所向」，古逸本「觀其始出而未有所向」。按此句古逸本多一「而」字，「出而未有」四字較小，只占正常字體大約三字的空間，係後來剜補者；「初六」，元本、古逸本均作「初」。第三行：「初以陰闇」，元本、古逸本均作「初」。

第十二葉前半葉第十行：元本「遠于萬反」，古逸本「遠干萬反」。

第十三葉前半葉第一行：元本「不陷其義」，古逸本「不陥其義」。第五行：元本「兼一」，古逸本「兼二」。

第十四葉前半葉第十一行：元本「雖不當位　而未至於大失也」（「位」字下空一格），古逸本「雖不當位而未至於大失也　」（「也」字下空一格）。

第十四葉後半葉第一行：第一個「訟」字，元本作訟，古逸本陰刻。第九行：元本「艱阻室塞」，古逸本「艱阻窒塞」。按古逸本「窒」字較小，係後剜補者。

第十五葉前半葉第八行：「雖小有言」，元本作「有」，古逸本作「有」；「難以吉矣」，元本作「𩀱」，古逸本作「難」。

第十五葉後半葉　第一行：古逸本「初於四」，元本「初」、「四」二字陰刻；古逸本「二與五」，元本「二」、「五」二字陰刻。

第十六葉前半葉第二行：古逸本「初五……三居下……初正應……」，元本「五」、「三」、「初」三字陰刻。第五行：元本「不中則躁動」，古逸本「不中正則躁動」。按古逸本「中正」二字較小，只占一格，係後剜補者。第七行：元本「所以先吉」，古逸本「所以元吉」。按下一句二本均作「元吉大吉」，知此處亦當作「元」。第十行：元本「鞶步干反」，古逸本「鞶步于反」。按古逸本誤。

第十六葉後半葉　第一行：「師」卦元本畫作䷆，古逸本畫作䷆；「故受之以師師之興」，第二個「師」字元本用＝代替，古逸本用⺀代替。第二行：古逸本「內險外順」，元本「險」、「順」二字陰刻。第七行：元本「能以眾可以」，古逸本「能以眾正可以」。按古逸本「眾正」二字較小，只占一格，係後剜補者。第九行：古逸本「言二也」，元本「二」字陰刻。

第十七葉前半葉第九行：古逸本「極也」，元本「極也」。

第十七葉後半葉　第一行：「盡其職耳」，「職」二本均作「戢」。第五行：「懷万邦」，元本作「万」，古逸本作「万」。

第十八葉前半葉第四行：古逸本「二在下」，元本「二」字陰刻。

元本第十八葉前半葉第八至十一行下半部份，字體稚拙，與上文字體迥異，且墨色較濃，也有別於上文的淡墨，應係修版補刻而成。

第十八葉後半葉　第二行：第一個「比」字古逸本作比，元本陰刻。第三行：元本「必有所比」，古逸本「必有所比」。第五行：元本「必有其道」，古逸本「必有其道」。第六行：元本「比則元永貞」，古逸本「比得元永貞」。

第十九葉前半葉第二行：二本均作「得元永貞」，可見前一葉古逸本是。第十一行：元本「孚信在中也」，古逸本「孚信之在中也」。按此句元本「也」字下有一空格，古逸本在原空格處補入「之」字。

第十九葉後半葉第八行：元本「二存應」，古逸本「二有應」。

第二十葉前半葉第二行：元本「說數相須」，古逸本「數說相須」。按古逸本「說」字筆劃細而字形小，係後剜補者。第七行：元本「圍合其三靣」，古逸本「圍合其三面」。

第二十葉後半葉　第十行：第一個「小畜」元本作小畜，古逸本陰刻；元本「畜志相則」，古逸本「則志相畜」。

第二十一葉後半葉第二行：元本「以攣系之」，古逸本「以攣係之」。

第二十二葉前半葉第十行：元本「陽出則血去」，古逸本「惕出則血去」。

第二十三葉前半葉第一行：元本「若前知疑慮／而警懼求所以□制之則不至於凶矣」，古逸本「若前知疑／慮而警懼求所以制之則不至於凶矣」。按此句元本「慮」字後另起一行，「以」字下空一格，第一行小字比第二行小字多出約一字的長度；古逸本「疑」字後另起一行，「制之則不至於凶矣」往上提一格，佔用元本原來的空格位置，使兩行小字末字齊平，較爲美觀。第二行：元本「乾上兑下」，古逸本「兑下乾上」；元本「履序卦……」，古逸本「履」字陰刻。第十行：元本「疵病夬履」，古逸本「疵病央履」。

第二十三葉後半葉第三行：元本「日至于尊榮」，古逸本「日志于尊榮」。按古逸本文字皆略向右上方傾斜，獨此「志」字大而平，與上下行氣不類，係後剜補者。第四行：元本「至於富侈」，古逸本「志於富侈」。第六行：元本「去乎貧賤矣」，古逸本「去乎貧賤耳」。按「耳」字略小於它字，亦後剜補者。第八行：元本「志願尔」，古逸本「志願耳」。第九行：元本「象曰履道坦坦」，古逸本「九二履道坦坦」。按「九二」二字略小。

第二十四葉前半葉第四行：元本「肆其躁暴」，古逸本「肆其躁率」。按「率」

字略小。

第二十四葉後半葉第三行：元本「荀專自任」，古逸本「苟專自任」。

卷二

第二葉前半葉第二行：元本「安肆」，古逸本「安肆」。第三行：元本「久安〓於守常」，古逸本「久安安於守常」。按元本第二個「安」字用〓代替，古逸本剜去〓，補入「安」字。第八行：元本「情肆」，古逸本「情肆」。

第二葉後半葉　第三行：元本「天理之然」，古逸本「天理之必然」。第九行：元本「翩〓」，古逸本「翩く」。

第三葉前半葉第四行：「稱帝乙者」，元本作「稱」，古逸本作「稱」。

第三葉後半葉第二行：「城復于隍」，元本作「隍」，古逸本作「隍」。第三行：第一個「否」字元本作否，古逸本陰刻。第四行：元本「天地隔治」，古逸本「天地隔絕」。

第四葉後半葉第二行：元本「太人」，古逸本「大人」；元本「乃道否也」，古逸本「乃道之否也」。第三行：元本「二以陰柔」，古逸本「三以陰柔」。第十行：元本「大人當位」，古逸本「夫人當位」。

第五葉前半葉第七行：元本「同人序卦」，古逸本「同人」二字陰刻。第八行：元本「爲卦乾上離下」，古逸本「爲卦乾上離下」。

第五葉後半葉　第一行：元本「不以暱近私之所私」，古逸本「不以暱近情之所私」。第十一行：元本「君子以族類」，古逸本「君子以類族」。按下句小字注文曰「類族」，因知古逸本是。

第六葉前半葉第二行：元本「情物之離合」，古逸本「物情之離合」。第四行：元本「踈昵之偏」，古逸本「私昵之偏」；元本「博而公」，古逸本「溥而公」。

第六葉後半葉　第三行：元本「義不直」，古逸本「義不直」；元本「若肆其邪」，古逸本「若肆其邪」。第八行：元本「九五同於二而爲三、四二陽所隔」，古逸本「九五同於二而爲三、四二陽所隔」；元本「義直理於」，古逸本「義直理勝」。按下文均作「理勝」，因知古逸本是。第十一行：元本「係辤」，古逸本「繫辞」。

第七葉前半葉第八行：「乾下離上」，元本作䷍，古逸本作䷍；元本「大有」，古逸本此二字陰刻；元本「火在天上」，古逸本「火在天上」。第十行：元本「卦德」二字陰刻，古逸本「卦德」二字正常；「謙亨」，元本「謙」字陰刻，古逸本「謙」字正常。第十一行：元本「大人、同人、大有」，古逸本均不加圈。又古逸本「大人」寫作「大人」，近於「丈」字，與元刻寫法顯異，足證古逸本不僅剜去外圈，字亦鏟去重刻者。

第七葉後半葉　第七行：元本「大有、蠱、升、鼎、乾」，古逸本均不加圈。第九行：「事成而後有敗敗非先成者也」，第二個「敗」字，元本作「二」，古逸本作「〻」。按一般代表文字重複的符號元本多作＝，此處誤刻爲較大的「二」字。第十一行：注文中之「大有」，元本、古逸本均不加圈。

第八葉前半葉第五行：「大有之初」，元本作「初」，古逸本作「初」。第十行：「土地之富」，元本作「士」，古逸本作「土」。

第八葉後半葉　第五行：元本「則得無咎」，古逸本「故得無咎」。第九行：元本「人心安易」，古逸本「人心易安」。

第九葉前半葉第一行：元本「一有威如之告易而無備也十字」，古逸本「一有威如之吉易而無備也九字」。按此處元本計算有誤，「威如之告易而無備也」共九字，故古逸本徑改。第四行：元本「蹈履」，古逸本「蹈履」。第六行：元本「係辞」，古逸本「繫辞」。第十行：元本「謙序卦」，古逸本「謙」字陰刻。

第九葉後半葉第二行：元本「德益先顯」，古逸本「德益光顯」。第八行：元本「聖人詳言」，古逸本「聖人詳言」。

第十葉前半葉第六行：元本「謙＝」，古逸本「謙〻」。第十一行：元本「虁＝」，古逸本「虁〻」。

第十葉後半葉　第三行：元本「係辞」，古逸本「繫辞」。第六行：元本「非其保其位而爲之」，古逸本「非爲保其位而爲之」。

第十一葉前半葉第六行：元本「又以謙之極」，古逸本「又處謙之極」。第十行：元本「豫序卦」，古逸本「豫」字陰刻。

第十一葉後半葉第十一行：元本「豫、遯、姤、旅」，古逸本均不加圈。

第十二葉前半葉第一行：元本：解、革；古逸本均不加圈。第四行：元本「禮有殷奠」，古逸本「禮有殽奠」。按此字古逸本因形近致譌。第八行：元本「才與時合」，古逸本：「不與時合」。

第十二葉後半葉　第二行：元本「獨言吉者」，古逸本「㒪言吉者」。按「犭」「彳」之變，古逸本《爾雅》常見，參見前一節所附《爾雅》校記。第八行：元本「盱況于反」，古逸本「盱䀭于反」。

第十三葉前半葉第二行：元本「或曰」，古逸本不加圈。第六行：元本「權之所主」，古逸本「擢之所主」。第七行：二本均作「專權之臣」，古逸本亦作「木」旁，可見上一行「權」作「手」旁係古逸本影刻疏誤。第九行：元本「乃見於強」，古逸本「乃見其強」。

第十三葉後半葉第三行：耽肆，二本均作「耽」。第五行：元本「渝寬經反」，古逸本「渝容朱反」；元本「終極」，古逸本「終極」；元本「灾咎」，古逸本「災咎」。第六行：隨卦卦象元本作䷐，古逸本作䷐；元本「隨序卦」，古逸本「隨」字陰刻；元本「兌上震下」，古逸本不加圈。第十一行：元本「大享而無咎」，古逸本「大亨而無咎」。

第十四葉前半葉第八行：元本「无事皆然」，古逸本「万事皆然」。

第十五葉前半葉第四行：元本「皆得及於」，古逸本「皆德及於」。

第十五葉後半葉　第二行：元本「享王業」，古逸本「亨王業」。第七行：元本「物乱是爲蠱象蠱之義壞亂也」，古逸本同。按此句二本皆正俗體混用（亂、乱）。第十行：元本「治蠱」，古逸本「洽蠱」。按古逸本誤。

第十六葉後半葉　第六行：元本「意承考意也」，古逸本「意承考也」。按此句古逸本刪去一字，又稍稍拉開每字間距，仍塡滿一行，然與元本相較，則疏闊顯然。

第十七葉前半葉第八行：元本「僅既循常自守」，古逸本「僅能循常自守」。

第十七葉後半葉　第八行：「不累於世務」，元本作「世」，中間一橫極淡，似「出」，故古逸本譌爲「出」。

卷三

第一葉前半葉第三行：「澤上有地」，元本「澤」、「地」二字陰刻；古逸本作澤、地。

第一葉後半葉第三行：元本「无凶也」，古逸本「旡凶也」。第五行、第六行「無疆」，元本均作「疆」，古逸本作「疆」。

第二葉前半葉第一行：「未者」，元本「未」字陰刻；古逸本作未。第二行：「九二與五」，元本「九」、「五」陰刻，古逸本作九二與五。

第二葉後半葉　第二行：元本「宜吉可知」，古逸本「其吉可知」。第四行：「上六坤之極」，元本「上六」陰刻，古逸本作「上六」。第九行：「觀風行地」，元本「風」、「地」陰刻，古逸本作觀風行地。第十一行：「胡益之先生」，元本「胡益之」三字陰刻，古逸本作「胡益之先生」。

第三葉後半葉第三行：元本「初見昏淺」，古逸本「所見昏淺」。

第四葉後半葉第五行：「噬嗑」二字元本陰刻；古逸本作噬嗑。第九行：元本「皆爲間也」，古逸本「皆有間也」。第十一行：元本「無不和且治（一作洽）」，「一作洽」三字陰刻，古逸本「無不和且治（一作治）」，「一作治」三字陰刻。按古逸本將校文中的「洽」字誤刻成「治」，則校語與正文無別，顯係影刻疏誤。

第五葉前半葉第一行：元本「噬嗑　亨利用獄」，「亨」前空一格，古逸本將「亨」字稍提上，又拉寬「亨利用獄」各字間距，而省去原有空格；元本「以其間也」，古逸本「以有間也」。第七行：元本「莫敢不畏象」，古逸本「莫敢不畏上」。

第五葉後半葉　第二行：元本「木械」，古逸本「木摵」。第四行：「王弼」二字元本陰刻，古逸本作王弼。第九行：「二以中正之道」，「二」字元本陰刻，古逸本作二。

第六葉後半葉　第七行：「爲卦山下有火」，「山」、「火」二字元本陰刻；古逸本作「爲卦山下有火」。第九行：元本「故能於利於進也」，古逸本「故能小利於進也」。第十一行：「下體本乾柔來文其中而爲離上體本坤剛往文其上而爲艮」，此句元本「離」字陰刻，艮作艮，古逸本統一爲離、艮，以統一體例。

第七葉前半葉第三行：「故爲小利有攸往」，元本作「冇」，古逸本作「有」。第四行：元本「上下各主二事」，古逸本「上下各主一事」。第五行：「質必有文」，二本同作「冇」。可見古逸本並非將所有草體字都統一爲正楷。第八行：元本「𦔳人」，古逸本「聖人」。

第七葉後半葉　第二行：元本「剛居土柔」，古逸本「剛居上柔」。

第八葉前半葉第二行：元本「因趾與行爲義」，古逸本「因趾與行爲義」。第三行：「初應四正也從二非正」，元本「初」、「四」、「二」三字陰刻；古逸本作[初]、[四]、[二]。第八行：元本「賁辭之盛」，古逸本「賁飾之盛」。第九行：元本「鹿鹿濯翟」，古逸本「鹿鹿濯濯」；元本「𩀱乎常也」，古逸本「難乎常也」。

第八葉後半葉　第一行：元本「正應相賁者」，古逸本「正應相賁者」。第三行：元本「翰戶旦反」，古逸本「翰戶旦反」。第五行：元本「无怨尤也」，古逸本「无怨尤也」。第九行：元本「束帛而一無如字（陰刻）」，古逸本「束帛而一無而字（陰刻）」。按此句元本陰刻校語與正文不相應，當以古逸本爲是。第十行：元本「裁翦紛裂」，古逸本「裁翦分裂」。

第九葉前半葉第六行：「以二體言之」，「二體」二字元本陰刻，古逸本作[二體]。第九行：元本「建弍則極」，古逸本「建戍則極」。第十一行：「示人之意深矣」，元本作「深」，古逸本作「深」。

第十葉前半葉第八行：元本「獲寵愛一義」，古逸本「獲寵愛之義」。第十行：元本「𦔳人」，古逸本「聖人」。

第十葉後半葉　第一行：元本、古逸本均作「𦔳人發明此理」。第四行：「眾心」，元本作「眾」，古逸本作「衆」。第十一行：元本「復生於地中」，古逸本「復生於也中」。按元本「地」字左邊之「土」刻於「也」字左上角，筆劃與「也」相交，故古逸本誤刻爲「也」字。

第九葉、**第十葉**版心所記葉數爲陰刻，他葉皆陽刻。

第十一葉前半葉第八行：元本「協力以盛之」，古逸本「協力以勝之」。

第十一葉後半葉第九行：元本「而不至於悔」，古逸本「則不至於悔」。

第十二葉後半葉　第八行：「無妄序卦」，「無妄」二字古逸本陰刻，元本作無妄。

第十三葉後半葉第五行：元本「菑畬」，古逸本「菑畬」。第六行「耕穫菑畬」、第七行「田一歲曰菑」，二本均作「菑」。

第十四葉前半葉第三行：元本「亦必有朱」，古逸本「亦必有失」。第五行：元本「行人得之」，古逸本「行人之得」。第十一行：「九以中正當尊位下復以中正」，「九」、「下」二字元本陰刻，古逸本作九、下。

第十四葉後半葉第一行：「如其有疾」，元本作「疾」，然「疒」左兩點極淡，幾不可見，故古逸誤刻成「疾」。下文「人之有疾」則二本點畫皆完備。第八行：「大畜序卦」，「大畜」二字古逸本陰刻，元本作大畜。

第十五葉前半葉第四行：「乾體剛健艮體篤實」，「乾」、「艮」二字元本陰刻，古逸本作乾、艮。

第十五葉後半葉　第一行：「乾三爻皆取被止爲義艮三爻皆取止之爲義」，元本「乾」作乾，「艮」字陰刻；古逸本統一爲乾、艮。第六行：元本「如車輪脫去」，古逸本「如車輿脫去」；元本「說吐活反」，古逸本「說徒活反」。

第十六葉前半葉第八行：元本「則易而無傷以」，古逸本「則易而無傷矣」。

第十六葉後半葉　第一行：元本「人物有總攝」，古逸本「夫物有總攝」。第二行：「豕剛躁之物」，「豕」字元本陰刻，古逸本作豕。第四行：元本「知所以止止之道」，古逸本「知所以止之之道」。第八行：「胡先生曰」四字元本陰刻，古逸本作胡先生曰；元本「天之衢享」，古逸本「天之衢亨」。第十行：元本「道之享也」，古逸本「道之亨也」。

第十七葉前半葉第一行：元本「人物既畜聚」，古逸本「夫物既畜聚」；「艮下震上」，「艮」、「震」二字元本陰刻；古逸本作艮下震上。

第十七葉後半葉　第二行：元本「發其萌芽」，古逸本「發基萌芽」。第四行：元本「養其德」，「德」字右上方一豎較長，插入「其」下方兩點中，故古逸本誤刻爲「某德」。第六行：「蒙之初六」，元本「蒙」字陰刻；古逸本作蒙。第十行：元本「爲朵動則頤」，古逸本「爲朵動其頤」。

第十八葉前半葉第四行：元本「卦上二陽」，古逸本「卦止二陽」。

第十八葉後半葉　第三行：元本「不勝其在」，古逸本「不勝其任」。第八行：元本「以上位而頤養於下」，古逸本「以上位而賴養於下」。第九行：元本「耽丁南反」，古逸本「耽丁南反」。

第十九葉前半葉第十一行：「大過序卦」，元本作大過，古逸本「大過」二字陰刻。

第十九葉後半葉第二行：元本「矯失之用」，古逸本「矯時之用」。

第二十葉後半葉　第七行：元本「安能當太過之任乎」，古逸本「安能當大過之任乎。按上文言「太過之陽」，故元本此處亦以爲當作「太過之任」，實則二者文意無關，元本誤，古逸本作「大過」是。

第二十一葉前半葉第一行：元本「非　剛不能濟」，古逸本「非陽剛不能濟」。按元本「剛」字上空一格，古逸本補入「陽」字。第六行：元本「過極之陰」，古逸本「過極之隂」。

第二十一葉後半葉第三行：「習坎序卦」，元本作習坎；古逸本「習坎」二字陰刻。第十行：元本「初六坎窞」，古逸本「初六坎窞」。

第二十二葉前半葉第四行：元本「高不可升也」，古逸本「高不可升者」。

第二十二葉後半葉　第五行：「且枕」二本同作「枕」。第六行：「枕謂」，元本作「枕」，古逸本作「枕」。

第二十三葉前半葉第四行：元本「求言則易」，古逸本「求信則易」。第七行：「一作少長」，元本作一作少長；古逸本此四字陰刻。按全書校記皆陰刻，元本此處加圈，不合體例，故古逸本改爲陰刻。第八行：元本「天下之心」，古逸本「天下之士」。

第二十三葉後半葉第二行：元本「坎不盈衹」，古逸本「坎不盈祗」（經文）。第三行：元本「衹宜音柢抵也復卦云無衹悔必抵於巳」，古逸本「祗宜音柢抵也復卦云無祗悔必抵於巳」（注文）。按注文多作「祗」、「抵」，因知元本經文中「衹」當作「祗」。又元本注文中末「抵」亦誤爲「抵」，古逸本所改是。第九行：「寘之豉反」。元本作「之豉反」，古逸本亦作「之豉反」，可見古逸本除有意校改者外，其他部份仍較忠實地保留了元本的原貌。第十一行：元本「亦各以其事」，古逸本「亣各以其事」。

第二十四葉前半葉第一行：「離序卦」，元本作離；古逸本「離」字陰刻；元本「離所以次坎」，古逸本「離所以吹坎」。第七行：元本「草木則麗於上」，古逸本「草木則麗於土」。

第二十五葉前半葉第三行：元本「恒有將盡之悲」，古逸本「恒有將盡之悲」。第九行：元本「故不假言凶巳」，古逸本「故不假言凶也」。

第二十五葉後半葉　第五行：元本「征伐用刑之大者」，古逸本「征伐用刑之大者」。第七行：元本「殲厥渠魁」，古逸本「殲厥渠魁」；元本「折之舌反」，古逸本「折之舌反」。

卷四

第一葉前半葉第一行：「咸序卦」，按依全書體例，「咸」字應加圈或陰刻，然二本此處均無標記。

第二葉前半葉第一行：「拇足大指」，元本作「指」，古逸本作「指」。

第三葉前半葉第十一行：元本「九居尊位」，古逸本「九居尊位」。

第三葉後半葉第七行：「恒序卦夫婦之道」，元本作「恒」；古逸本「恒」字陰刻。

第四葉前半葉第一行：元本「恒爲善」，古逸本「恒於善」。

第四葉後半葉第九行：元本「四震躰而陽」，古逸本「四震躰而陽」。

第六葉前半葉第四行：元本「陰爲方長」，古逸本「陰柔方長」。

第六葉後半葉　第三行：元本「長丁丈反」，古逸本「長丁丈反」。

第七葉前半葉第四行：元本「三與二非正」，古逸本「三與二非正」。第七行：元本「四與初爲正應」，古逸本「四與初爲正應」。第九行：元本「四乾體」，古逸本「四乾體」。

第七葉後半葉　第一行：元本「九五無非係應」，古逸本「九五非無係應」；元本「與二皆以中正自處」，古逸本「與二皆以中正自處」。第五行：元本「上九乾體」，古逸本「上九乾體」。第八行：「大壯序卦」，元本作大壯，古逸本「大壯」二字陰刻。第九行：元本「一作長」，古逸本「一作長」三字陰刻；元本「震上乾下」，古逸本「震上乾下」。

第八葉前半葉第五行：元本「雷霆於天上」，古逸本「雷震於天上」。第六行：元本「中庸於和而不流中　立而不倚」，古逸本「中庸於和而不流中立而不倚」。二本「中」字下均有空格；二本同作「克己復禮」。第七行：二本同作「克巳復禮」。第九行：「況在下乎」，二本皆作「况」。

第八葉後半葉　第六行：元本「羝羊壯於首羝」，古逸本「羝羊壯於首羝」。第八行：元本「足以致凶」，古逸本「足以致凶」。第十行：元本「顧憚」，古逸本「顧憚」。

第九葉前半葉第五行：元本「四陽方長」，古逸本「四陽方長」；元本「五以柔居上」，古逸本「五以柔居上」。第六行：「五以位言」，元本「五」字陰刻；古逸本無標記。按自六至十一行，「喪易」、「一作居」、「一無用字」，二本均陰刻，外加環邊，與之前陰刻形式有異。「晉序卦」，元本作晉序卦，「晉」字古逸本陰刻。第七行：元本「離在坤上」，古逸本「離在坤上」；元本「彖云晉進也」，古逸本「彖云晉進也」。第九行：元本「晉之盛」，古逸本「晉之盛」；元本「無用有也」，古逸本「無用者也」。

第十葉前半葉第一行：元本「晉進盛之時」，古逸本「晉進盛之時」。

第十葉後半葉　第五行：元本「若有官守不言於上」，古逸本「若有官守不信於上」。第十行：元本「說大明在上」，古逸本「況大明在上」。

第十三葉前半葉第四行：元本「獲兔之疾」，古逸本「獲免之疾」。第七行：元本「處剛而進上六」，古逸本「處剛而進上六」。

第十四葉前半葉第三行：元本「非晦其明」，古逸本「外晦其明」。第四行：元本「楊雄」，古逸本「揚雄」。第九行：「家人序卦」，元本作家人序卦：古逸本「家人」二字陰刻。

第十四葉後半葉第四行：元本「夫正者身正者」，古逸本「夫正者身正也」。按下文二本同云「女正者家正也」，知此處當作「身正也」，古逸本所改是。

第十五葉前半葉第二行：「初家道之始也」，元本「初」字陰刻；古逸本無標記。第七行：「初三上是也」，元本「初三上」三字陰刻；古逸本無標記。

第十五葉後半葉　第八行：元本「堅順於事」，古逸本「巽順於事」。第十一行：「九五男而在外」，元本「九五」二字陰刻，古逸本無標記。

第十六葉前半葉第十一行：「睽序卦」，元本作睽序卦；古逸本「睽」字陰刻。

第十六葉後半葉　第一行：「上離下兌」，元本「離」、「兌」陰刻；古逸本無標記。第七行：元本「晉鼎是也」，古逸本「晉鼎是也」。

第十七葉前半葉第一行：二本同作「聖人則明物理之本」。第四行：二本同作「聖人爲能同之」。第九行：「九四在上」，元本「四」字陰刻；古逸本無標記。第十行：元本「維初與四」，古逸本「唯初與四」。

第十七葉後半葉　第二行：二本同作「古之聖王」。第三行：元本「睽離之時人情乖違」，古逸本「睽離之時人情乖違」。第五行：「二與五爲正應」，元本「二」、「五」二字陰刻，古逸本無標記。第七行：元本「會逢之謂」，古逸本「會逢之謂」。

第十八葉前半葉第一行：元本「三居二剛之間」，古逸本「三居二剛之間」。第二行：元本「四阻於前二牽於後」，古逸本「四阻於前二牽於後」。第九行：元本「九四當睽時」，古逸本「九四當睽時」。第十行：元本「初九當睽之初」，古逸本「初九當睽之初」。

第十八葉後半葉　第六行：元本「噬齧其則膚」，古逸本「噬齧其肌膚」。第八行：「周成之幼稚」，元本「周成」二字陰刻，古逸本無標記；元本「劉禪之昏弱」，古逸本「劉禪之昏弱」；元本「噬市制反」，古逸本「噬時制反」。

第十九葉前半葉第一行：元本「陽剛居上剛之極」，古逸本「陽剛居上剛之極」。第二行：元本「上九有六三之正」，古逸本「上九有六三之正」。第十行：「一作則疑皆亡也」，元本作「皆」，古逸本作「皆」。第十一行：「蹇卦」元本畫作䷦，古逸本畫作䷦；「蹇序卦」，元本作蹇序卦，古逸本「蹇」字陰刻。

按前後各葉版心均爲雙魚尾，同朝下，獨十九、二十葉版心爲相對雙魚尾。二本皆如此。

第二十葉後半葉　第三行：元本「二以中正之德」，古逸本「二以中正之德」。

第二十一葉前半葉第一行：「二與初同類」，元本「二」、「初」二字陰刻；古逸本無標記。第六行：「二在下」，元本「二」字陰刻；古逸本無標記。第八行：「湯武得伊呂」，元本「湯武」、「伊呂」二詞陰刻，古逸本無標記。第九行：「劉禪之孔明、唐肅宗之郭子儀、德宗之李晟」，元本「孔明」、「郭子儀」、「李晟」三詞陰刻，古逸本無標記。第十行：「蒙泰之類」，元本「蒙泰」二字陰刻；古逸本無標記；「屯否之類」，元本「屯否」二字陰刻，古逸本無標記。

第二十一葉後半葉第三行：元本「冐極險」，古逸本「冒極險」。第五行：「五剛陽中正」，元本「五」字陰刻，古逸本無標記。第七行：「如屯」，元本「屯」字陰刻，古逸本無標記。第九行：「上六應三而從五」，元本「三」、「五」二字陰刻；古逸本無標記。

第二十二葉前半葉第一行：「震動也坎險也」，元本「震」、「坎」、「險」三字陰刻；古逸本無標記；「解者天下患難」，元本「解」字陰刻，古逸本無標記。第二行：「西南坤方」，元本「坤」字陰刻，古逸本無標記。第三行：元本「利如西南」，古逸本「利於西南」。

第二十二葉後半葉　第二行：元本「皆甲柝」，古逸本「皆甲拆」。第四行：元本「生發甲坼」，古逸本「生發甲拆」；元本「去天道」，古逸本「法天道」。第十行：「九二以陽剛得中之才上應六五之君」，元本「二」、「五」二字陰刻；古逸本無標記。

第二十三葉前半葉第一行：元本「陰柔」，古逸本「隂柔」；「二既當用」，元本「二」字陰刻，古逸本無標記。第四行：元本「邪亞」，古逸本「邪惡」。

第二十三葉後半葉第一行：元本「教語乎盜」，古逸本「教誨乎盜」。按下句二本均作「教語淫者」，則「語」字是，古逸本「誨」字非。

第二十四葉元本上半葉末四行空白，下半葉前四行空白，第五行書「周易上經卷第四」七字；古逸本上半葉末三行空白，第十一行書「周易下經卷第四」七字，下半葉全部空白。按元本、古逸本第四卷卷首均題「周易下經卷第四」，而元本末題「周易上經卷第四」，與卷端抵牾，故古逸本改爲「下經」。

第三章　集字成書型底本研究
——以《老子注》爲中心

上文以《爾雅》和《易程傳》爲例，分別討論了《古逸叢書》底本的遞嬗以及從底本到印本校改的問題。在《古逸叢書》所收書中，還有兩種較爲特別的本子，它們都沒有完整的實物底本，而是部份或全部集字成書，故筆者稱之爲集字本。

所謂集字，是指模仿某種字體，將其拼湊爲指定的文本，以達到補足原書殘闕或製作一個特定字體的新版本的目的。早在唐咸亨三年（672），就有長安弘福寺僧釋懷仁集王羲之字刻《大唐三藏聖教序》碑，但因其太耗心力，此後集字之法多見於碑帖，罕有用於正式出版者。

《古逸叢書》中的集字本，一爲《南華眞經注疏》，一爲《老子道德經》。《南華眞經注疏》成於日本名刻工木邨嘉平之手，屢爲黎庶昌、楊守敬稱道，故前人關注較多；相比之下，關於《老子道德經》的研究則稍顯滯後。其實後者的文獻意義並不亞於前者，因其全書皆集字而成，又未經名手加工，故能較忠實地保留集字底本的面貌，這對我們還原集字成書的過程是很有幫助的。本章即以《老子道德經》爲中心，對《古逸叢書》中的集字問題進行研究（下文中《古逸叢書》本《老子道德經》均簡稱古逸本《老子注》）。

一、古逸本《老子注》的版本

古逸本《老子注》在《古逸叢書》中被列爲第六種，分上下兩篇，共八十一章。因篇幅較小，多訂爲一冊，也有分訂兩冊者〔註1〕。

正文首葉板匡高二十二點四釐米，寬十五點二釐米。半葉十行，行十八至十九字不等。經、注字體大小相同，皆單行。經文頂格，注文低一格。四周單邊，白口，無魚尾。版心中記「老子注」，下記葉數。內封題「集唐字老子道德經注　古逸叢書之六」，牌記爲「遵義黎氏校刊」。卷末末附政和乙未十月丁丑晁說之跋、三月二十四日熊克跋。

據筆者所見，此書有美濃紙、皮紙、白棉紙、竹紙等多種印本。美濃紙與皮紙印本時間較早，其正文在前，跋語居後。其他時間較晚的印本則改爲跋語在前，正文居後。這一點可作爲判斷該書印刷時代早晚的參考依據。因爲古逸本《老子注》是在黎庶昌主持下刊成（楊守敬未參與其事）〔註2〕，所以在探討其成書過程前，應先瞭解黎庶昌本人的相關記述。

《古逸叢書敘目》「集唐字老子注二卷」條：

> 日本有摹刻張參《五經文字》唐玄度《九經字樣》甚精，與石本無異。又有南總地名宇惠攷訂晁以道本《王輔嗣老子道德經注》，今合以局刻華亭張氏本，集張、唐二家經字爲之。

由此可知，古逸本《老子注》的文本以宇惠〔註3〕攷訂晁以道本《王輔嗣老子道德經注》爲底本，參校局刻華亭張氏本。其字體則是集自日本摹刻的張參《五經文字》唐玄度《九經字樣》。

《敘目》所言極爲簡略，既沒有說明古逸本《老子注》的文本與其底本、參校本的確切關係，也未介紹集字上板的方法、過程，所以我們只能根據黎氏提供的線索作進一步的調查。

二、古逸本《老子注》的文本來歷

古逸本的文本源於宇惠攷訂本和局刻華亭張氏本，要分析古逸本文本的來歷，先要瞭解這兩個本子的面貌。

〔註1〕上海圖書館藏美濃紙印《古逸叢書》（著錄號：線普長 018661）中，《老子注》即訂爲兩冊。

〔註2〕《日本訪書志》卷三「廣韻五卷北宋刊本」條：「故《古逸叢書》皆守敬一手審定，唯此書及《老子》是黎公使據余校本自爲札記，然往往有當存疑而徑改者」。楊氏其他著述中無關於古逸本《老子注》的記載。

〔註3〕宇惠即宇佐美灊水，其生平詳見松井眞希子《宇佐美灊水校訂本王注老子道德經について》，《东アジア文化交涉研究》第3號，2010年3月3日。

《和刻本漢籍分類目錄》（增補補正版）〔註 4〕第一百五十七頁「子部・道家類」：

《老子道德眞經》二卷。魏王弼注，唐陸德明音義，宇佐美惠（灊水）校。明和七刊（江。須原屋平助等）。

同　　同（次印。江。千鐘堂〔註 5〕、花説堂）松本善兵衛ナレ。

同　　同（明治印）。

同 同 同　昭和四刊（活版。東。文求堂）。

根據長澤規矩也的著錄，宇佐美惠校《老子道德眞經》有明和七年（1770）刻本和昭和四年（1929）活字本兩種版本，《古逸叢書》成書於光緒十年（1884），其所用的自然是明和七年刻本。

上海圖書館藏《老子道德眞經》和刻本一部（著錄號：線普長 46028-9），即宇惠攷訂本。其正文首葉前半葉板匡高二十二點二釐米，寬十四點五釐米。半葉八行，行十六字，小字雙行同。四周單邊，白口，無魚尾。版心上記「老子上（下）篇」，下記葉數。行間刻句讀訓點，天頭刻「考異」、「考」、「攷正」。

內封題「灊水宇先生考訂　王注老子道德經　附考異　攷正　考　陸德明音義　江都書肆　千鍾堂　花說堂」。首爲「刻老子王註序」，次爲正文，首行題「老子道德眞經」。經文大字單行，王弼注文、陸德明音義皆小字雙行。卷末附晁說之、熊克二跋，題「舊跋」〔註 6〕。末葉載出版信息，「明和七年庚寅五月　東都　書林　須原屋茂兵衛　須原屋平助」。

在《和刻本漢籍分類目錄》的著錄中，宇惠攷訂本明和七年刻本分初印本、次印本和明治印本。其中初印本記「江都，須原屋平助」，次印本記「江都。千鐘堂，花說堂」，上圖藏本二者兼有，因知係次印本，亦即黎氏所言「宇惠攷訂晁以道本」，今據之推考古逸本之文本。

宇惠攷訂本卷首序文介紹體例頗詳，今摘錄於下：

老子正文，諸書所引有不存者，則固有脫文，而文字異同亦甚多矣。焦竑翼註有考異，王註舊刻附孫鑛古今本攷〔註 7〕正，今共

〔註 4〕長澤規矩也編《和刻本漢籍分類目錄》（增補補正版），汲古書院，2006 年。

〔註 5〕當爲千鍾堂，長澤規矩也著錄不確。

〔註 6〕古逸本《老子注》所附晁、熊二跋前無「舊跋」標題。

〔註 7〕「攷」當作「攷」，原書誤刻。

標於層〔註8〕，冠以考異、攷正。二考外尚有異同，諸書隨見隨記，及王註錯誤今改正者，共冠考一字，而標於層。陸德明音義，便于誦讀，又舉異同，誤脱間有不可改補，加圈分附王註。王註今本多亂脱，無善本可取正。按以歲月，或當有所得，余別有所志，不能專意於此書，以俟後之君子。明和己丑冬十月，南總宇惠撰。

由序文可知此書成於明和己丑（1770），不足稱古本，但搜羅材料較完備（附錄了陸德明《老子音義》、焦竑《老子翼》之「考異」、孫鑛《古今本攷正》及宇惠本人所見他本異文），且謹守存古之道，凡異同均注於天頭，不輕改本文，頗可信據。這顯然是黎庶昌取其作古逸本底本的主要原因。

清代書局刻《老子注》者，有崇文書局與浙江書局兩家，皆刊於光緒初年〔註9〕。其中浙江書局本牌記稱「據華亭張氏本校刻」，正文卷端題「華亭張氏原本」，《古逸叢書敘目》所稱「局刻華亭張氏本」當即此本〔註10〕。浙江書局刻本係常見書，所以這裡只根據上海圖書館藏本（著錄號：線普長490157）簡介其內容次序。

其正文首行題「老子道德經上篇　華亭張氏原本」，次行題「晉　王弼注」。正文後附晁說之、熊克跋及《經典釋文老子音義》（分《道經》、《德經》二篇）。《音義》後有《附識》二葉〔註11〕，皆校記，署「以上俱遵聚珍本，據永樂大典校改」。

宇惠攷訂本與局刻華亭張氏本面目既明，下面就可檢驗古逸本的文本與它們的關係。

從內容上看，宇惠攷訂本與古逸本《老子注》最顯著的區別有兩點：

其一，宇惠攷訂本在王弼注文後附陸德明《老子音義》，古逸本不附《音義》。

其二，宇惠攷訂本天頭有諸家《考異》，古逸本不刻《考異》，但依據《考異》之說徑改了部份原文。

具體到字句異同，又可分爲三種情況：

〔註 8〕層即天頭。

〔註 9〕崇文書局本牌記題「光緒紀元夏月」，浙江書局本牌記題「光緒元年」。

〔註10〕《增訂四庫簡明目錄標注》卷十四「老子注宋乾道庚寅熊克重刊本」條著錄「二十二子彙函本」、《書目答問補正》卷三「周秦諸子」類「老子王弼注」條著錄「杭州局二十二子校刻華亭張氏本」皆指浙江書局本。

〔註11〕上海圖書館另藏有一部浙江書局本複本，無《附識》，餘皆同。

其一，古逸本與宇惠攷訂本正文不同，而與宇惠攷訂本所附《考異》之說相同。如古逸本上篇第二葉前半葉第一行「兩者始與母也」，此句宇惠攷訂本作「兩者始與無也」，天頭注「考無當作母」。

其二，古逸本與宇惠攷訂本正文不同，而與局刻華亭張氏本相同。如古逸本上篇第十七葉前半葉第七行「相去若何」，此句宇惠攷訂本作「相去何若」，局刻華亭張氏本作「相去若何」。

其三，古逸本與宇惠攷訂本（包括所附《考異》之說）、局刻華亭張氏本均不同。如古逸本上篇第五葉前半葉第三行「列物不具存」，此句宇惠攷訂本與局刻華亭張氏本均作「則物不具存」。

根據筆者對校的結果，第一種情況共有九次，第二種情況共有九十五次，二者交集爲八次，也就是說，古逸本與宇惠攷訂本正文不同，而與其所附《考異》之說及局刻華亭張氏本相同的情況共有八次。如古逸本上篇第三葉前半葉第七行「使民心不亂」，宇惠攷訂本此句作「使心不亂」，天頭記「考異：古本作使民心」，局刻華亭張氏本此句也作「使民心不亂」。除此之外，只有一次古逸本與宇惠攷訂本正文、局刻華亭張氏本都不同，卻與宇惠攷訂本所附《考異》之說吻合的情況。古逸本上篇第十六葉前半葉第九行「智慧出，有大僞」，此句宇惠攷訂本正文與局刻華亭張氏本同作「慧智出，有大僞」，而宇惠攷訂本天頭記「攷正：慧智今本作智慧」，故古逸本據以改正（下句注文宇惠攷訂本亦作「故智慧出則大僞生」，可見此處當作「智慧」）。

第三種情況共有三十次，其中包括寫法之異、內容之異、多字、少字、顚倒等多種類型：

寫法之異：如古逸本上篇第八葉前半葉第八行「以物介其明」，宇惠攷訂本、局刻華亭張氏本均作「以物介其明」；古逸本下篇第二十七葉後半葉　第五行「欲大者宜爲下」，宇惠攷訂本、局刻華亭張氏本均作「欲大者宜爲下」。

內容之異：如古逸本上篇第十七葉後半葉　第二行「截鶴之頸」，宇惠攷訂本、局刻華亭張氏本均作「截鶴之脛」。

多字：如古逸本下篇第二十葉前半葉第六行「不催折者」，宇惠攷訂本、局刻華亭張氏本均作「不催折」，古逸本衍「者」字；古逸本下篇第二十三葉前半葉第九行「其民缺缺也」，宇惠攷訂本、局刻華亭張氏本均作「其民缺缺」，古逸本衍「也」字。

少字：如古逸本上篇第二十八葉前半葉第四行「爲天下谷，常德乃足」，宇惠攷訂本、局刻華亭張氏本均作「爲天下谷，爲天下谷，常德乃足」，古逸本脫中間四字；古逸本下篇第十四葉後半葉第一行「而爲其短」，宇惠攷訂本、局刻華亭張氏本均作「而爲其所短」，古逸本脫「所」字。

顛倒：如古逸本上篇第八葉後半葉　第四行「天下之所從由」，宇惠攷訂本、局刻華亭張氏本均作「天下之所由從」，古逸本「從由」二字顛倒；古逸本下篇第四葉後半葉第四行「必有憂患」，宇惠攷訂本、局刻華亭張氏本均作「必有患憂」，古逸本「憂患」二字顛倒。

在這些異文中，寫法之異是因爲古逸本造字不夠規範造成的，暫不深究。其餘四種情況中，一部份是改動虛詞，無關文意，如古逸本上篇第八葉前半葉第二行「萬物自賓矣」，宇惠攷訂本、局刻華亭張氏本均作「萬物自賓也」，上篇第二十七葉前半葉第六行「以善棄不善」，宇惠攷訂本、局刻華亭張氏本均作「以善棄不善也」。改動虛詞是《古逸叢書》中較常見的一個問題，前兩節已多次談到這一點。此外還有相當一部份是刊刻古逸本《老子注》時運用本校或理校的方法改正原文的結果，近人研究《老子注》文本時曾對此加以利用〔註 12〕。

至此，我們對古逸本《老子注》文本的形成過程就有了比較清楚的認識：古逸本《老子注》是在宇惠攷訂本正文的基礎上校定而成的。二者之間的異文有四個方面的成因：

1. 根據浙江書局刻華亭張氏本校改。
2. 根據宇惠攷訂本天頭所附考異校改。
3. 無版本佐證，運用本校或理校之法進行校改。
4. 刊刻《古逸叢書》時的手民之失。

其中據浙江書局本校改者在異文中所占比重最大，利用本校或理校所作的校改次之。總的來說，古逸本《老子注》的正文是一個新的文本，不能簡單地看作宇惠攷訂本和浙江書局本的混合體。

三、古逸本《老子注》的集字過程

古逸本《老子注》的文本來歷既已明瞭，下面轉入其集字過程的研究。

《敘目》稱古逸本《老子注》的字體集自日本摹刻張參《五經文字》

〔註 12〕參見樓宇烈《王弼集校釋》上冊，中華書局，1980 年，第 50、92、135、167 頁校記。

唐玄度《九經字樣》，故筆者先調查了《五經文字九經字樣》和刻本的版本情況。

《和刻本漢籍分類目錄》（增補補正版）第五十三頁「經部・小學類」：

《五經文字》三卷。唐張參。文化七刊（官版）。白。

同　　同（文政六印。堀野屋儀助等）。

同　　同　鉤摹石本　同。松崎復（慊堂）校。天保一五刊。

（新加）《九經字樣》。唐唐玄度。文化七刊（官版）。白。

同　鉤摹石本　同。松崎復（慊堂）校。天保一五跋刊。白。

簡而言之，日本摹刻本《五經文字九經字樣》有兩種，一爲文化七年（1810）刊本，一爲天保十五年（1844）刊本。現將此二書與古逸本《老子注》的內葉都用 300DPI 的分辨率掃描後同比例縮小截圖對比，可知天保刊本無論是正文還是注文的字體、尺寸都與古逸本《老子注》明顯不合，文化刊本的注文字體、尺寸則與古逸本《老子注》較爲接近，故古逸本集字所據當係前者（見圖一）。

圖一

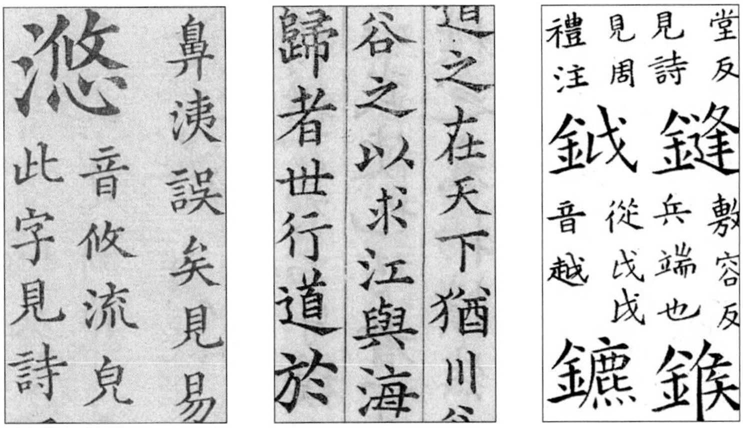

左爲《五經文字》文化刊本，中爲古逸本《老子注》，右爲《五經文字》天保刊本

上海圖書館藏《五經文字九經字樣》文化七年刊本一部（著錄號：線普長 023904），今簡介其版本情況如下：

全書分四卷，四孔等距裝訂（和刻本式樣）。正文首葉前半葉板匡高二十一點九釐米，寬十四點六釐米。半葉五行，每行五字，注文小字雙行，每行十二至十四字不等。四周單邊。無欄線、版心。板匡左下方外側記卷數、葉數。各冊卷端鈐「樂古堂圖書」朱文方印。

卷端爲《五經文字序例》，末署「大曆十一年六月七日司業張參序」。次爲《五經文字》三卷（分三冊）。卷三末葉題「乾符三年孫毛詩博士自牧以家本重校勘定七月十八日書　刻字人魚宗會」（歐體），「文化七年刊」（宋體）。第四冊爲唐玄度撰《新加九經字樣》，行款字體與《五經文字》同。卷末附馬曰璐跋，稱「余家舊購宋拓石經中有此，因依樣繕寫雕板於家塾，庶廣其傳，於經學不無小補云爾。乾隆五年歲在上章涒灘辜月長至後二日祁門馬曰璐識」。末葉記「文政六年癸未十月／御學問所御藏板發行所／江戶／岡田屋嘉七／堀野屋儀助／　寶翰堂製本」。此本即《和刻本漢籍分類目錄》著錄的《五經文字・新加九經字樣》文化七年刊文政六年（1824）印本。

根據卷末所附跋文可知，此本翻刻自中國乾隆五年馬曰璐刻本。爲了驗證其翻刻水平，筆者取上海圖書館藏馬曰璐刻《五經文字・新加九經字樣》的白棉紙精印本與之進行比對。二者的相似程度令人驚訝。其文字的字形、尺寸幾乎完全一樣，僅在少數收筆處能感覺到極細微的差別（馬氏刻本收筆多內斂藏鋒，文化刻本偶有較尖銳的收筆）。從保存底本面貌的角度來看，文化刻本的影刻水平甚至比《古逸叢書》中用照相法影刻的《大宋重修廣韻》更高。無怪乎黎庶昌稱其摹刻甚精，並據之集字了。

有文化刻本作參照物後，就可開始考察古逸本《老子注》的集字問題。古逸本的字體主要有三個特點：

其一，正文皆單行，不以大小字區分經文、注文。

其二，一行之中，字體大小有明顯變化。如上篇第八葉後半葉　第一行「猶棄智也」，「棄」字約等於「猶」字的兩倍大；同卷第三十一葉後半葉第二行「始制官長」，「始」字遠小於「官」字（見圖二所示，左爲「猶棄智也」中「猶棄」二字同比例書影，右爲「始制官長」中「始官」二字同比例書影）。

圖二

其三，少數文字的部首比例失調，組合生硬。如上篇第四葉前半葉第四行「紛」字和同卷第十七葉後半葉　第二行「截」字（見圖三所示）。

圖三

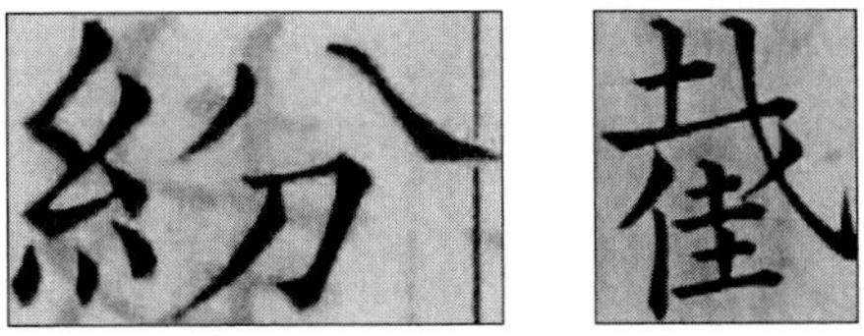

雖然第二條、第三條描述的是兩種現象，但它們都反映了一種相同的問題本質：集字者沒有調整字體大小的能力。如有此能力，則一行之中的文字尺寸應當調整至較爲接近的程度，不會大小懸殊。一字之內的部首也應相對協調，不至於像上文所舉的例子那麼生硬別扭。

模仿字體，不外乎三種方法：照相、意臨和影摹。照相和意臨均可自由調整字體大小（前者可改變拍攝時鏡頭與底本的距離，後者屬於模仿性地重新書寫），只有影摹是用薄紙覆蓋在底本上影寫，故不僅點劃位置忠實于原書，尺寸比例也與原書一樣，無法更改。古逸本《老子注》的集字者無法調整字體大小，可知其採集字樣時使用的是影摹的方法。

因古逸本《老子注》正文與文化刻本《五經文字・新加九經字樣》注文的字體大小一致，故筆者認爲古逸本影摹的是注文的字體。在具體比對中，還可找到一些相關的旁證。

古逸本《老子注》上篇第二十五葉後半葉　第三行「躁君」之「躁」，「足」與「喿」比例失調，係剪切部首拼合而成。文化刻本《五經文字》卷上第二十七葉前半葉第五行「走」部有「躁」（大字），工整勻稱，而古逸本不用，寧可以小字中的部首拼合（《五經文字・新加九經字樣》小字注文中無「躁」字，故只能拼字）。古逸本《老子注》上篇第四葉後半葉第七行「過其載」之「載」，也明顯是拼合部首者。文化刻本《五經文字》卷上第十七葉前半葉第二行「才」部有「載」（大字），而古逸本不用，與「躁」字同理（《五經文字・新加九經字樣》小字注文中亦無「載」字）。

《五經文字》中有現成的大字字樣不用，偏偏捨近求遠，在小字注文中找部首來拼字。這再次證明了古逸本集字者無法調整字體尺寸，且所集之字（包括部首）均來自文化刻本《五經文字・新加九經字樣》中雙行小字的注文。

這一結論也解釋了古逸本字體的第一個特點。爲何宇惠攷訂本和浙江書局本《老子注》都是經文大字單行，注文小字雙行，而古逸本要改成正文與注文字體大小相同，僅以另起一行並低一格的方式區分彼此的特殊形式〔註 13〕？因爲文化刻本《五經文字・新加九經字樣》只有大小兩種字體，古逸本取其小字字體作經文，要再找更小的字體作雙行注文，已無字可用，不得不改爲經注字體大小相同的形式。

那麼這些摹寫出的單個文字是如何拼成《老子注》的呢？要回答這個問題，仍需在古逸本的實物中尋找答案。

古逸本《老子注》行末之字與板匡下邊線相交凡一百零六次，筆劃與欄線相交的例子也幾乎每葉都有。極端情況下，甚至大半個字都會刻到邊框以外，如上篇第十葉後半葉　第一行末字「爲」、第十四葉前半葉第一行末字「復」（見圖四）。這在其他刻本中是很少見的。

圖四

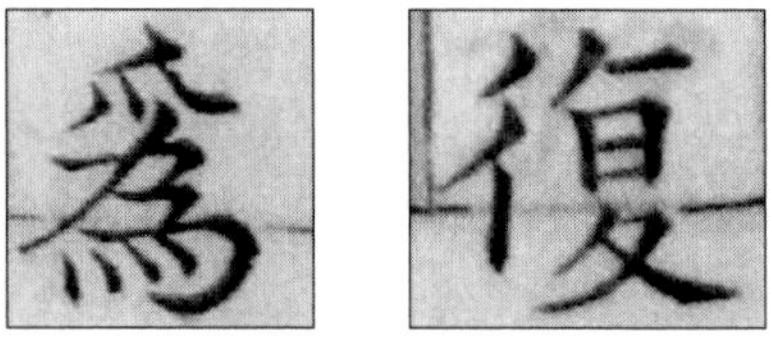

當文字與板匡、欄線相交時，板匡、欄線的對應位置大多被剜開，以免干擾文字。如上篇第二十五葉前半葉第四、五、六行行末之字與板匡下邊線相交（見圖五），第二十九葉前半葉第二行「嬴」字末筆與右邊欄線相交（見圖六），相交處邊線均被剜開。這說明古逸本上板時，主事者已注意到筆劃與邊線相交的問題，並進行了主動處理（也有少數相交處的邊線未被剜開，而是直接與筆劃相交。如上篇第二十一葉後半葉第五行末字「不」與下邊線相交，但邊線並未被剜開（見圖七），可能是刻板時失於檢查的緣故）。

〔註 13〕古籍中的單注本極少有正文、注文字體同大者，但後人集注彙解的本子中此類現象多見，如孫希旦撰《禮記集解》清咸豐庚申瑞安孫氏盤谷草堂本、王鳴盛撰《尚書後案》清乾隆庚子禮堂刻本的經注字體尺寸均相同。

圖五

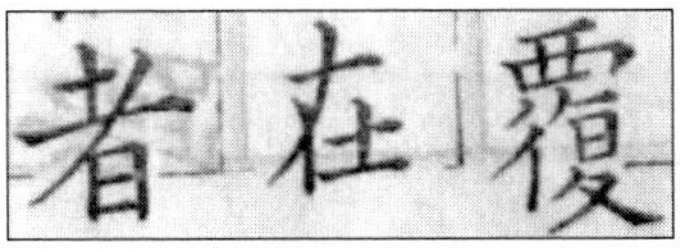

圖六

圖七

一般來說，只有在用事先印好板匡、欄線的紙去套印版片上的文字時才會出現文字與板匡、欄線相交的情況，而同一批次印成的套格紙，其板匡尺寸應該是相同的。古逸本《老子注》據以上板的底本如果是套印而成，其各葉板匡大小也應一致。爲了驗證這一點，筆者測量了復旦大學圖書館藏美濃紙印古逸本《老子注》正文的全部半葉板匡尺寸。

結果顯示，所有葉面的板匡尺寸差值不超過兩毫米，半葉板匡最大者高二十二點六釐米，寬十五點一釐米（下篇第十五葉前半葉），最小者高二十二點四釐米，寬十五釐米（上篇第四葉前半葉），絕大多數葉面的半葉板匡高二十二點五釐米，寬十五點一釐米。爲了提高數據的可靠程度，筆者又測量了復旦大學圖書館藏補版後印本古逸本《老子注》的部份半葉板匡尺寸，發現少數半葉板匡的寬度比美濃紙對應葉面大一至兩毫米，考慮到此本刷印時用墨較重，邊線較粗，故此差值仍屬於正常範圍。

雖然古逸本《老子注》不符合常規的套印本定義，但根據測量結果可以確定，其據以上板的底本確實是用事先統一印成的套格紙刷印版片上的文字而成〔註 14〕。

至此，我們已可大致還原古逸本《老子注》的成書過程：

第一步，印製有統一尺寸的板匡、欄線的紙張。

第二步，在文化刻本《五經文字・新加九經字樣》的注文中搜集需要的文字、部首，或直接影摹，或影摹出部首再拼成文字。無論是哪種方式，都保持了底本文字或部首尺寸的原大。影摹出的文字可能分別寫在一張張獨立的小紙片上。

第三步，將小紙片按文本順序逐一貼入事先印好的套格紙的行格中，其中部份文字因無法調整尺寸，不得不與板匡、欄線相交（也可能是將套格紙覆蓋在《五經文字・新加九經字樣》上，逐字摹寫，但這種方式效率太低，

〔註 14〕《古逸叢書》中其他各書的內葉板匡尺寸均有明顯變化，唯獨《老子注》一書前後板匡尺寸基本相同。

所以當時採用的應該是粘貼之法）。

第四步，以貼好文字的套格紙作爲寫樣稿上板刊刻，並在刊刻過程中對筆劃與板匡、欄線相交的地方進行剜改，使字形不至被相交的邊線破壞，但也有少數相交處未及剜改。

因爲缺少記錄當時刊印事宜的原始文獻的佐證，上述推論可能與事實存在出入，但從目前發現的實物材料來看，仍不失爲對古逸本《老子注》成書過程所作的一個較爲完整合理的解釋，希望有助於學界對此問題的研究。

四、古逸本《老子注》與《南華眞經注疏》的比較

《古逸叢書》中，《老子注》與《南華眞經注疏》同屬於集字本，但集字的方法和範圍有別，效果也各異。爲了全面認識《古逸叢書》集字本的原理及得失，下面再對此二書加以比較。

成書之先後

日本靜嘉堂文庫藏南宋寧宗年間刻《南華眞經注疏》卷末附清光緒九年（1883）楊守敬手書跋語稱：

> 右《莊子》郭象注成玄英疏宋刊本……黎公乃從旗山借此本，以西洋法影寫而刻之。其所缺之卷則據坊刻本集宋本之字以成之。夫以西法照影刻書，前世未聞，而集字成書，尤爲異想。此與新見氏抱殘篇如拱璧者，可稱雙絕。……光緒癸未秋九月，宜都楊守敬記〔註 15〕。

雖然《古逸叢書敘目》未記《南華眞經注疏》、《老子注》二者成書之先後，牌記亦無具體年月，但據楊氏跋語盛讚《南華眞經注疏》之集字「尤爲異想」而不言《老子注》可知，當時後者尚未成書，《南華眞經注疏》問世在《老子注》之前〔註 16〕。依後出轉精之理，《老子注》的集字效果應該比《南華眞經注疏》更加自然完善，印本的實際表現卻不然。這大概是因爲木邨嘉平辭世後，已經沒有水平相仿佛的刻工能夠再「極鉤心鬬角之苦」地仿寫

〔註 15〕 轉引自嚴紹璗撰《日本藏漢籍珍本追蹤紀實》，上海古籍出版社，2005 年，第 303～304 頁。

〔註 16〕 楊守敬與巖谷修筆談時論及集字配足宋版之事，亦只舉《古逸叢書》本《莊子注疏》爲例，並稱得精寫三千字，全書即可集字而成，未談到《老子注》。見《楊守敬與巖谷一六之筆談》穆毅譯本，《楊守敬研究學術論文選集》，第 291 頁。

集字，故不得不採用較爲機械的影摹貼紙之法，效果也就不如仿寫集字之協調了。

集字方法、範圍的區別

《古逸叢書敘目》「影宋本莊子注疏十卷」條：

> ……然尚闕《應帝王》以迄《至樂》，因取坊刻本成疏校訂繕補，而別集他卷字當之，不足者命工仿寫，蓋極鉤心鬥角之苦矣。天下至大，設異日宋本復出，取以與此數卷相校，字體多不類，讀者當推原其故也。

根據《敘目》所述和調查原書所得，二書之集字主要有以下區別：

集字所占比例方面，《老子注》大於《南華眞經注疏》。前者全書皆集字而成，後者集字部份占全書的百分之四十五點八（《南華眞經注疏》全書共六百五十九葉，其中版心下方題「木邨集字」的葉面有三百零二葉）〔註17〕。

集字篇幅方面，《老子注》小於《南華眞經注疏》。前者全書共四十四葉（正文四十二葉，跋文兩葉），比後者集字之葉少二百五十八葉。

集字技術方面，《老子注》用逐字影摹之法，《南華眞經注疏》的宋本部份用照相、集字部份用意臨（即《敘目》所說的仿寫）。

集字效果的區別

《老子注》的集字效果，其長處在於全書皆集字而成，別無依傍，不存在前後風格不一的問題；其缺點在於沒有原本參照，又是用影摹之法拼湊文字甚至部首，所以版式難以整齊，字形尤顯生硬。

《南華眞經注疏》所集之字來自對宋本的「仿寫」。這避免了《老子注》出現的大小不一、比例失調的缺點，但也遇到了其他困難。

作爲其主要底本，《南華眞經注疏》南宋刻本是由劉生、余亨、允、其、方文、葛文、万呈、劉聰、何開、杜奇、李仇、呈友、劉炳等多名刻工刻成。雖然整體上看，其字皆爲顏體（方正工整，轉折處棱角分明，與《多寶塔碑》相近），但不同刻工刊刻的大字字體還是存在較明顯的區別。如卷一第十三、三十五葉係劉聰所刻，筆劃輕而細，轉折偏圓，同卷第十四、二十二葉係葛文所刻，則筆劃重而粗，轉折偏方；又如卷一第四十葉、卷二第四葉係何開

〔註17〕除去題爲「木邨集字」的葉面外，有原刻工姓名的葉面共三百五十一葉，另有六葉版心下方空白，既無原刻工姓名，也無「木邨集字」字樣。

所刻，字體偏長，略有向右上角欹斜之勢，卷八第二、三十八葉係呈友所刻，則字體偏扁，方正厚重。由此自然生出一個新的問題：木邨嘉平集字時主要模仿哪一類刻工的風格？從全部爲「木邨集字」的卷三、卷四、卷五、卷六來看，所集大字雖然筆劃粗細不一（粗者居多），但大多強化轉折的頓挫而整體偏於方扁。換言之，其風格與葛文、呈友等刻工更加接近。

原刻與仿寫的差異在小字注文中表現得尤爲突出。原刻字體較大，字距較小，筆劃匀稱，轉折圓滑，字形呈舒緩的外拓。仿寫則字體較小，字距較大，起筆、收筆、轉折處都有明顯的粗細變化，頓挫分明，字形呈拘謹的內擫。觀其整行，便感覺原刻行氣自然連貫，文字之間彼此呼應；仿寫則各字獨立，幾無行氣可言。原刻有書寫的筆意，仿寫則似乎是刻意地擺進去的（縮小字體，放大字距，也是爲了更方便地「擺」字）。從外拓到內擫的變化清楚地說明，所謂「木邨集字」，是木邨嘉平意臨原書字體重新寫樣而成，在此過程中融入了較明顯的個人書風（木邨嘉平所刻《春秋穀梁傳》的字體也有頓挫分明、筆劃內擫的特點）。

木邨嘉平是當時日本第一流的刻工，《南華眞經注疏》又是他極耗心力的作品，其工藝足以代表《古逸叢書》集字的最高水平。但從原書來看，集字常見的生硬、走樣的問題並未完全解決，小字注文尤其明顯。這固然與底本的複雜性有關（原書不同刻工刻製的字體風格就有差異），也是由傳統集字方法的先天局限決定的（摹寫則大小不一、比例失調；意臨則必定沾染個人書寫的習氣）。

雖然《古逸叢書》中的兩種不同類型的集字本都未能臻於完善，但作爲新型出版技術的嘗試，黎庶昌和楊守敬還是將其視爲叢書中值得稱道的成果。黎氏在《敘目》中不厭其煩地強調集字成書之不易，楊守敬也曾向巖谷修、吳重熹等人推薦此法〔註 18〕。儘管由於成本的限制，集字始終未能佔據出版技術的主流地位，但在出版價值珍貴又要求形式精美的書籍時，集字仍然是重點考慮的方案之一〔註 19〕。

〔註 18〕見《楊守敬與巖谷一六之筆談》「抄書刻書」條（《楊守敬研究學術論文選集》，第 291 頁）、《楊守敬致吳重熹信札中的校勘學思想》所載第一通、第三通、第四通信札（《藝衡》第四輯，第 54～55 頁）。

〔註 19〕1963 年文物出版社出版的《毛主席詩詞三十七首》朱砂特裝本，即用南宋浙刻《攻媿先生文集》的字體集字而成，其原理與古逸本《老子注》基本一致。

五、結　論

古逸本《老子注》的文本是以宇惠攷訂本爲基礎，參校浙江書局刻華亭張氏本而成，其中少數文字的修改也有本校、理校的痕跡。古逸本《老子注》的字體集自日本文化七年刊《五經文字・九經字樣》的注文，因係摹寫拼合，故不免字形生硬、比例失調之弊。將所集之字排好後，用規格統一的套格紙套印成樣稿，並據以上版，此即古逸本《老子注》集字刊版的方法。古逸本《老子注》與《南華眞經注疏》集字的方法不同（前者係摹寫，後者係意臨），效果也各有得失。這種新型出版技術的應用是《古逸叢書》編刊方面的重要成果之一，在近代東亞漢籍出版史上具有開創性的意義〔註 20〕。

〔註 20〕日本靜嘉堂文庫藏宋刻《南華眞經注疏》有楊守敬手書跋語，云：「夫以西法照影刻書，前世未聞，而集字成書，尤爲異想。」見嚴紹璗撰《日本藏漢籍珍本追蹤紀實》，第 303～304 頁。

附：《老子注》古逸本、宇惠本、局本校記

校記中古逸本指《古逸叢書》本《老子注》，宇惠本指日本明和七年刻宇佐美惠校《老子道德眞經》，局本指光緒元年浙江書局刻《老子注》。校記所言葉數、行數皆指古逸本。

卷上

第二葉前半葉第一行：古逸本「兩者始與母也」，宇惠本「兩者始與無也」（天頭刻校記「無當作母」），局本同古逸本。

第二葉後半葉　第二行：古逸本「人心之所樂進也」，宇惠本「人心之所進樂也」，局本同宇惠本。第四行：古逸本「不可得偏舉也」，宇惠本「不可得徧舉也」（天頭刻校記「徧共當作偏」），局本「不可得而偏舉也」。下文中「不可偏舉之明數」亦仿此。

第三葉前半葉第七行：古逸本「使民心不亂」，宇惠本「使心不亂」（天頭刻校記「古本作使民心」），局本同古逸本。

第四葉前半葉第七行：古逸本「窮力舉重」，宇惠本「窮力擧重」，局本同古逸本。

第五葉前半葉第三行：古逸本「列物不具存」，宇惠本「則物不具存」，局本同宇惠本。第十行：古逸本「其猶槖籥乎」，宇惠本「其猶橐籥乎」，局本同古逸本。下文中「槖排槖也」、「槖籥之中」、「猶若槖籥也」、「槖籥而守數中」、「槖籥有意」亦仿此。

第六葉前半葉第一行：古逸本「緜緜若存」，宇惠本「綿綿若存」，局本同古逸本。

第六葉後半葉　第四行：古逸本「非以其無私邪」，宇惠本「非以其無私耶」（天頭刻校記「古本非作不」），局本同古逸本。

第七葉前半葉第三行：古逸本「故無尢」，宇惠本「故無尤」（天頭刻校記「尤下一有矣」），局本同宇惠本。第九行：古逸本「揣而梲之」，宇惠本「揣而銳之」（天頭刻校記「揣而銳之，古本作敾而梲之，王弼亦作梲」），局本同古逸本。

第八葉前半葉第二行：古逸本「萬物自賓矣」，宇惠本「萬物自賓也」，局本同宇惠本。第八行：古逸本「以物介其明」，宇惠本「以物介其明」，局本同宇惠本。

第八葉後半葉　第四行：古逸本「天下之所從由也」，宇惠本「謂天下之所由從也」，局本同宇惠本。

第十葉前半葉第一行：古逸本「馳騁畋獵」，宇惠本「馳騁田獵」，局本同古逸本。第三行：古逸本「聾盲爽狂」，宇惠本「盲聾爽狂」，局本同宇惠本。

第十一葉前半葉第四行：古逸本「可以託天下」，宇惠本「可以托天下」，局本同古逸本。

第十二葉後半葉　第一行：古逸本「豫兮若冬涉川」，宇惠本同古逸本（天頭刻校記「豫兮一作與兮」），局本「豫焉若冬涉川」。第二行：古逸本「冬之涉川豫然若欲度若不欲度」，宇惠本「冬之涉川豫然者欲度若不欲度」，局本同古逸本。

第十四葉前半葉第四行：古逸本「無皦昧之狀」，宇惠本「無皦昧之狀」（天頭刻校記「注皦昧當作皦昧，十四章及五十五章注可證」），局本同古逸本。第六行：古逸本「則物離其分」，宇惠本「則物離分」，局本同古逸本。

第十五葉前半葉第八行：古逸本「故下知有之而已言從上也」，宇惠本「故下知有之而已」，局本同古逸本。

第十五葉後半葉　第八行：古逸本「夫御體失性則疾病生」，宇惠本「言從上也夫御體失性則疾病生」，局本同古逸本。按「言從上也」四字，古逸本作「大上下知有之」之注，宇惠本作「信不足焉有不信焉」之注。第十行：古逸本「非智之所齊也」，宇惠本「非智之所濟也」，局本同古逸本。

第十六葉前半葉第八行：古逸本「更以施慧立善」，宇惠本「更以於慧立善」，局本同古逸本。第九行：古逸本「智慧出有大僞」，宇惠本「慧智出有大僞」（天頭刻校記「慧智今本作智慧」），局本同宇惠本。按下文均作「故智慧出則大僞生」。

第十七葉前半葉第七行：古逸本「相去若何」，宇惠本「相去何若」，局本同古逸本。第十行：古逸本「燕雀有匹」，宇惠本「鷰雀有匹」，局本同古逸本。

第十七葉後半葉　第二行：古逸本「截鶴之頸」，宇惠本「截鶴之脛」，局本同宇惠本。第三行：古逸本「相去若何」，宇惠本「相去何若」，局本同宇惠本。

第十八葉前半葉第九行：古逸本「無所美惡」，宇惠本「無所好惡」，局本「無所好欲」。

第十九葉後半葉第三行：古逸本「不繫之歎」，宇惠本「不繫之嘆」，局本同古逸本。下文中「深遠之歎」亦仿此。

第二十葉前半葉第三行：古逸本「信信驗也」，宇惠本「信信驗也」，局本同古逸本。

第二十葉後半葉　第六行：古逸本「其明則全也」，宇惠本「其名則全也」（天頭刻校記「其名則當作則其明」），局本同古逸本。

第二十一葉前半葉第十行：古逸本「夫唯不爭」，宇惠本「夫惟不爭」，局本同古逸本。

第二十二葉前半葉第三行：古逸本「爲教緜緜」，宇惠本「爲教綿綿」，局本同古逸本。

第二十三葉前半葉第十行：古逸本「寂寥無形體也」，宇惠本「寂寞無形體也」（天頭刻校記「陸王弼寥作寞」），局本同古逸本。

第二十四葉後半葉第六行：古逸本「言道則有所由有所由然後謂之爲道」，宇惠本「言道則有所由然後謂之爲道」，局本同古逸本。

第二十五葉前半葉第六行：古逸本「於自然無所違」，宇惠本「於自然無所違也」，局本同宇惠本。

第二十六葉前半葉第十行：古逸本「善數不用籌策」，宇惠本「善數不籌策」（天頭刻校記「善計不用籌策，古本作善數者無籌策，又策作筭」），局本「善數不用籌策」。

第二十六葉後半葉　第二行：古逸本「無關楗」，宇惠本「無關鍵」（天頭刻校記「鍵今本作楗」），局本同古逸本。第三行：古逸本「因物自然」，宇惠本「自物因然」，局本同古逸本。

第二十七葉前半葉第六行：古逸本「以善棄不善」，宇惠本「以善棄不善也」，局本同宇惠本。

第二十八葉前半葉第四行：古逸本「爲天下谷常德乃足」，宇惠本「爲天下谷爲天下谷常德乃足」，局本同宇惠本。按上文作「爲天下谿爲天下谿」，則此句亦當重複，古逸本有脫文。

第二十九葉後半葉第七行：古逸本「故曰荊棘生焉」，宇惠本「故曰荊棘生也」，局本同古逸本。按經文同作「荊棘生焉」，故古逸本注亦改作「焉」，以合經文。

第三十葉前半葉第七行：古逸本「武力暴興」，宇惠本「武力暴興也」，局本同古逸本。第十行：古逸本「隹兵者」，宇惠本「佳兵者」，局本同宇惠本。

第三十一葉前半葉第五行：古逸本「抱樸無爲」，宇惠本「抱樸爲無」，局本同古逸本。

第三十一葉後半葉第五行：古逸本「失治之母」，宇惠本「失治之母也」，局本同宇惠本。

第三十二葉後半葉　第九行：古逸本「大道氾兮」，宇惠本「大道汎兮」，局本同古逸本。按下文同作「言道氾濫」，則此句古逸本是。

第三十三葉前半葉第四行：古逸本「不知所由」，宇惠本「不知其所由」，局本同宇惠本。

第三十三葉後半葉第六行：古逸本「往而不害安平太」，宇惠本「往而不害安平大」（天頭刻校記「安平大，大字各作泰」），局本同古逸本。第七行：古逸本「不偏不彰」，宇惠本「不徧不彰」（天頭刻校記「注不徧當作不偏」），局本同古逸本。

第三十四葉後半葉第二行：古逸本「愈益而巳」，宇惠本「愈益而己」。按此書「己」、「巳」、「已」多混用，下不贅述。第六行：古逸本「不假刑以理物」，宇惠本「不假形以理物」，局本同古逸本。按下文皆作「刑以利國」、「刑以示人」，則古逸本是。

第三十五葉前半葉第四行：古逸本「以治以成也」，宇惠本「以治以成之也」，局本同宇惠本。

古逸本「老子道德經上篇終」，宇惠本「老子上篇終」。

卷下

古逸本「老子道德經下篇」，宇惠本「老子道德眞經卷二」。

第二葉後半葉　第九行：古逸本「不對之閒」，宇惠本「不對之間」，局本同古逸本。

第三葉前半葉第二行：古逸本「各得其德雖貴以無爲用不能捨無以爲體也」，宇惠本「各得其德而未能自周也故天不能爲載地不能爲覆人不能爲贍萬物雖貴以無爲用不能捨無以爲體也」，局本同古逸本。按古逸本、局本均脫二十四字。

第三葉後半葉第四行：古逸本「務而治薉」，宇惠本「勢而治薉」，局本同古逸本。下文中「務欲進其所能」、「務欲反虛無」皆仿此。

第四葉後半葉第四行：古逸本「必有憂患」，宇惠本「必有患憂」，局本同宇惠本。第九行：古逸本「故皆裂發歇竭滅蹶也」，宇惠本「故皆裂發歇滅蹷也」，局本同古逸本。下文中「將恐蹶」仿此。

第五葉前半葉第十行：古逸本「以賤爲本邪」，宇惠本「以賤爲本耶」，局本同古逸本。

第五葉後半葉　第一行：古逸本「數輿無輿」，宇惠本「數譽無譽」，局本同古逸本。下文中「故致數輿乃無輿也」仿此。

第七葉前半葉第二行：古逸本「大白若辱」，宇惠本「太白若辱」，局本同古逸本。下文中「大白然後乃得」仿此。

第八葉前半葉第六行：古逸本「不如機匠之裁」，宇惠本「不加機匠之裁」，局本同古逸本。第十行：古逸本「沖氣以爲和」，宇惠本「冲氣以爲和」，局本同古逸本。下文中「沖氣一焉」、「大盈若沖」皆仿此。

第九葉前半葉第三行：古逸本「違之自取其凶也」，宇惠本「違之必自取其凶也」，局本同古逸本。第八行：古逸本「不得其死以教邪」，宇惠本「不得其死以教耶」，局本同古逸本；古逸本「順吾教之」，宇惠本「順我教之」，局本同古逸本。

第九葉後半葉第三行：古逸本「無有入無閒」，宇惠本「無有入無間」，局本同古逸本。

第十葉後半葉　第四行：古逸本「直不在一」，宇惠本「直下在一」，局本同古逸本。第七行：古逸本「大辯若訥」，宇惠本「大辨若訥」，局本同古逸本，下文中「大辯因物而言」仿此。

第十一葉前半葉第四行：古逸本「卻走馬以糞」，宇惠本「卻走馬以糞」，局本同古逸本。

第十一葉後半葉第三行：古逸本「不闚牖」，宇惠本「不窺牖」，局本同古逸本。第十行：古逸本「摶之不可得」，宇惠本「搏之不可得」，局本同古逸本。

第十三葉後半葉第七行：古逸本「物亦競以其不信」，宇惠本「物亦競以不信」，局本同古逸本。

第十四葉後半葉第一行：古逸本「而爲其短」，宇惠本「而爲其所短」，局本同宇惠本。第七行：古逸本「之死地亦十有三」，宇惠本「之死地十有三」，局本同古逸本。

第十五葉前半葉第二行：古逸本「全死之極亦十分有三耳」，宇惠本「全死之極十分亦有三耳」，局本同古逸本。第四行：古逸本「無以生爲生」，宇惠本「無以主爲生」，局本同古逸本。第五行：古逸本「莫甚乎兵戈」，宇惠本「莫甚乎戈兵」，局本同宇惠本。按下文皆作「兵戈無所容其鋒刃」，則古逸本是。

第十六葉前半葉第五行：古逸本「夫莫之命而常自然」，宇惠本「夫莫之命常自然」，局本同古逸本。

第十六葉後半葉　第三行：古逸本「是以謂之玄德也」，宇惠本「故謂之玄德也」，局本「是以謂之元德也」。第八行：古逸本「既得其母以知其子既知其子復守其母沒身不殆」，宇惠本「既知其母復知其子既知其子復守其母沒其不殆」，局本同古逸本。

第十八葉前半葉第六行：古逸本「除潔好也」，宇惠本「除絜好也」，局本同古逸本。第九行：古逸本「是謂夸盜」，宇惠本「是謂盜夸」，局本同宇惠本。

按下文同作「皆盜夸也」。

第十八葉後半葉　第五行：古逸本「善建者不拔」，宇惠本「善建不拔」，局本同古逸本。按下句同作「善抱者不脫」，因知此句宇惠本脫「者」字。

第十九葉前半葉第一行：古逸本「修之於身其德乃眞修之於家其德乃餘」，宇惠本「修」皆作「脩」，局本同古逸本。下文中「修之於鄉，修之於國，修之於天下」仿此。

第二十葉前半葉第六行：古逸本「不摧折者皆若此也」，宇惠本「不摧折皆若此也」，局本同宇惠本。

第二十一葉前半葉第九行：古逸本「無所偏爭」，宇惠本「無偏爭」，局本同古逸本。

第二十一葉後半葉第一行：古逸本「無所偏恥」，宇惠本「無偏恥」，局本同古逸本。第二行：古逸本「不可得而疏」，宇惠本「不可得而踈」，局本同古逸本。下文中「可得而疏」仿此。

第二十三葉前半葉第一行：古逸本「民亦無欲自樸也」，宇惠本「民亦無欲而自樸也」，局本同宇惠本。第四行：古逸本「無政可舉」，宇惠本「無正可舉」，局本同古逸本。第九行：古逸本「其民缺缺也」，宇惠本「其民缺缺」，局本同宇惠本。

第二十四葉前半葉第十行：古逸本「所謂大直若屈也」，宇惠本「所謂直若屈也」，局本同古逸本。

第二十四葉後半葉第二行：古逸本「鑑其所以迷」，宇惠本「鑒其所以迷」，局本同古逸本；古逸本「求其隱慝」，宇惠本「求其隱匿」，局本同古逸本。第七行：古逸本「莫若猶莫過」，宇惠本「莫如猶莫過」，局本同古逸本。

第二十五葉前半葉第九行：古逸本「以有窮而莅國」，宇惠本「以有窮而蒞國」，局本同古逸本。下文中「以道莅天下」仿此。

第二十六葉前半葉第六行：古逸本「則不知聖人之爲聖也」，宇惠本「則亦不知聖人之爲聖也」，局本同古逸本。第七行：古逸本「不知神之爲神」，宇惠本「非獨不知神之爲神」，局本同古逸本。

第二十七葉後半葉　第五行：古逸本「欲大者冝爲下」，宇惠本「欲大者宜爲下」，局本同宇惠本。下文中「冝爲下也」仿此。

第二十八葉前半葉第十行：古逸本「可以加於人也」，宇惠本「可以加於人」，局本同古逸本。

第二十九葉前半葉第一行：古逸本「以免邪」，宇惠本「以免耶」，局本同古逸本。

第三十一葉前半葉第四行：古逸本「喻於學者」，宇惠本「喻於不學者」，局本同宇惠本。第五行：古逸本「以復眾人之過」，宇惠本「以復眾人之所過」，局本同古逸本。第九行：古逸本「多見巧詐」，宇惠本「多見攷詐」，局本同古逸本。

第三十二葉後半葉　第六行：古逸本「故曰若肖久矣其細也夫」，宇惠本「故夫曰若肖久矣其細也」，局本同古逸本。

第三十三葉前半葉第八行：古逸本「故勝也」，宇惠本「故正也」（天頭刻校記「注正當作勝」），局本同古逸本。

第三十五葉前半葉第七行：古逸本「知者希也」，宇惠本「知之者希也」，局本同宇惠本。

第三十六葉後半葉　第二行：古逸本「以光耀行威也」，宇惠本「以耀光行威也」，局本同宇惠本。

第三十七葉後半葉　第七行：古逸本「疏而不失」，宇惠本「踈而不失」，局本同古逸本。

第三十八葉前半葉第二行：古逸本「夫代司殺者殺是謂代大匠斲」，宇惠本「夫司殺者是大匠斲」，局本同古逸本。

第三十九葉前半葉第九行：古逸本「如惟無身」，宇惠本「如唯無身」，局本同古逸本。

第三十九葉後半葉第八行：古逸本「其無以易之」，宇惠本「以其無以易之」，局本同古逸本。

第四十葉前半葉第三行：古逸本「是爲天下王」，宇惠本「是謂天下王」，局本同古逸本。第七行：古逸本「而德和之其傷不復故有餘怨也」，宇惠本「而德以和之其傷不復故必有餘怨也」，局本同古逸本。

第四十葉後半葉　第二行：古逸本「不念怨生」，宇惠本「不令怨生」，局本同古逸本。

第四十一葉後半葉第七行：古逸本「善者不辯辯者不善」，宇惠本「善者不辨辨者不善」，局本同古逸本。
古逸本「老子道德經下篇終」，宇惠本「老子下篇終」。
所附跋文宇惠本題「舊跋」，古逸本無題。

跋文第一葉後半葉第二行：古逸本「傅奕能辯之」，宇惠本「傅奕能辨之」，局本同古逸本。第四行：古逸本「文字則多謬誤」，宇惠本「文字則多誤謬」，局本同宇惠本。

第二葉前半葉第一行：古逸本「克伏誦咸平聖語」，宇惠本「咸平聖語」，局本同古逸本。第七行：古逸本「喜其近古」，宇惠本「克喜其近古」，局本同宇惠本。

下編　《古逸叢書》刻印考

上編中筆者應用比對版本、考辨源流等方法對《古逸叢書》所收書的不同類型的底本性質、特點進行了研究，但從底本到正式印成還要經歷刻板、試印、校改、刷印等多個環節。幸運的是，揚州中國雕版印刷博物館較爲完好地保存著《古逸叢書》大部份版片（包括日本原刻版片和中國補刻版片），浙江圖書館藏有《古逸叢書》本《原本玉篇零卷》的試印校改本，而北京、上海、江蘇、浙江等地的各大圖書館也收藏著多部《古逸叢書》不同時期的印本。這些實物材料爲筆者的研究提供了極大的便利。下面擬將刻印過程分爲三個階段進行考察。

一、版片研究：根據筆者在揚州中國雕版印刷博物館調查所得，在介紹其經歷、現狀的基礎上，對《古逸叢書》版片的形制特點、雕刻工藝、剜改抽換、印章題名和磨損問題展開研究。

二、試印本研究：以浙江圖書館所藏《原本玉篇零卷》試印本爲例，分析《古逸叢書》刊版時的校改體例、校記內容和校勘者身份等問題。

三、初後印本研究：在梳理文獻記載的基礎上，通過比較、統計在各地圖書館所見初後印本的異同，以《爾雅》爲中心，研究其刷印的次數、初後印效果的演變、正文跋文之間的關係等問題，並對所見各種《古逸叢書》單行本、叢書本的整體情況加以介紹。

第一章　版片研究——以揚州中國雕版印刷博物館所藏爲據

清光緒十年，《古逸叢書》在日本東京使署刊成後，黎庶昌將版片運回中國。這批版片至今仍有大半較爲完好地保存在揚州中國雕版印刷博物館，係有關《古逸叢書》編刊問題的重要參考材料。本章首先對版片的來歷、現狀及實物特徵作客觀的描述，然後舉例說明版片在文獻學研究中的利用，主要從剜改抽換、印章題名和磨損痕跡等三個角度進行考察。爲免辭費，下文中揚州中國雕版印刷博物館均簡稱爲博物館。

一、版片的來歷及現狀

《文祿堂訪書記》卷三「荀子」條：

> 莫氏（即莫棠）手跋曰：光緒甲申，遵義黎蒓齋先生爲出使日本國大臣，刊《古逸叢書》二十六種。其秋，蒓丈奉詔將歸，奏請置書板於江蘇書局，得旨允行。時先君爲上海縣令，巡撫委官湯紀尚來迎收版片。〔註1〕

《藏書紀事詩》卷七「黎庶昌蒓齋」條：

> 書成旋節至滬，即以其板付江蘇官書局貯之。流通古籍，嘉惠後學，與敝帚自珍者異矣。潘文勤師時奉諱在里，聞之矍然曰：「蒓老眞豪傑之士哉。」〔註2〕

根據莫棠、葉昌熾等人的記載，黎庶昌歸國時，奏請將自己在日本所刻的《古

〔註 1〕 王文進撰《文祿堂訪書記》，上海古籍出版社，2007 年。
〔註 2〕 葉昌熾撰《藏書紀事詩》，上海古籍出版社，1999 年。

逸叢書》版片存放於江蘇書局，以便刷印傳播。清廷批准後，版片首先從東京運抵上海，由當時的上海縣令莫祥芝接收並轉交給巡撫委官湯紀尚，由其運回蘇州的江蘇書局。建國後，版片幾經遷徙，最終轉移至揚州的中國雕版印刷博物館三樓庫房保存至今。

博物館現藏《古逸叢書》版片共一千四百七十五塊（包括中國補刻者），館方統計其具體數目如下：

序號	版片內容	現存數量	序號	版片內容	現存數量
1	內封、書序、敘目	十塊	13	文館詞林	一百三十四塊
2	爾雅	十九塊	14	琱玉集	二十九塊
3	春秋穀梁傳	五十六塊	15	姓解	三十塊
4	論語集解	四十九塊	16	韻鏡	二十四塊
5	易程傳	六十五塊	17	日本國見在書目	十三塊
6	荀子	一百三十一塊	18	史略	五十八塊
7	南華眞經注疏	七十一塊	19	漢書食貨志	二十四塊
8	尙書釋音	七塊	20	急就篇	十一塊
9	原本玉篇零卷	八十七塊	21	杜工部草堂詩箋	三百二十五塊
10	大宋重修廣韻	一百一十九塊	22	碣石調幽蘭	七塊
11	元本廣韻	七十六塊	23	天台山記	八塊
12	玉燭寶典	九十七塊	24	太平寰宇記補闕	二十五塊

博物館現藏《古逸叢書》版片中無《孝經》和《老子注》二書的版片。另外，筆者在庫房所見與《古逸叢書》版片放在一起的《楚辭集注》版片共一百三十五塊，皆中國新刻者，雖內封亦題「覆元至正本楚辭集注」而實與《古逸叢書》無關，故未列入表格。

按《古逸叢書》全書正文約四千六百九十四葉〔註3〕，則博物館所存版片占原刻總數的六成有餘（版片多爲雙面刊刻，但也有少數版片僅刻一面，如《春秋穀梁傳》卷一第八葉、第九葉、第十一葉的版片均只刻一面）。據館方介紹，《古逸叢書》的版片還有一部份藏於北京民間，但數量極少，無法與公藏相比。

〔註3〕據江蘇古籍出版社2002年出版的《古逸叢書》影印本統計。

二、版片的實物特徵

1. 版片材質

二〇〇九年五月，博物館工作人員將《古逸叢書》本《玉燭寶典》的部份版片送至南京林業大學木材工業學院進行檢驗，確認爲櫻木〔註4〕。

櫻木和梨木同屬薔薇科喬木類木材，堅硬細膩，質地光潔，都是優質雕刻板材。中國盛產梨木，日本盛產櫻木，故中國刻書好用梨木板，日本刻書好用櫻木板。櫻木的密度大於梨木，故相同體積的櫻木版片比梨木版片要明顯沉重一些。密度更高也意味著木材的質地更細膩，這與日本版片的刊刻特點可能存在一定關係，詳見下文。

筆者用手提電子秤測量了《古逸叢書》內封和古逸本《爾雅》正文首葉的版片重量，前者長四十九釐米，寬二十四釐米，厚二點二釐米（除去兩側所釘木條的長度爲四十七點五釐米），重一點四二千克；後者長四十七點七釐米，寬二十三點八釐米，厚一點九釐米（除去兩側所釘木條的長度爲四十五點五釐米），重一點三二千克。

此外，曹允源在中國補刻的《古逸叢書》版片未經檢驗，故不能確定木質類別，但也十分沉重，與一般的中國刻梨木板不同。

2. 版片形狀

中國刻板，爲了避免板匡之外的木料沾墨，刷印時汙損紙張，版片四周邊緣都要削成橫截面爲梯形或三角形的形狀。之所以不直接垂直切除板匡外的木料，是因爲版片多雙面刻字，又不能保證兩面的板匡完全重合，如果從正面沿板匡邊線垂直切下，很可能傷及背面的板匡甚至文字，另外，垂直切除板匡之外的木料，也會使板匡失去外圍的保護，所以處理版片邊緣時一般分兩次傾斜地鏟下，保證正反面板匡、文字的完整，步驟見圖一。

《古逸叢書》的版片形制與中國刻版片不同，其整體呈狹長的長方形（見圖二）。左右兩側板匡外留有較寬的空白木料（版片庫工作人員稱爲「扶手」），所有日本原刻版片的「扶手」都有橫向多刀並列剜深的痕跡〔註5〕（見圖三）。

〔註4〕見《開裂蟲蛀「活化石」保存令人擔憂》，文載2009年12月8日《現代快報》。

〔註5〕中國補刻版片則無剜深痕跡。

圖一

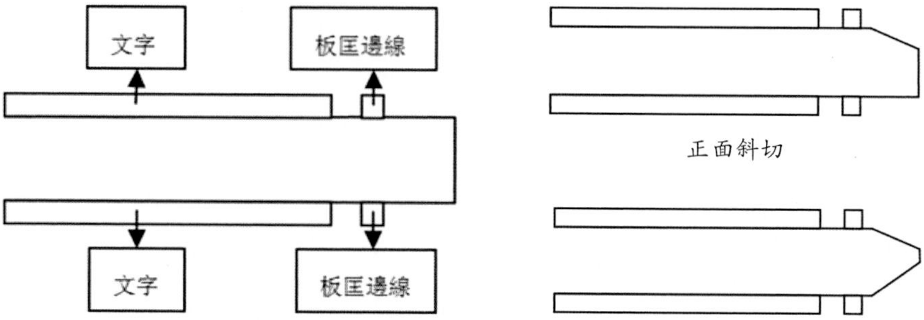

未切邊之版片一端橫截面　　　　反面斜切

圖二

《古逸叢書》本《爾雅》內葉版片

圖三

左側「扶手」處有明顯的橫向多刀並列剜深的痕跡

版片上方（板匡上邊線以上）留有相對較窄的邊，上邊邊緣也斜切成與中國刻版片相似的梯形或三角形截面。版片下方（板匡下邊線以下）不留邊，緊貼板匡下邊線垂直切除邊緣木料。這種上下兩邊不對稱的形式主要是爲了便於印刷工人判斷紙張擺放的位置（見圖四、圖五）。

圖四

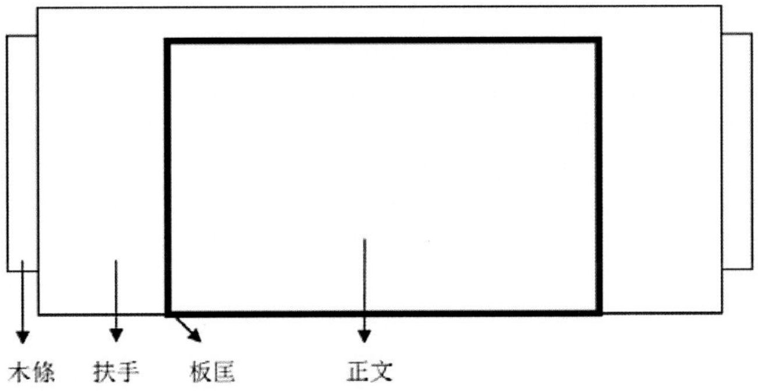

《古逸叢書》日本原刻版片示意圖

圖五

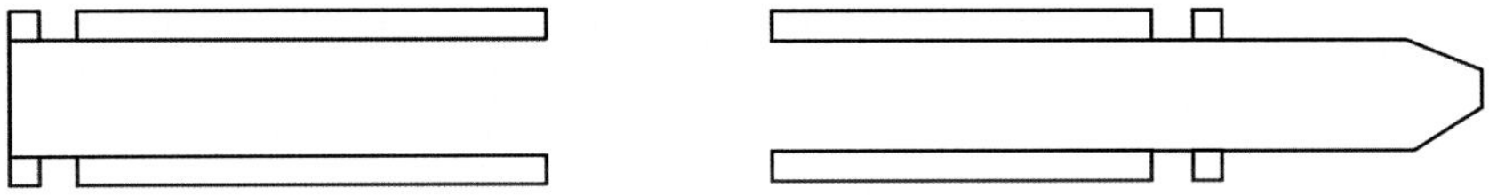

《古逸叢書》日本原刻板片下邊緣橫截面　　《古逸叢書》日本原刻板片上邊緣橫截圖

古籍內葉刷印，必須天頭明顯寬於地腳，也就是說正文板匡要印在相對偏下的位置，不能印在紙張正中，更不能偏上。中國刻版片的上下兩邊基本都不留邊，是因爲中國印工可以根據漢字方向區分版片上下，進而在刷印時正確地擺放紙張，但如果要求日本印工也憑漢字方向來區分版片上下，即使不出錯，也會大大降低效率，所以刊刻《古逸叢書》版片時，有意地製成上下兩邊保留邊緣寬度不對稱的形式，這樣印工就無需考慮漢字方向也可以快捷準確地識別版片的上下邊，從而保證刷印出合乎規範的內葉。

莫棠曾目覩《古逸叢書》版片歸國時情狀，稱「板至啓視，每板四周皆護以木條，長短與板齊，廣寸餘……於是去其護板之木……」〔註 6〕，博物館

〔註 6〕見王文進撰《文祿堂訪書記》卷三「荀子」條所附莫棠跋語。

現藏一千四百七十五塊版片並無所謂「長短與板齊」的護板木條，大概運抵上海後即拆去毀棄，但在日本原刻版片的左右兩邊都嵌有長度小於版片寬度的木條一根，這可能是當時安裝護板木條的裝置的一部份，其作用已不可確知（見圖六）。

圖六

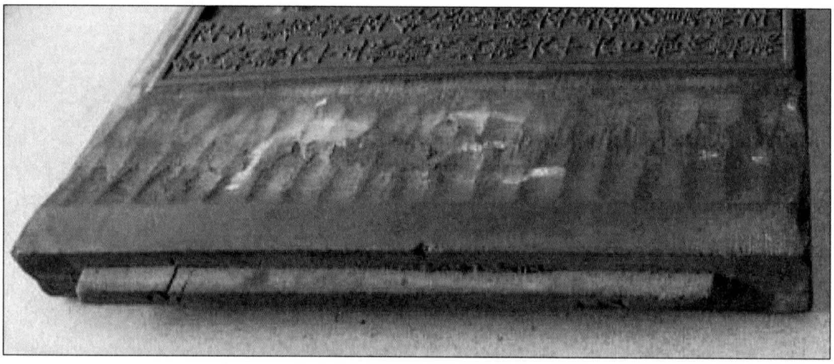

版片左邊所嵌木條

《古逸叢書》的中國補刻版片的形制與日本原刻版片相似，也是近於狹長的長方形，並保留了較大面積的左右扶手，但中國補刻者上下兩邊（板匡以外）均不留邊，左右兩邊未嵌木條，這兩點與日本原刻版片有別（見圖七）。

圖七

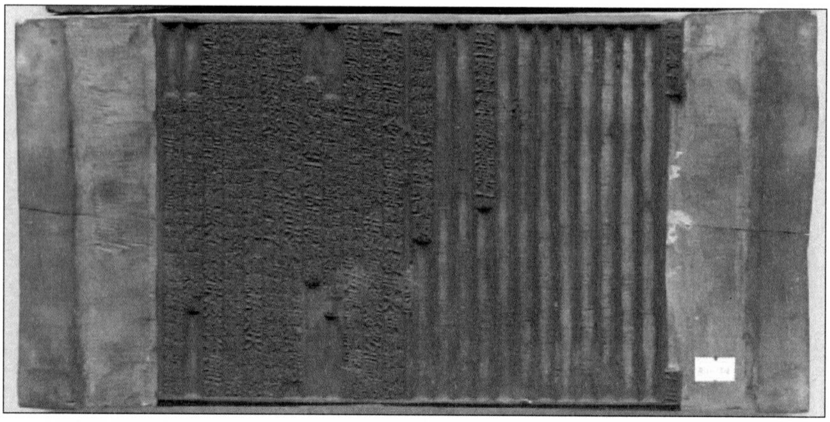

《古逸叢書》本《杜工部草堂詩箋》中國補刻版片

3. 版片尺寸

筆者用卷尺測量了博物館所藏《古逸叢書》本《爾雅》現存所有版片的尺寸，結果如下〔註 7〕：

正面內容	版片尺寸	正面內容	版片尺寸
卷上葉一	45.5×24.1 釐米	卷上葉廿一	45.5×23 釐米
卷上葉三	45.5×23 釐米	卷上葉廿五	45.3×23 釐米
卷上葉五	45.5×23 釐米	卷中葉五	45.5×22.8 釐米
卷上葉七	45.5×23.1 釐米	卷中葉七	45.5×22.8 釐米
卷上葉九	45.5×22.9 釐米	卷中葉九	45.4×22.9 釐米
卷上葉十一	45.5×22.9 釐米	卷中葉十一	45.5×23.1 釐米
卷上葉十三	45.5×22.9 釐米	卷下葉五	45.5×22.8 釐米
卷上葉十五	45.5×23.1 釐米	卷下葉七	45.5×23.3 釐米
卷上葉十七	45.5×22.9 釐米	卷下葉十七	45.5×23.4 釐米
卷上葉十九	45.3×23 釐米		

由此可知，《古逸叢書》本《爾雅》的版片尺寸大致相同，其他書板亦然，換言之，同一種書的版片尺寸基本一致。但《古逸叢書》中，不同的書的版片尺寸卻有相去甚遠者。下面是筆者測量各種書現存版片中第一塊的尺寸〔註 8〕：

正面內容	版片尺寸	正面內容	版片尺寸
叢書內封	47.5×23.8 釐米	文館詞林卷一五六葉一	44.4×21.6 釐米
敘目葉一	46.3×20.4 釐米	琱玉集內封	45.2×23 釐米
爾雅卷上葉一	45.5×24.1 釐米	姓解序葉一	42.5×22.5 釐米
穀梁傳卷一葉七	37.8×18.8 釐米	韻鏡內封	43.7×23.8 釐米
論語集解內封	48.5×23.3 釐米	日本國書目內封	45.2×26.3 釐米

〔註 7〕因爲版片並非標準的長方體，所以筆者所列數據都是上邊緣長度（不包括左右兩側所嵌木條的寬度）乘以左邊緣長度。另外，由於《古逸叢書》同一塊版片不同位置的厚度也有明顯變化，故調查結果省去了厚度的數值（最大厚度一般不超過二點五釐米）。

〔註 8〕因爲同一種書的版片尺寸基本一致，所以列舉第一塊版片，就足以代表該書現存所有版片的大致尺寸。

易程傳易圖葉一	38.6×20.4 釐米	史略內封	42.3×22 釐米
荀子內封	48.5×24.4 釐米	食貨志內封	46×21.9 釐米
莊子疏一葉五	48.4×24.8 釐米	急就篇內封	44×21.7 釐米
玉篇內封	47.7×24.5 釐米	草堂詩箋內封	40.6×20.3 釐米
尙書釋音卷上葉一	47×24.5 釐米	碣石調內封	45.3×23.4 釐米
宋廣韻內封	45×22.8 釐米	天台山記葉一	43.2×21.4 釐米
元廣韻卷一葉一	39.5×23 釐米	太平寰宇記內封	50×25.1 釐米
玉燭寶典序葉一	47×23.5 釐米		

因爲《古逸叢書》是一部隨得隨刻的叢書〔註 9〕，其採購板木之數量、大小，視當時欲刻書之形制而定，故所收各書的版片尺寸有這樣明顯的差異（其中《太平寰宇記補闕》版片尺寸最大，《春秋穀梁傳》版片尺寸最小）。

此外，筆者還測量了兩塊《杜工部草堂詩箋》中國補刻版片的尺寸，其中正面爲卷八葉五的版片長四十二點九釐米，寬二十點三釐米；正面爲卷八葉九的版片長四十二點三釐米，寬二十點一釐米，都比日本原刻版片長兩釐米左右，寬度則基本一致。

4. 雕刻工藝

《古逸叢書》刊成於日本，其雕刻技法、習慣與中國多有不同，今擇要述之：

刻地甚淺

莫棠《荀子跋》稱《古逸叢書》版片「刻地甚淺」，今取其與中國刻版片相比較，也不難發現後者所刻筆劃明顯更深。版片庫管理員任流先生曾在廣陵古籍刻印社長期從事雕板工作，據其介紹，筆劃之深淺與版片壽命有直接關係。筆劃越深，意味著凸出於版片平面的高度越高，也就越容易因爲外力擠壓而變形毀損。反之亦然。《古逸叢書》版片保存至今，筆劃大多完好，「刻地甚淺」是重要原因之一。但這種雕刻習慣也有不便刷印的缺點，因其版片平面與筆劃高度相去不遠，刷印時筆劃周圍的空白處也容易沾染墨痕，所以版片刻成後，又經歷了多次剜深。

〔註 9〕黎庶昌《刻古逸叢書序》稱「刻隨所獲，概還其眞」；《原本玉篇零卷》得能良介識語亦稱：「（黎庶昌）與楊惺吾謀訪求古典，隨得隨刻，著《古逸叢書》若干冊」。

剜深

莫棠《荀子跋》稱：「(《古逸叢書》版片運抵上海後）官匠皆相顧斂手，於是去其護板之木，復刓深其刻地之淺者，在縣齋召匠試印。」但剜深之具體方法則語焉未詳，因此仍需要在版片實物中尋找答案。

幾乎所有版片表面都零星分佈著形狀不規則的剜痕，剜痕與相鄰文字的筆劃有明顯距離，所剜位置多爲文字間的空白處，由此可以推知所謂的剜深是指選擇性地剜去版片上過高的地方。首先刷印未經剜深的版片，將試印本中未刻字卻容易沾墨的地方標記出來，然後找到版片上對應的位置，將其剜深。這在一定程度上緩解了印本空白處容易沾墨而顯得邋遢的問題。

除了文字間的塊狀剜痕外，版片上還有整行空白處都加以剜深的現象。值得注意的是，剜深整行的刀法有縱向一刀到底和橫向多刀並列之別。後者與兩側「扶手」的剜深痕跡相似，可以判定這種橫向多刀的剜深痕跡是日本工匠所爲，換言之，版片在日本時就已經剜深處理，並非運抵中國後才被剜深（據任流介紹，中國刻工慣用縱向一刀到底的方法）。

圖八

文字間的塊狀剜痕

圖九

整行剜痕中
縱向一刀到底者

圖十

整行剜痕中
橫向多刀並列者

圖十一

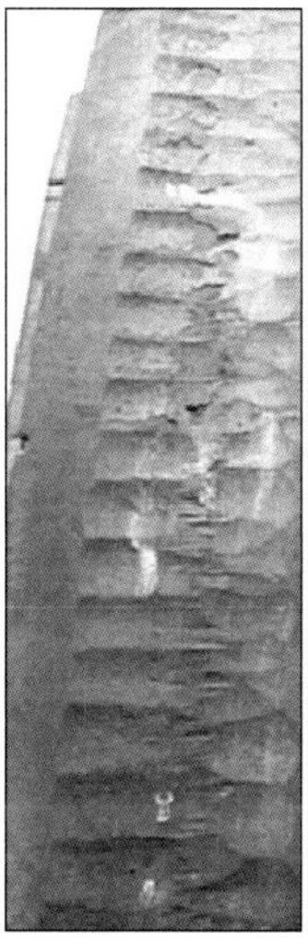

版片「扶手」的
橫向並列剜痕

筆者所見《古逸叢書》本《春秋穀梁傳》美濃紙印單行本中有兩部也多見筆劃粘連、漲溢變形的現象，可見要印好這種「刻地甚淺」的版片，即使對日本工匠來說，也是不容易的，所以《古逸叢書》版片才會在中日兩國被一再剜深。

筆劃光滑

中國工匠刻板，首先只刻文字粗略的輪廓（謂之「發刀」）。爲了提高效率，發刀時分兩步，第一步將整行文字的左邊筆劃大體勾勒出來，第二步再如法炮製整行文字的右邊筆劃。發刀後筆劃尚未成型，必須再對每一筆的邊緣加以細緻地雕鑿。雕鑿時一小刀一小刀地逐步修改拼合，故最終印出的書雖然工整清晰，但版片上的筆劃邊緣卻有無數細碎的刀痕（見圖十二）。《古逸叢書》版片則不然，其字體邊緣光潔，使轉自如，仿佛一筆寫成者，眞有篆刻所謂「運刀如筆」之妙（見圖十三）。除了日本刻工刀法嫺熟的原因外，與櫻木木質細密也應當有一定關係。

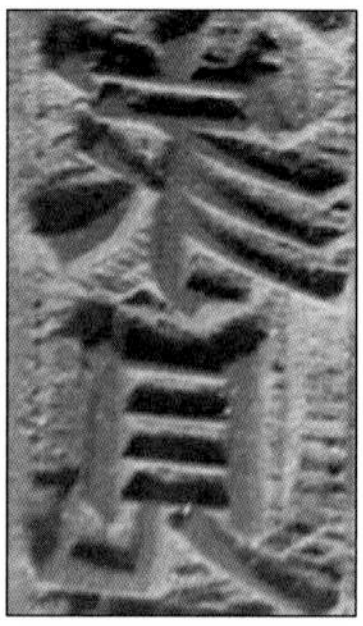

圖十二　中國式碎刀雕法

圖十三　《古逸叢書》版片筆劃細節

在摹刻底本筆劃時，這種邊緣光滑如一刀成型的雕刻技巧相對中國傳統的碎刀雕法來說，具有明顯優勢。《士禮居叢書》、《鐵華館叢書》同樣是影刻名作，但與《古逸叢書》相比，其筆劃邊緣粗糙，使轉生硬，起筆收筆處多見棱角，這些都是碎刀雕法的缺點，故葉昌熾稱「得絹甫（絹甫姓金，鐵華館叢書即由彼寫樣）柬，附來影寫《列子》精絕，更得上等雕手，可與《士禮》齊驅」，黃永年就將其理解爲「只期與黃丕烈的《士禮居叢書》齊驅，不敢和《古逸叢書》比美，可見這《古逸叢書》在當時講究版本者的心目中確已認定爲高水平之作」〔註10〕。

其實《古逸叢書》的影刻也不能完全避免失眞。用其底本比較印本，就

〔註10〕見黃永年撰《古籍版本學》，第173頁。

可發現印本筆劃過於勻潔，字體多了幾分柔媚之氣，即使被潘祖蔭稱爲「自有天地以來未有如此之精者」〔註 11〕的《春秋穀梁傳》也是如此〔註 12〕，但其點畫之精美確屬空前。筆劃邊緣光滑的雕刻技巧是《古逸叢書》能達到如此效果的主要原因之一。

值得注意的是，這種現象只見於《古逸叢書》日本原刻版片。中國補刻版片的筆劃邊緣則同樣多見細碎刀痕，與其他中國版片無異，這也證明當時此技藝爲日本刻工獨有（見圖十四）。

圖十四

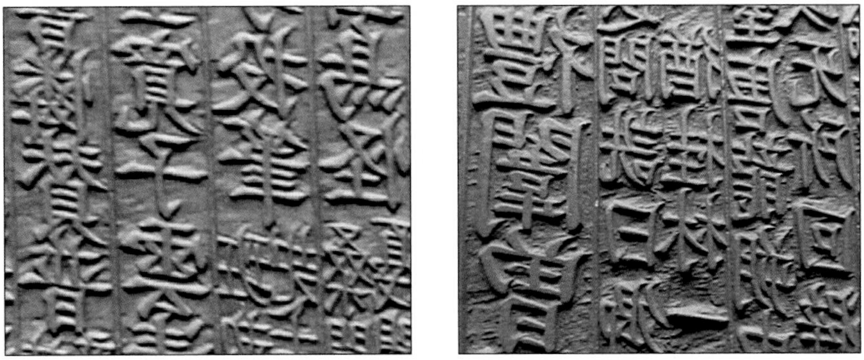

左爲《杜工部草堂詩箋》日本原刻版片，筆劃邊緣光潔
右爲該書的中國補刻版片，筆劃邊緣多見細碎刀痕

三、從版片看叢書的編纂過程

之所以要詳細地介紹《古逸叢書》版片的來歷、現狀及特徵，是因爲版片作爲一種形式特殊的文獻載體，能提供大量不見於印本的實物信息。當我們考察叢書的編刊過程時，這些信息至關重要。約而言之，其利用價值有三，下面分類舉例述之。

版片刊刻是一項費時費力的工作，所以刻成後發現錯誤或需要增補時，都儘量直接剜改原版。只有在待修改的內容過多時，才會考慮重刻新版。《古逸叢書》的版片多有剜改抽換的痕跡，藉之可在一定程度上還原整套叢書的

〔註 11〕語出楊守敬爲木部嘉平畫像所作題詞，見木部嘉次撰《字彫り版木師木村嘉平とその刻本》，青裳堂書店，1980 年，第 8 頁。

〔註 12〕《春秋穀梁傳》底本爲狩谷棭齋影鈔南宋余仁仲刻本，今佚，但余仁仲同時刊刻的《春秋公羊傳》原書尚存，可藉以比較字體風格之異同。

編纂過程。

正文之剜改

《古逸叢書》版片正文的修改主要使用嵌字和剜改筆劃這兩種方法，修改的內容既包括原文的誤字，也包括未缺筆的清諱字。直接剜改筆劃只適用於增避諱字〔註13〕，故大部份情況下採用的是嵌字之法。

對於尚未剜改就已印行的本子中的誤字或避諱的問題，一般會貼紙更正（將正確的文字書寫在小紙片上，然後貼於要修改的位置），但也有少數極早印本還沒來得及貼紙就已流出。所以在判斷印本先後關係時，正文的剜改、貼紙等信息都是重要的參考依據。下面舉例說明：

《古逸叢書敘目》「景宋紹熙本穀梁傳」條，復旦大學藏美濃紙印本有「國學進士張輔同校」語，按《古逸叢書》本《穀梁傳》卷末所刻校正人姓名有「國學進士張甫同」，因知《敘目》中「輔」爲「甫」字之誤，但復旦藏本尚無修改痕跡。中國國家圖書館所藏的另一部美濃紙印本中此處用貼紙更正爲「甫」，可見刷印時已注意到這一錯誤，但未及剜改版片，只能貼紙修改。到中國刷印《古逸叢書》時，此處已被剜改成「甫」，不必再另行貼紙了（見圖十五）。該葉版片現存博物館，「甫」字確有明顯的嵌入痕跡。

圖十五

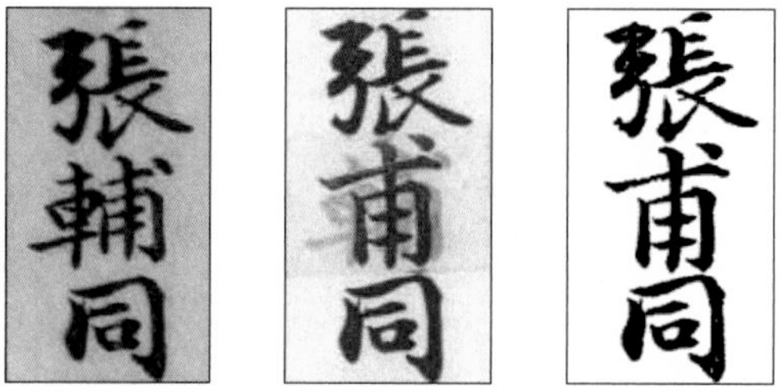

左爲復旦本，中爲國圖本，右爲中國印本

復旦本與國圖本同用美濃紙，刷印皆極精良，本不易判斷先後。復旦本作「輔」字，國圖本貼紙改爲「甫」字，是判定國圖本刷印時間晚於復旦本的第一條證據。

〔註13〕《爾雅》卷中第九葉的版片上，後半葉第六行「寧」字末筆的位置有明顯凹陷的痕跡，這就是影刻完成後再剜去筆劃造成的。如果是原刻就缺筆的話，末筆的位置應該與其他地方齊平。

在復旦收藏的這套美濃紙印本中，《孝經》卻有多處貼紙改字的痕跡，如《御注孝經序》第二葉後半葉　第六行「玄鑒斯通」之「玄」字本不缺筆，貼紙改爲玄；第三葉後半葉第三行「弘文館」之「弘」字本不缺筆，貼紙改爲弘。這兩處避諱字，國圖本都直接印成缺筆，可見刷印國圖本時，版片已經剜改，不需再貼紙掩飾。這是判定國圖本刷印時間晚於復旦本的第二條證據〔註 14〕。

《古逸叢書》創議之初並無周密規劃，其底本來源複雜，也非得自一時一人之手，故往往先刊刻初稿或部份內容，之後續有校訂、增補，則在版片上加以剜改。下面再舉幾個例子：

《古逸叢書》本《南華眞經注疏》是以賜蘆文庫舊藏南宋刻殘本爲底本，以坊刻本〔註 15〕、《道藏》本配補而成。內葉版心下方記刻工，或爲余亨、唐文等宋代刻工名，或爲「木邨集字」。凡記宋代刻工姓名之葉皆影刻自宋槧原書，凡記「木邨集字」者皆木邨嘉平以坊刻本、《道藏》本爲底本，集宋槧字體而成。筆者所見各種《古逸叢書》本《南華眞經注疏》，無論是據宋本影刻的葉面，還是據坊刻、《道藏》配補的葉面都多見墨釘，如卷一第十一葉版心記刻工爲「唐文」，其前半葉第一行「明■徹於無窮」，「明」字下有墨釘；卷二第八葉版心記刻工爲「余亨」，其後半葉第三行「所係者爲縣■」，「縣」字下有墨釘；卷二第三十葉版心記「木邨集字」，其前半葉第二行「亦無容■」，「容」字下有墨釘；卷六第一葉版心記「木邨集字」，其後半葉第三行「自爲耳■」，「耳」字下有墨釘。

影刻宋本的葉面所以如此，顯然是原書殘缺，故以墨釘標識。而用坊刻本、《道藏》本配補的葉面也多見墨釘，則比較奇怪。筆者認爲，後者出現墨釘並非是因爲底本殘缺的緣故，而是由於坊刻本、《道藏》本該處文字存疑，《古逸叢書》校刊者未敢輕信，所以寧可先刻爲墨釘，待異日參證他書後再作修補。

〔註 14〕復旦本的各冊裝幀形式、紙張材質和刷印效果都相同，國圖本也是如此，可知這兩套美濃紙印本都是原裝，並非後來雜湊不同時期的零本而成。

〔註 15〕《古逸叢書敘目》「影宋本莊子注疏」條僅稱「取坊刻本成疏校訂繕補」，具體版本語焉未詳，楊守敬爲《南華眞經注疏》宋刻殘本作跋始明言《古逸叢書》參訂之坊刻本爲日本萬治間（1658～1660）書坊刻三十三卷本。見嚴紹璗撰《日本藏漢籍珍本追蹤紀實》第 303 頁抄錄的清光緒九年（1883）秋楊守敬手識文，上海古籍出版社，2005 年。

現存《南華眞經注疏》版片間有嵌字現象，如卷八第六十二葉版心記刻工姓名「允成」，證明該葉影刻自宋槧原書。其前半葉第四行「入之者」中「入之」二字、後半葉第五行「无幾无時」中「无時」二字都是後嵌入者。雖然不知宋槧原書這兩處是殘缺還是誤字，但《古逸叢書》本刊板後又經校改或增補則無疑義。

筆者認爲，《古逸叢書》本上板之初，其底本殘缺或存疑的文字可能都先統一替以墨釘，之後訪求其他文獻再圖校補，最終的目標當然是將此拼湊之本校補爲完整的善本，但由於客觀條件限制，此項工作未能完成，所以一方面版片上保存了不少剜改嵌字的痕跡（此爲後來校補之證據），另一方面印本中仍多見墨釘。

這種刊刻之初闕疑待定，後來根據訪求所得再加校補的現象也見於《古逸叢書》本《原本玉篇零卷》、《論語集解》等書。

《原本玉篇零卷》正編刊刻於清光緒八年（1882）〔註 16〕，當時所得「糸部」僅存後半卷，故初刻《原本玉篇見存目錄》第二葉後半葉　第五行爲「糸部首缺今存一百十九字」，今藏上海圖書館的《原本玉篇零卷》單行本即如此。後得能良介訪得「糸部」前半卷，恰與正編所存殘卷「合之爲完冊」（詳見《原本玉篇零卷》續收部份得能良介識語），故將正編《目錄》該行中的「首缺今存一百十九字」九字剜改爲「第四百二十五凡三百九十二字」十三字，今各館藏《原本玉篇零卷》中國印本均如此。觀察版片，可以看到當時是先將這九字剜去，然後將後改的十三字刻於一塊狹長的木片上，再將木片嵌入剜出的空槽中。

《覆正平論語集解後序》中亦有類似的剜改。其第三葉第三行「以余披訪所及得目覩者亦三十餘通」中「三十」二字、第四行「岳氏參校諸本凡廿三通」中「廿三」二字均係後嵌入者。前之「三十餘通」指楊守敬在日本所見《論語集解》古本種類，大概是初刻此序時，所見尚少，故只刻成「■■餘通」，後來目驗日多，才改刻爲「三十餘通」；後之「岳氏參校諸本」是指宋代岳珂撰《刊正九經三傳沿革例》〔註 17〕中列舉的參訂之本，按岳書「書本」條稱「今以家塾所藏唐石刻本……併興國于氏建安余仁仲凡二十本，又

〔註 16〕《原本玉篇零卷》正編附黎氏跋文，末署「光緒八年壬午十一月遵義黎庶昌」。

〔註 17〕關於此書的作者問題，學界有不同看法，因與本文主題無關，故不加討論，僅依文淵閣《四庫全書》本原文著錄。

以越中舊本注疏、建本有音釋注疏、蜀注疏合二十三本」〔註 18〕，此處岳氏參校的書本數目剜改的原因不得而知，或許開始只根據前半句刻爲「二十通」，後來覆核全文才改爲「廿三通」吧〔註 19〕。

內封之剜改、抽換

《古逸叢書》內封版片的先後變化是另一個值得關注的問題。

《古逸叢書敘目》將《尚書釋音》列爲第十種，《大宋重修廣韻》列爲第十二種，這兩種書的中國印本內封也分別題爲「古逸叢書之十」和「古逸叢書之十二」，但《古逸叢書》早期印本並非如此。復旦大學圖書館藏美濃紙印《古逸叢書》本《大宋重修廣韻》、民國間上海商務印書館影印《古逸叢書》本《大宋重修廣韻》單行本，其內封均題爲「古逸叢書之十」；上海圖書館藏美濃紙印《古逸叢書》本《大宋重修廣韻》，內封雖題爲「古逸叢書之十二」，但最後的「二」字卻是用墨筆補書上去的。爲此筆者在博物館調取了該書內封的版片查看，確認「二」字係後來嵌入者（見圖十六、十七）。

圖十六

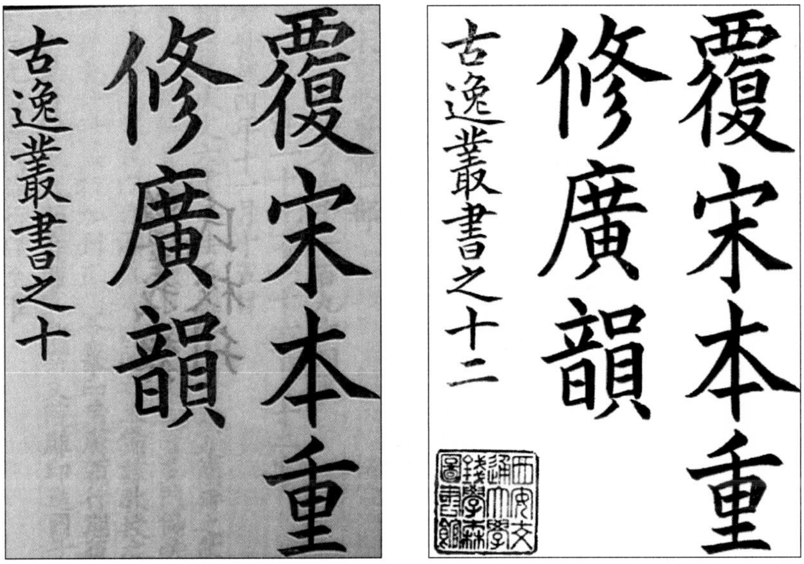

左爲《大宋重修廣韻》剜改前內封，右爲剜改後內封

〔註 18〕見《景印文淵閣四庫全書》經部第 177 冊，臺灣商務印書館，1986 年，第 561 葉。

〔註 19〕筆者未見《論語集解》單行本，故不能確定《後序》剜改前的原文內容。

圖十七

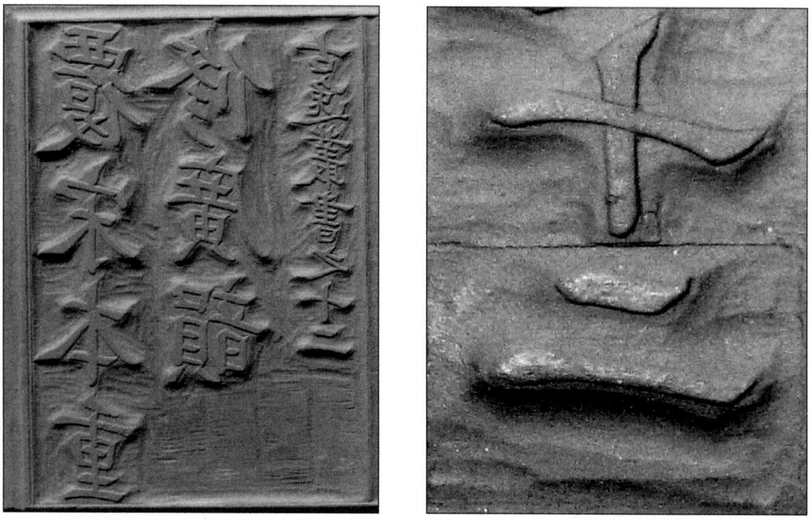

左爲《大宋重修廣韻》内封版片全貌，右爲序號剜改處特寫

這足以說明，在開始刊刻《古逸叢書》時，原定爲第十種的是《大宋重修廣韻》，後來應張沆〔註 20〕的要求，在叢書中加入《尚書釋音》，並將其列爲第十種，《大宋重修廣韻》因此後推至第十二種。之所以如此，是因爲當時《大宋重修廣韻》和《原本玉篇零卷》已經刻好，如果《尚書釋音》直接置於其後的話，則同屬小學類的《原本玉篇零卷》、《大宋重修廣韻》和《元泰定本廣韻》就會割裂開來，有違類聚之旨，故不得不將其替換《大宋重修廣韻》原有的位置。

爲了瞭解這種序號變化的範圍，筆者又調查了現存其他各書的內封版片，結果如下：

《荀子》內封「古逸叢書之六」，未經剜改。

《原本玉篇零卷》內封「古逸叢書之十一」，未經剜改。

《琱玉集》內封「古逸叢書之十六」，「六」字係後嵌入者。

《韻鏡》內封「古逸叢書之十八」，「八」字係後嵌入者。

《日本國見在書目》內封「古逸叢書之十九」，未經剜改。

《史略》內封「古逸叢書之二十」，「二十」二字係後嵌入者。

〔註 20〕張沆係黎庶昌之婿，《古逸叢書》本《尚書釋音》的底本是他的藏品。具體經過詳見《日本訪書志》「尚書釋音」條。

《急就篇》內封「古逸叢書之二十二」，「二十二」三字係後嵌入者。
《杜工部草堂詩箋》內封「古逸叢書之二十三」，「二十三」三字係後嵌入者。
《碣石調幽蘭》內封「古逸叢書之二十四」，未經剜改。
《太平寰宇記補闕》內封「古逸叢書之二十六」，未經剜改。

除剜改序號外，筆者還發現了抽換整葉內封的例證。

現存《古逸叢書》版片的第一塊正面是全書內封，左半部份刻「古逸叢書」四字，右半部份爲準備嵌入牌記的空槽。其背面就是《漢書食貨志》早期刊刻的內封（下文簡稱內封甲），左半部份刻「影唐寫卷子本食貨志　古逸叢書之二十」，右半部份刻有「遵義黎氏校刊」的牌記（原刻，非嵌入者）。

此外另有一塊《漢書食貨志》的內封版片（下文簡稱內封乙），正面左半部份刻「影唐寫本漢書食貨志　古逸叢書之二十一」，右半部份刻有黎氏牌記。其背面刊刻的是該書所附校記的末葉。

取內封甲、乙比較，不僅二者的序號發生變化，連書名也有不同。筆者所見各館收藏的《古逸叢書》本《漢書食貨志》的內封都是用內封乙的版片印成（包括浙江圖書館收藏的美濃紙印《漢書食貨志》零本），可知內封甲刻成後即被廢棄。大概是因爲序號、書名都要改動，剜改嵌字不便，才不得不另刻新板替換吧。

調查結果證明了在更改《大宋重修廣韻》次序前就已確定將《原本玉篇零卷》列爲第十一種，所以《原本玉篇零卷》內封序號（「十一」）無剜改痕跡。《琱玉集》、《韻鏡》的內封序號都只剜改了「十」後之字，說明之前已計劃將這兩種書排在較後的位置（第十幾種），但刊刻過程中具體次序又有調整。《日本國見在書目》內封未經剜改，有兩種可能，一是在確定《琱玉集》、《韻鏡》的次序前，就已決定將《日本國見在書目》安排在第十九，故不必改（與《原本玉篇零卷》的情況相似）；一是在隨獲隨刻的過程中，某一階段只準備刻到第十八種，《日本國見在書目》是後來才決定刊入《古逸叢書》的，因此其序號即定爲十九。從《史略》到《杜工部草堂詩箋》共四種，其內封序號都完全是後來嵌入者，不像《琱玉集》和《韻鏡》那樣已確定了序號的十位數，只需剜改個位數，這說明隨著叢書規模的擴大，到第二十種以上時，各書次序發生了較大規模的調整（從「二十」到「二十三」均係後嵌入者），而從《碣石調幽蘭》的「二十四」到《太平寰宇記補闕》的「二十六」，都是原刻，未經剜改，說明叢書次序的調整截止於第二十三種。之後三種可能都是最後階段附入的。

這種內封序號的剜改，在印本上看不出差異，在版片中卻表現得非常清楚。通過調查內封版片，我們可以方便、準確地判斷叢書中哪些書的次序曾經調整，而哪些書的次序則保持不變。以此判斷爲基礎，針對性地調查各書初後印本的調整變化，可以顯著提高工作效率。考慮到其中部份書籍的剜改前印本已極爲罕見，此類內封版片剜改的證據也因此具有更爲重要的參考價值。

四、版片中包含的訪書刻書細節

《古逸叢書》雖然由黎庶昌出資刊印，但楊守敬、木邨嘉平等人也在編刊過程中發揮了重要的作用。通行印本中的黎楊印章、木邨題名就是區分其各自所作工作的標誌，但印章題名是在編刊過程中的哪一階段加入的，其刻印工序如何，有無特殊的含義，此類有關訪書刻書的細節問題都難以在通行印本中找到答案，必須利用版片加以推考。

1.《古逸叢書》中的黎、楊印章

《古逸叢書》除摹刻底本原有的印記外〔註 21〕，大部份還刻有黎庶昌或楊守敬的印章（所收二十六種書中，僅三種無黎、楊印章）。在推考當時刊刻之過程、黎楊訪書之事蹟時，這些印章都是重要的參考依據。

《古逸叢書》刻黎、楊印章有三種，其中黎氏用「遵義黎庶昌之印」白文長方印、「黔男子」朱文方印，楊氏用「星吾東瀛訪古記」朱文長方印。各書所刻黎、楊印章之具體情況如下：

（1）《爾雅》：卷下末葉有「遵義黎庶昌之印」、「星吾東瀛訪古記」二印。

（2）《穀梁傳》：序末有「遵義黎庶昌之印」、「星吾東瀛訪古記」二印。

（3）《論語集解》：卷十末葉有「遵義黎庶昌之印」、「星吾東瀛訪古記」二印。

（4）《易程傳》：《周易繫辭精義》卷下末葉有「遵義黎庶昌之印」、「星吾東瀛訪古記」二印。

〔註 21〕如《史略》卷端之「蒹葭堂藏書印」、《楚辭集注》卷端之「寶勝院」。

(5)《孝經》：卷端有「遵義黎庶昌之印」，卷末有「星吾東瀛訪古記」。
(6)《老子注》：無黎、楊印章。
(7)《荀子》：卷二十末葉有「遵義黎庶昌之印」、「星吾東瀛訪古記」二印。
(8)《莊子注疏》：序末葉有「遵義黎庶昌之印」、「黔男子」二印；卷十末葉有「遵義黎庶昌之印」、「黔男子」二印。
(9)《楚辭》：《楚辭集注》卷八末葉有「遵義黎庶昌之印」、「星吾東瀛訪古記」二印；《楚辭辯證》卷下末葉有「遵義黎庶昌之印」、「星吾東瀛訪古記」二印。
(10)《尚書釋音》：卷末有「遵義黎庶昌之印」、「星吾東瀛訪古記」二印。
(11)《原本玉篇零卷》：「幸部」末葉、卷十八末葉、「水部」末葉、卷廿七末葉均有「遵義黎庶昌之印」、「星吾東瀛訪古記」二印；《續收原本玉篇》「欠部」末葉、卷廿二末葉均有「遵義黎庶昌之印」、「黔男子」二印。
(12)《大宋重修廣韻》：序末葉有「遵義黎庶昌之印」、「黔男子」二印。
(13)《元泰定本廣韻》：卷一末葉有「遵義黎庶昌之印」、「星吾東瀛訪古記」二印。
(14)《玉燭寶典》：卷十二末葉有「遵義黎庶昌之印」、「星吾東瀛訪古記」二印。
(15)《文館詞林》：卷一百五十六末葉、卷一百五十七末葉、卷四百五十二末葉、卷四百五十九末葉、卷六百六十六末葉、卷六百六十七末葉、卷六百七十末葉、卷六百九十一末葉、卷六百九十九末葉均有「遵義黎庶昌之印」、「星吾東瀛訪古記」二印。
(16)《琱玉集》：卷十二末葉、卷十四末葉均有「遵義黎庶昌之印」、「星吾東瀛訪古記」二印。
(17)《姓解》：卷一末葉、卷二末葉、卷三末葉均有「遵義黎庶昌之印」、「星吾東瀛訪古記」二印。
(18)《韻鏡》：無黎、楊印章。
(19)《日本國見在書目》：卷端有「遵義黎庶昌之印」，卷末有「星吾東瀛訪古記」。

（20）《史略》：卷六末葉有「遵義黎庶昌之印」、「星吾東瀛訪古記」二印。

（21）《漢書食貨志》：《食貨志》卷四末葉有「遵義黎庶昌之印」、「星吾東瀛訪古記」二印，所附《鄧通傳》殘葉無黎、楊印章。

（22）《急就篇》：無黎、楊印章。

（23）《杜工部草堂詩箋》：《草堂詩箋傳序碑銘》末葉有「遵義黎庶昌之印」、「星吾東瀛訪古記」二印。

（24）《碣石調幽蘭》：卷末（第十三葉）有「遵義黎庶昌之印」、「星吾東瀛訪古記」二印。

（25）《天台山記》：卷末第十八葉後半葉　有「遵義黎庶昌之印」，第十九葉前半葉有「星吾東瀛訪古記」。

（26）《太平寰宇記補闕》：卷一百一十八末葉有「遵義黎庶昌之印」、「星吾東瀛訪古記」二印。

其中《老子注》、《韻鏡》和《急就篇》無黎、楊印章，可能是由於這三種書時代晚近，版本常見的緣故。另外，《大宋重修廣韻》和《南華眞經注疏》只刻黎氏印章，考慮到這兩種書刊刻時黎庶昌與楊守敬都發生過爭執，最終也未採納楊氏的意見〔註 22〕，所以印本中無楊氏印章是可以理解的（或許是楊氏藉此表明自己態度，不願爲二書負責）。

筆者取《古逸叢書》本《大宋重修廣韻》與其底本（今藏上海圖書館）對比，發現底本序文末葉左下角鈐有「星吾海外訪得秘笈」朱文方印，無黎氏印章，而《古逸叢書》印本該葉則只有黎氏的兩枚印章（見圖十八）。這說明《古逸叢書》所刻印章與底本所鈐印章之間無對應關係，換言之，《古逸叢書》印本中的黎、楊印章是影刻底本後另加的。

浙江圖書館所藏《古逸叢書》本《原本玉篇零卷》試印本提供了黎、楊印章係後來另行刊刻的確鑿證據：該書卷九末葉本無印章，用朱筆在左側空白處畫上兩個長方形方框，並將印有黎、楊印章的小紙片貼於方框所示位置，表示要在此處加刻印章。《原本玉篇零卷》正式印本此葉即有黎、楊印章（見圖十九）。

〔註 22〕見《日本訪書志》卷三「廣韻五卷」條、卷七「莊子注疏殘本」條。

圖十八

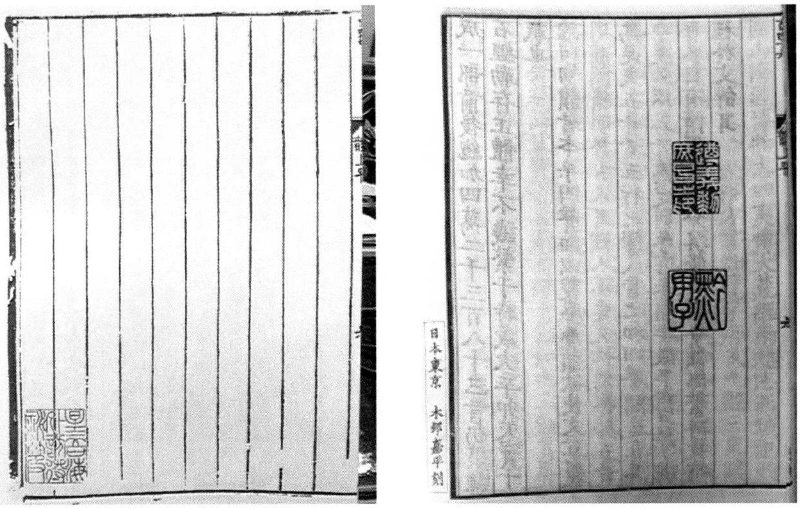

左爲底本序文末葉，右爲《古逸叢書》印本序文末葉

圖十九

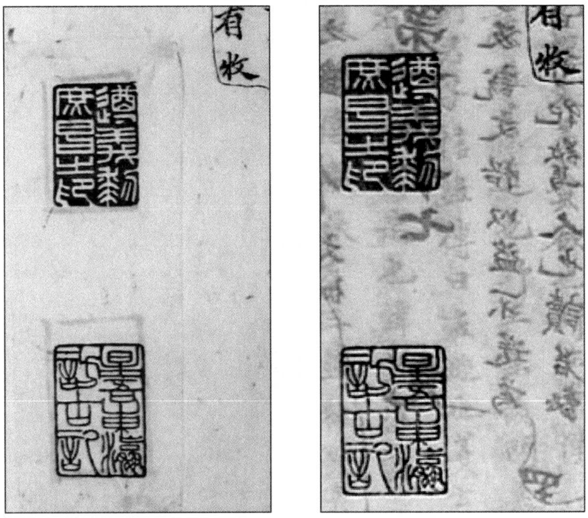

左爲試印本卷九末葉，右爲正式印本卷九末葉

在博物館保存的《古逸叢書》本《原本玉篇零卷》卷十八末葉的版片上，有兩塊空槽，其位置、大小與印本對應葉面的黎、楊印章完全吻合；另外，同書卷廿二末葉的版片上，刻有黎氏印章的區域也明顯可見嵌入痕跡（見圖二十）。

圖二十

左爲卷十八末葉版片局部，右爲同書卷廿二末葉版片局部

至此，《古逸叢書》中黎、楊印章的刊刻過程已較爲清楚地展現在我們面前：

第一步，影刻底本，並刷印試印本。

第二步，在試印本上用朱筆勾出擬加印章的位置，並將印有印章的紙片貼於對應位置，觀察效果。

第三步，在版片對應位置剜出空槽，空槽大小、形狀與另刻之印章木片吻合。

第四步，將刻有印章的木片嵌入空槽，開始刷印正式印本。

除上述嵌入法外，《古逸叢書》中還有兩種書籍（《天台山記》、《碣石調幽蘭》）是直接將黎、楊印章刻在版片上，未經過貼紙、嵌木的環節，可能是因爲這兩種書的底本對應位置已蓋好黎、楊印章，故原樣影刻，不需再作調整。

《古逸叢書》所收書中大部份只刻一次黎、楊印章，但《文館詞林》、《原本玉篇零卷》和《姓解》這三種書則在不同位置多次摹刻黎、楊印章。根據《古逸叢書敘目》及附刻跋文可知，《文館詞林》、《原本玉篇零卷》都是從不同的收藏者手中搜集零本拼湊而成。因此這種反復出現的印章應可作爲區別不同批次訪得（或刊刻）原書的界線。如《文館詞林》卷一百五十六末葉有印章，此爲一次訪得（或刊刻）者；卷一百五十七末葉有印章，此爲另一次訪得（或刊刻）者；後續的卷一百五十八、卷三百四十七、卷四百五十二中，只有卷四百五十二末葉有印章，則此三卷同屬另一次訪得（或刊刻）的。

《原本玉篇零卷》卷十八末葉版片的右半部份中央位置有一塊刻意剜出的長方形凸起（見圖二十一），其尺寸與《古逸叢書》印本中「遵義黎氏校刊」的牌記尺寸一致，應爲預留刊刻牌記之用，由此可以想見，當時訪得之原本《玉篇》僅卷九、卷十八二卷，故除卷端牌記外，還計劃在卷十八末葉刊刻牌記，以示完結，但此處凸起並未刻文字，顯然是因爲之後陸續發現其他《玉篇》零卷，於是改變計劃，在卷十八之後續刻新訪得者，此處預留之凸起也就不再使用了。

圖二十一

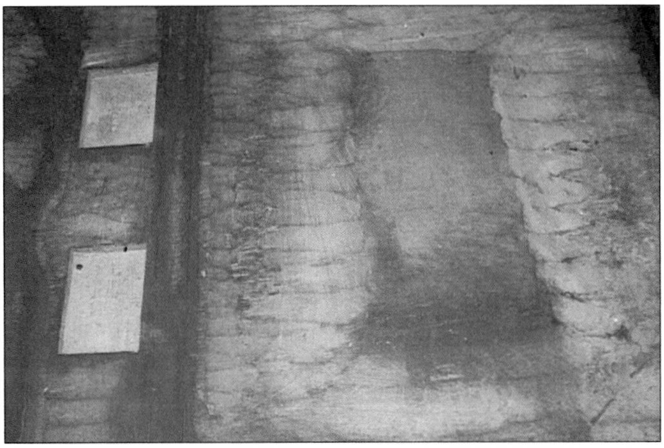

《原本玉篇零卷》卷十八末葉版片局部

2. 刻工木邨嘉平題名

木邨嘉平（四代）是《古逸叢書》刻工中的領袖，楊守敬在爲其畫像所作題詞中稱「木邨嘉平者，日本梓人第一」，《古逸叢書》印本中也只有他的題名，足見其地位之不凡。有關木邨嘉平的生平事蹟，木邨嘉次的《字彫り版木師木村嘉平とその刻本》、石田肇的《〈古逸叢書〉的刊刻及刻工木邨嘉平史略》〔註 23〕和陳捷的《關於楊守敬與日本刻工木邨嘉平交往的考察》〔註 24〕已有詳細的考證，故本文只討論《古逸叢書》中木邨嘉平題名的

〔註 23〕此文經孔繁錫、張新民譯校後發表於《貴州文史叢刊》1992 年第 3 期。
〔註 24〕見《中國典籍與文化論叢》第七輯。

問題。

《古逸叢書》所收二十六種書中，有木邨嘉平題名的共六種〔註 25〕，分別是《春秋穀梁傳》、《南華眞經注疏》、《大宋重修廣韻》、《原本玉篇零卷》、《史略》和《杜工部草堂詩箋》。這六種代表了《古逸叢書》影刻的最高水平。

一八八四年，黎庶昌與宮島誠一郎筆談，曾論及木邨嘉平：

> 宮：舊年賜新刻數種，久所渴望，實希世之珍。素係敝邦之古秖，而逢閣下之選，而傳不朽，實感佩之至。
>
> 黎：拙刻數種，尚非極精。極精者，其爲《穀梁傳》乎，現尚未印。齊如閣下見之，必更稱絕。
>
> 宮：《穀梁傳》，木邨嘉平所極精刻，而嘉平亦沒，不堪浩歎。閣下幸愛此本。
>
> 黎：木邨嘉平之沒，僕深惜之。他書嘉平未列名，惟此一種有嘉平名在內，亦足以傳不朽矣〔註 26〕。

《古逸叢書》印本中有木邨嘉平題名者共六種，而黎氏稱僅《春秋穀梁傳》有嘉平名，令人生疑。檢查相關版片後，筆者發現《南華眞經注疏》、《史略》版片上的「日本東京　木邨嘉平刻」的題名係嵌入者，則此二種初刻時本無題名，可能因爲木邨早逝，爲表紀念之意，才摹刻他書題名爲木塊，嵌入此二書版片中。

但《大宋重修廣韻》和《原本玉篇零卷》版片上的木邨題名卻與《春秋穀梁傳》一樣，是直接刻在版片上而非後來嵌入者，筆談中未言及此二種，當屬一時誤記。

五、版片磨損與印本面貌的關係

隨著刷印次數的增加，版片表面將會逐漸漫漶，甚至出現斷版。這種變化反映在印本上，就是初印本較爲完整清晰，後印本則文字、板匡多見

〔註 25〕陳捷誤記爲五種，闕載《原本玉篇零卷》。光緒甲申（1884）黎庶昌爲《春秋穀梁傳》所作識語稱「木邨嘉平爲余刻書五種，《穀梁傳》先成焉」，或亦漏記，黎氏識語見《字彫り版木師木村嘉平とその刻本》，第 11 頁。另外，據陳捷考證，木邨嘉平可能還參與了《楚辭》和《易程傳》的刊刻，但未落名款。

〔註 26〕引自李慶師編注《東瀛遺墨》，上海人民出版社，1999 年，第 76～77 頁。

缺損。《古逸叢書》不僅自身的初後印本面貌有明顯的差異，還存在不同於當時刻印的其他中國書籍的特點。要準確地解釋《古逸叢書》這些印本面貌方面的特點，直接考察版片的磨損痕跡及其成因無疑是最可靠的途徑之一。

筆劃之損

《古逸叢書》版片「刻地甚淺」，在一定程度上減輕了刷印對筆劃的衝擊，但版片的磨損終究無可避免。這種因刷印造成的筆劃缺損，屬於雕版印刷的正常現象，不必深究，然而版片上筆劃的缺損並非都是由於刷印摩擦造成的。

《古逸叢書》本《爾雅》卷中第九葉的版片上，其後半葉第三行「秋爲」的「爲」字，中心位置的筆劃雖然完整，卻明顯凹陷，所以博物館刷印的此葉樣張，這個「爲」字中央位置的筆劃就缺失了一塊。《南華眞經注疏》卷三第三十二葉後半葉　第五行「於變化」的「變」字，其中心位置也有類似的凹陷。

這種情況是由於版片內部被蟲蛀空造成的，所以表面雖然完好，卻經不起外力擠壓，於是在刷印過程中凹陷下去，形成一個刻有筆劃的小坑。雖然版片看上去筆劃完整，但用其刷印出的本子就會出現局部筆劃缺失的現象。光看印本，是無法將這種情況與正常的筆劃磨損區分開來的。蟲蛀，是造成《古逸叢書》版片筆劃缺損的第一種原因〔註27〕。

《爾雅》卷中第十一葉的版片上，其前半葉第四行「月陽」的「月」字右邊一豎中間有斷口，斷口截面整齊，顯然是刀刻所致（如果是正常摩擦造成，斷口邊緣應較爲圓潤），同時「月」字上方、「陽」字下方都有塊狀的剜深痕跡，「月」字筆劃斷口的方向與「月」字上方剜深的刀痕方向一致，由此可知，筆劃中的斷口是在剜深文字間的空白處時失手造成的〔註28〕。剜深時下刀不愼，是造成《古逸叢書》版片筆劃缺損的另一種原因。

〔註27〕因蟲蛀造成版片筆劃缺損的問題，可參考陳誼《嘉業堂刻書研究》第五章「嘉業堂刻書之書板」所論（復旦大學中國古代文學研究中心2009年博士學位論文）。

〔註28〕根據筆者比對《古逸叢書》本《爾雅》先後印本的結果，在中國印成的較早印本中的「月」字已有此斷口，其出現在曹允源主持《古逸叢書》補版之前，所以此處「月」字上方空白處的剜深和失手刻斷「月」字豎劃都是日本刻工所爲，這也再次印證了版片在日本已經剜深的事實。

板匡之損

《古逸叢書》印本中板匡邊線的完整程度也與其版片的形制有直接關係。

本文第二章已經介紹了中國刻版片與日本刻《古逸叢書》版片上下兩邊的形制。簡單地說，中國刻版片上下邊緣均斜切成橫截面爲梯形或三角形的形狀，這樣既保證了板匡之外的木料不會沾墨汙損紙張，又使得板匡不會直接受到外力的衝擊（橫截面爲梯形或三角形的版片邊緣是保護板匡的外圍屏障）。

日本刻《古逸叢書》版片上方不僅有與中國刻版片相似的橫截面爲梯形或三角形的邊緣，而且板匡上邊線之外還保留了較寬的空白木料，但爲了區分上下方向，《古逸叢書》版片下方都緊貼著板匡下邊線垂直切除多餘木料，板匡下邊線也同時成爲版片下邊緣，失去了外圍的保護。

這種形制決定了其板匡上邊線所得到的保護遠遠大於下邊線。板匡下邊線不僅要承受刷印造成的磨損，還可能在搬運時直接受到外力的衝擊，故筆者所見多部《古逸叢書》後期印本，其板匡下邊線的破損程度都比上邊線嚴重得多，甚至在同一葉的下邊線中頻繁出現密集的斷口（見圖二十二）。

圖二十二

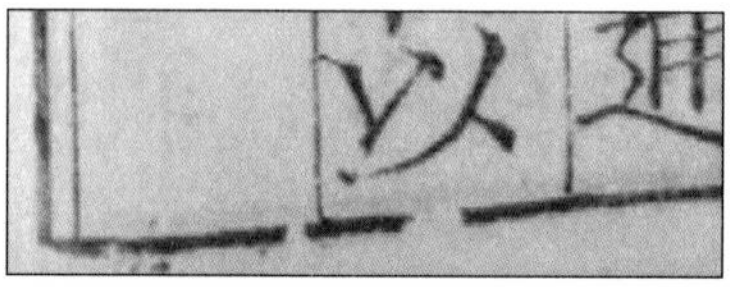

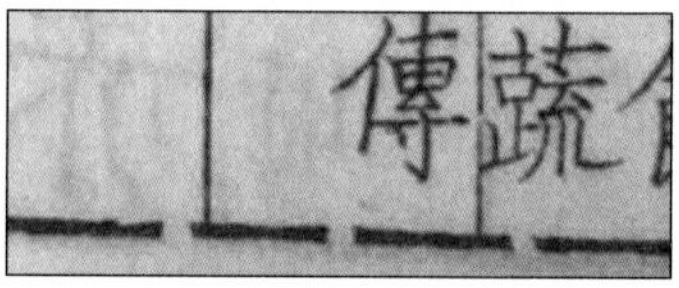

左爲《爾雅》後印本卷中第九葉後半葉下邊線局部，右爲卷中第十葉前半葉下邊線局部

斷板問題

在探討《古逸叢書》版片的斷板問題前，應先對版片之製作有所瞭解。

版片取材時，爲充分利用木料，一般是順著樹木生長的方向將其剖開，故板木有密集的線狀平行紋路。刻工都順著木紋方向刻字，保證文字中的橫向筆劃與木紋平行，縱向筆劃與木紋相交。之所以如此，是因爲順著木紋方向雕刻較爲省力，且橫劃受到紋路保護，不易磨損。豎劃與紋路相交，故不僅雕刻時費力，刻成後也容易磨損（刻工稱之爲「筆劃站不住」）。由於木紋的影響，成熟後的雕板字體都是橫細豎粗，以此彌補豎劃易損之不足。即使版片破裂，也大多順著木紋的方向裂開，故雕板印刷的書籍常見橫向斷板，卻幾乎沒有縱向斷板的情況。

《古逸叢書》版片上的橫向筆劃同樣與木紋平行，但即使是極晚印本，也罕見貫穿多行的橫向斷板。這與其版片形制有關。

普通的中國版片邊緣較窄，故一旦開裂，裂縫往裡延伸就直接傷及板匡、正文，而《古逸叢書》版片兩側都留有極寬的「扶手」，邊緣開裂後，裂縫要先穿過「扶手」，然後才能破壞板匡和文字，這就延長了裂縫經歷的「路程」。

另外，扶手的中間部份均被橫向多刀剜深，形成「兩邊高中間低」的形狀。一邊是處於較高平面的板匡、文字部份，另一邊是不剜深、只削平的邊緣，中間部份則因密佈剜深的刀痕而下陷。這種高低不平的形狀，尤其是剜出的不太規則的凹陷，從某種程度上來說，破壞了本來相對整齊的木料紋路，裂口順著木紋往裡擴展的難度也就因此進一步增加了。

版片左右兩邊所釘的木條，雖不能確知其用途，但在承受外力衝擊和阻止版片邊緣開裂這兩方面，顯然都有一定作用。

《古逸叢書》版片形制上的這三個特點，較好地保護了版片本身，使其在經歷長達百餘年的反覆刷印、多次搬運後，仍極少有斷板現象。

六、結　論

《古逸叢書》初刻版片刊成於日本，其形制、尺寸與中國刻板有所不同（上下兩邊邊緣寬度不對稱，左右兩邊留有「扶手」，尺寸大於一般的中國刻板），雕刻工藝也具有刻地甚淺、空白處剜深、筆劃光潔等特點，《古逸叢書》印本的刷印效果和漫漶趨勢都與此有密切關係。

作爲特殊形式的文獻載體，版片實物的細節特徵對於《古逸叢書》編刊問題的研究者來說具有重要的參考價值，如根據內封版片序號的剜改痕跡，還原叢書目次調整的經過，又比如部份版片上的黎、楊印章係後嵌入者，由此可知其刊版之初僅覆刻底本，覆刻後試印校定，然後才選定合適的位置嵌入主事者印章。如果忽視版片，這些問題就難以得到合理解釋。在版本研究中如何利用版片這樣的實物材料，本章已作了一些嘗試，但其文獻價值仍有更多值得探索的地方。

第二章　試印本研究——以《原本玉篇零卷》爲例

清人刻書，據寫樣稿上版後，往往先刷印少量樣本，通過對樣本文字版式、印刷效果的檢查來判斷雕版是否達到預期效果。如有問題，即對版片進行剜改或抽換。經此道工序之後，才開始大量刷印定本。版本學上一般稱此類正式刷印前製作的樣本爲試印本。因其保留了版片雕刻初期的原貌，又多有主事者校改的痕跡，所以對古籍成書問題的研究具有重要意義，但試印本印數極少，又只是刊印過程中的工作本而在過去未能得到特別的關注和保護，故今日各地館藏古籍中，試印本百不存一，十分罕見。在調查《古逸叢書》出版史料時，筆者發現浙江圖書館藏有經楊守敬手校的《古逸叢書》本《原本玉篇零卷》試印本，卷帙完整，朱墨燦然，頗有利於《古逸叢書》成書過程之研究，故立專章對其源流、體例及批校內容作深入的考察。

一、古逸本《原本玉篇零卷》之來歷

《原本玉篇零卷》之底本非得自一時一地，其來歷具見書後所附識語及《古逸叢書敘目》。

黎庶昌《書原本玉篇後》：

> 日本柏木探古舊藏有古寫本《玉篇》一卷，自放部至方部，相傳爲唐宋間物。間攜以示予。予觀其注文翔實，内多野王案云云，眞逌顧氏原帙也。又有言部至幸部一卷、水部淦字至洗字一卷、糸部至索部一卷，藏高山寺、東大寺、崇蘭館及佐佐木宗四郎家，不可得而見。探古皆仿寫有副，因贈金幣，假而刻之。惟放部一卷，

探古秘惜殊甚，別寫以西洋影相法。於是顧氏之書逸久而幸存什一者得復傳於世。……光緒八年壬午十一月遵義黎庶昌。

黎庶昌《續收原本玉篇跋》：

西京知恩院方丈徹定，自號松翁，年七十餘，博雅好古人也。今年夏來遊東京，索余所刻《玉篇》，語以崇蘭館及久邇宮親王尚有藏本，在此刻之外，因屬訪之。松翁歸後，果假得原本影寫見詒，凡四十三紙（原紙較長，今改爲四十八葉）。其一零卷從嗣字至歎字，即前刻弟九卷中之闕文也，其一山部至厽部，即原書弟二十二卷，完然無損，末題「延喜四年」，當唐昭宗天祐元年。世閱千歲，歷劫不朽，亟補刻完之。光緒十年六月黎庶昌再識於日本東京使署。

得能良介識語：

清國公使黎蒓齋氏，好古博雅之士也。與楊惺吾謀，訪求古典，隨得隨刻，著《古逸叢書》若干冊。中有《玉篇》二冊，蓋集古鈔本存各處者。刻成見贈，但糸部前半缺焉。予偶借覽高山寺所傳古文書，獲卷子本《玉篇》一軸，取而校之，則糸部前半全存，合之爲完冊，亦奇矣。因付寫眞，更上梓，贈數部蒓齋氏，併行于世。明治十六年十一月薰山得能良介識。

黎庶昌《古逸叢書敘目》「原本玉篇零本三卷半」條：

單行本已出，日本紙幣局長得能良介始從高山寺搜獲糸部卷首至綟字半卷，摹刻以印本見詒，因另刊補完，故一卷中有兩次第。

簡而言之，光緒八年（1882）黎庶昌從柏木探古處借得《原本玉篇》言部至幸部一卷、水部泠字至洗字一卷、糸部至索部一卷的仿寫本和放部至方部的照片，據之影刻上板，成《原本玉篇零卷》正編。明治十六年（1883）得能良介從高山寺借得糸部前半卷，影刻成書，贈與黎庶昌，黎氏據之補全正編糸部。光緒十年（1884）徹定訪得第九卷中從嗣字至歎字以及第二十二卷的影鈔本，贈與黎庶昌，黎氏因另刻《續收原本玉篇》。

《原本玉篇零卷》中，言部至幸部爲一卷（《原本玉篇見存目錄》稱「即本書第九卷」，《續收原本玉篇》的嗣字至歎字應補入此卷），放部至方部爲半卷（唯有本卷首尾皆題「卷第十八之後分」，《目錄》亦稱「即本書第十八之後分」，故當作半卷），水部爲一卷（《目錄》稱「即本書第十九卷」），糸部至索部爲一卷（得能良介訪得之糸部前半卷應補入此卷，《目錄》稱「即本書第二十七卷」），《續收原本玉篇》另有山部至厽部爲一卷，即原書第二十二卷。全書共四卷半，而《古逸叢書敘目》題爲「原本玉篇零本三卷半」，可知撰寫《敘目》時，尚無《續收原本玉篇》，但《敘目》中已提及得能良介訪書之事，故得能良介訪書在前，《續收原本玉篇》刊行在後（《續收原本玉篇》所刊即徹㝎訪得者）。

爲便於理解，現將《原本玉篇零卷》中各部份之關係製成圖表如下：

<table>
<tr><td rowspan="4">原本玉篇零卷正編</td><td>原書第九卷</td><td colspan="2">言部至幸部</td></tr>
<tr><td>原書第十八之後分</td><td colspan="2">放部至方部（半卷）</td></tr>
<tr><td>原書第十九卷</td><td colspan="2">水部</td></tr>
<tr><td>原書第二十七卷</td><td>糸部至索部</td><td>得能良介訪得之糸部前半卷應補入此卷</td></tr>
<tr><td rowspan="2">續編</td><td>原書第九卷</td><td>嗣字至敫字</td><td>應補入正編原書第九卷</td></tr>
<tr><td>原書二十二卷</td><td>山部至厽部</td><td></td></tr>
</table>

《日本訪書志》卷三「玉篇殘本四卷」條記得能良介訪書而無徹㝎，且計全書爲四卷，也可證明得能良介訪書在徹㝎之前（《敘目》計爲三卷半，《日本訪書志》計爲四卷，可能是因爲黎、楊二人對卷數理解不同，黎氏視「第十八之後分」爲半卷，楊氏視之爲一卷）。

《古逸叢書考》將《續收原本玉篇》中的嗣字至敫字看作獨立的一卷，故稱「《古逸叢書》覆本計六卷，並多有殘缺」〔註1〕，其說似可商榷。

根據《原本玉篇零卷》的成書經歷可知，該書至少有三種不同時期的版本。第一種是最早的單行本，刊行於光緒八年十一月，以得自柏木探古的仿寫本和照片爲底本影刻而成；第二種時間稍後（刊行於光緒九年十一月至光緒十年六月之間），在單行本的基礎上補入得能良介訪得的半卷；第三種時間最晚，刊行於光緒十年六月，在第二種版本的基礎上又補入徹㝎訪得者，徹㝎訪得者題爲「續收原本玉篇」，附於正編之後〔註2〕。筆者此次發現的試印本

〔註1〕《古逸叢書考》，第29頁。

〔註2〕這三種版本在上海圖書館都有收藏。如著錄號爲線普長666980-81的《玉篇》係日本美濃紙印單行本（內封鈐有「單行本」木記），僅有得自柏木探古者；著錄號爲線普長018661的《古逸叢書》係日本美濃紙印本，其中的《原本玉篇零卷》在糸部「經」字之前補入了得能良介訪得的糸部前半卷及

有得能良介訪得的半卷，而無徹定訪得者，屬於第二種版本。

二、浙圖藏試印本的基本情況

試印本現藏於浙江圖書館善本部（著錄號：善 822）。全書共五冊，包括《原本玉篇》的第九卷、第十八卷之後分、第十九卷和第二十七卷。半葉六行，字頭大字單行，注文小字雙行，行二十二至二十四字不等。四周單邊，無版心。每葉前半葉右下角記葉數，書耳處記所屬部首名。首冊開本高三十七點三釐米，寬二十二點九釐米，正文首葉前半葉板匡高三十二點七釐米，寬十九點五釐米。各冊均重裝爲金鑲玉的形式。書中有各色批校筆跡，正文、天頭多粘浮簽。

第一冊自第九卷言部始，終於丂部。

第二冊自第九卷云部始，終於幸部。末葉「遵義黎庶昌之印」、「星吾東瀛訪古記」兩木記係另紙粘貼。

第三冊即第十八卷之後分，卷端鈐「飛青閣藏書印」白文方印（全書僅此冊鈐印）。前有王修〔註 3〕識語，抄錄於下：

> 《古佚叢書》本《玉篇》五冊，最初試印本，與今通行本編次不同。幸部後「遵義黎庶昌之印」、「星吾東瀛訪古記」兩木記猶是他紙粘貼。全書皆楊鄰蘇硃筆校勘，是尚存廬山眞面目也。春間在廠肆見此，索百金，旋以六十金得之。今裝潢工訖，因誌其略于首。長興王修時客京師。〔註 4〕

得能氏跋語，即稍後版本；著錄號爲綫普 309094-142 的《古逸叢書》係中國補版前印本，其中的《原本玉篇零卷》已有徹定訪得的「續收」部份，即最晚版本。

〔註 3〕王修（1898～1936），原名福怡，字季歡，一字修之，又字雲蘭，號楊盦，浙江長興人。曾任北京政府財政部僉事、黎元洪總統府參議，性喜藏書，有《楊盦集》、《詒莊樓書目》傳世。生平見王謇《續補藏書紀事詩》，書目文獻出版社，1987 年，第 35 頁；鄭偉章《文獻家通考》，中華書局，1999 年，第 1652～1654 頁；李芳《王修與詒莊樓藏書》，《圖書館研究與工作》2004 年第 3 期。按《詒莊樓書目自序》稱「蒙弱冠以薄宦居京師，己未（1919）以前所蓄書及先人述廬舊藏，以重累不隨行縢……乙丑（1925）南還……」，則其居京師之時間爲己未至乙丑，購得試印本當在此時（李芳將王修在京時間定爲 1920～1925 年，似與《自序》不合）。王氏藏書於 1933～1952 年間分三次寄存、捐贈給浙江圖書館（後寄存者均改爲捐贈），此試印本也因此被納爲公藏。

〔註 4〕下鈐「楊葊眼學」白文方印。

第四冊前爲第十九卷水部，後爲第二十七卷，末葉刻「遵義黎庶昌之印」、「星吾東瀛訪古記」兩木記。其中第十九卷的前兩葉次序顚倒，其中間還加訂一葉楊守敬手書校記的稿紙，其餘葉面次序與通行本同；第二十七卷自糸部「經」字始，至索部止。

第五冊即得能良介訪得的糸部前半卷。末附得能良介、楊守敬所撰跋文。

這套試印本前無目次，各冊無序號，不標起止，與通行本相比，又缺少了「續收」部份，故浙江圖書館較爲謹愼地著錄爲「存五冊」，意指不知全書是否完整。

上海圖書館所藏的百冊裝《古逸叢書》美濃紙印本（著錄號：綫普長018661）中，《原本玉篇零卷》也只包括柏木探古、得能良介提供的部份，無徹定訪得者，內容與試印本相同。而上圖藏本幸部末有正常刷印的黎、楊木記，試印本對應位置的木記則是貼上去的，可知試印本時間在上圖藏本之前，或者說試印本是第二種版本的試印本，上圖藏本是第二種版本的正式印本。所以這套試印本是完整的，並無殘缺之嫌。

三、校改凡例、校記內容及其價值

1. 校改凡例

試印本中有大量校記和符號，內容繁雜，格式不一，今根據其性質分類述之。

對於誤字、別字，或於其左側畫一小圈，再在附近空白處用朱筆寫上校改之字（圖一）；或在誤字上畫圈，然後在旁邊寫上校改之字（圖二）；或不加圈記，直接在誤字旁寫上校改之字（圖三）。

圖一

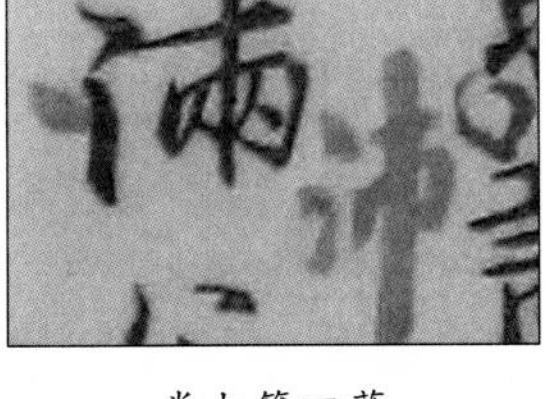

卷九第四葉
前半葉第二行

圖二

卷十八第十五葉
前半葉第三行

圖三

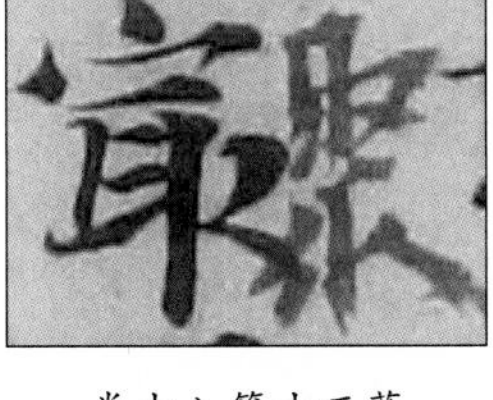

卷十八第十三葉
前半葉第三行

其中第一種情況較爲常見，其畫圈多用藍色，校改之字多用紅色，大概是首先統一檢查，將存疑處用藍筆標出，檢查完後，再從頭開始用朱筆逐一寫上校改之字，故二者顏色不同。

除改正整字外，也有用朱筆直接修改部份筆劃的情況，如將未正確避諱的文字的末筆劃去（圖四），在字中添寫筆劃（圖五）或塗改其中的某一部份（圖六）。

圖四

卷九第十二葉
後半葉第四行

圖五

卷九第一葉
前半葉第四行

圖六

卷九第一葉
前半葉第四行

對於次序顛倒者，用朱筆在文字之間畫⺁加以乙正（圖七）；對於脫漏者，用朱筆在對應位置畫一斜線引出，然後在斜線左側補入文字（圖八）；對於底本破損導致筆劃殘缺者，也在殘字旁畫圈，再補足筆劃（圖九）；衍文則用朱筆涂去，旁書「衍文」（圖十）。

圖七

卷十八第六葉
後半葉第四行

圖八

卷十八第十一葉
前半葉第四行

圖九

卷十九第五葉
前半葉第四行

圖十

卷九第十五葉
前半葉第六行

上文描述的都是直接在原書上塗改的現象，此外也多有貼紙改字者。

所謂貼紙改字，即先標出要改正的文字（旁邊畫圈），然後將改正後的文字印在小紙片上，再將其貼於要改正的位置或該行天頭。改正的對象，不僅包括底本中的誤字、別字，還包括脫漏和衍文。例證如下：

第九卷第六葉前半葉第二行本爲「謱，洛口反」，「口」字上貼紙改爲「由」（圖十一）。原本《玉篇》該處即作「洛口反」〔註5〕。

第九卷第三十八葉後半葉　第二行本爲「丆欠」字頭，貼紙改爲「弞」（圖十二）。原本《玉篇》該處即作「丆欠」〔註6〕。

第十九卷第十一葉後半葉第五行本爲「《楚辭》：吸飛泉微液懷琬琰之華英」，「飛泉」以下貼紙改爲「之微液兮」，補入「之」、「兮」二字（圖十三）。原本《玉篇》該處即作「吸飛泉微液懷琬琰之華英」〔註7〕。

第九卷第十八葉後半葉　第六行本爲「或爲竆字在穴部或爲竆字在穴部也之」，該行貼紙，只保留了前半句，後半句「或爲竆字在穴部也之」刪去，變爲空白（圖十四）。原本《玉篇》該處即作「或爲竆字在穴部或爲竆字在穴部也之」〔註8〕。

圖十一

卷九第六葉
前半葉第二行

圖十二

卷九第三十八葉
後半葉第二行

圖十三

卷十九第十一葉
後半葉第五行

圖十四

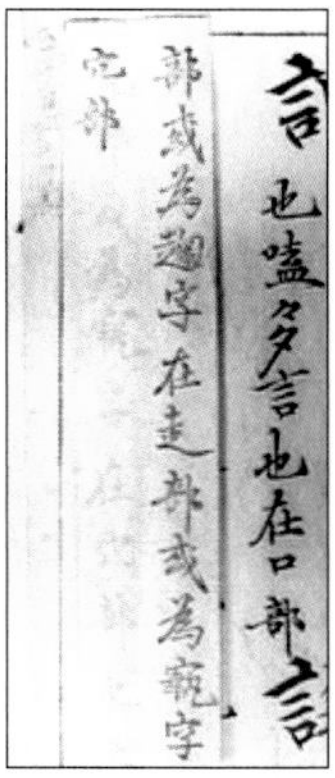

卷九第十八葉後
半葉第六行

〔註5〕見《續修四庫全書》第228冊，第259頁《玉篇》卷九「謱」字。按《續修四庫全書》所收《玉篇》係據中國科學院圖書館藏日本昭和八年京都東方文化學院編《東方文化叢書》本影印，其底本即柏木探古、高山寺等處所藏原本，又是照相上板，所以保存了古鈔本的原貌，與《古逸叢書》本《玉篇》輾轉傳鈔復加校改不同。本章所言原本皆指《續修四庫全書》本。

〔註6〕見《續修四庫全書》第228冊，第341頁《玉篇》卷九「丆欠」字。

〔註7〕見《續修四庫全書》第228冊，第449頁《玉篇》卷十九「液」字。按《四部叢刊初編》影印的明繙宋本《楚辭》卷五第六葉後半葉　第三行即作「吸飛泉之微液兮」。

〔註8〕見《續修四庫全書》第228冊，第288頁《玉篇》卷九「詾」字。

從試印本來看，當時對底本所作校改可分爲三個步驟。第一步，檢查全書，在存疑處左側加以圈點，作爲標記；第二步，在標記位置附近空白處寫上校改結果（或將誤字改成正字，或補足脫文，或刪去衍文）；第三步，根據校改結果剜改版片，並將剜改後的版片局部刷印在小紙片上，再將其貼於試印本對應位置或該行天頭。

第三步非常重要，它直接決定試印本上的校記是否被採用並據以剜改版片，相當於最終的確認手續。凡貼紙處，版片必已據之剜改，故正式印本的對應位置與貼紙所改者完全一致（無論是文本還是字形）。如試印本第十九卷第四葉後半葉第六行本爲「渥，淳漬也」，「淳」字圈去，左側朱筆書「厚」，天頭也貼有一張印著「厚」字的小紙片。《古逸叢書》本《原本玉篇零卷》的正式印本該處已改爲「厚漬也」，且「厚」字字體與試印本所貼紙片上的字體完全一致，而不同於朱書「厚」字的字形（圖十五）。凡試印本貼紙處，莫不如此。

圖十五

左爲試印本原文及朱筆校改之字，中爲試印本該行天頭貼紙，右爲正式印本之字

之所以強調貼紙是最終的確認手續，是因爲試印本上書寫的校記還有一部份未被採用，版片也未據之剜改。如卷九第三葉前半葉第一行「《禮記》：大夫七十而致王」，「王」字圈去，左側朱筆書「事」；同葉第三行「謳，於隻反」，「隻」字圈去，左側朱筆書「侯」。按《四部叢刊初編》影印宋刻本《纂圖互注禮記》卷一第三葉後半葉第三行、阮元校刻《附釋音禮記注疏》卷一第十五葉前半葉第五行（清嘉慶刻本）均作「大夫七十而致事」；上海圖書館藏宋刻本《廣韻》卷二第四十一葉後半葉第九行作「謳，烏侯切」、上海圖書館藏述古堂影宋鈔本《集韻》卷四第二十一葉前半葉第十一行作「謳，烏侯切」〔註9〕，可知試印本此二處所改不爲無據，但沒有貼紙更正。今檢查《古

〔註 9〕「烏」當作「烏」。

逸叢書》正式印本，此兩處仍作「王」、「隻」，也未剜改。像這種僅手書校記而未貼紙的情況試印本中還有許多，覆核正式印本，均仍其舊。故可判定當時以貼紙爲最終的確認手續，凡貼紙者必改，未貼紙者必不改。

另外，試印本曾經反復校改，故有初次校勘以爲當作某字，重校時又以爲初校不確，當另作某字者。如試印本卷九第一葉前半葉第六行「《周易》：謙輕也」，用朱筆乙正，將「輕也」二字與「《周易》：謙」三字顛倒，後又將朱筆乙正符號劃去，今正式印本仍作「《周易》：謙輕也」，未改（圖十六）；試印本卷九第十四葉後半葉第五行「《說文》：誰，訶也」，「訶」字朱筆圈去，旁書「何」字，天頭書校記曰：「今《說文》作『何』，此用本字，當據此訂正」，後又將「訶」旁「何」字圈去〔註 10〕，今正式印本仍作「訶」，未改（圖十七）。

圖十六

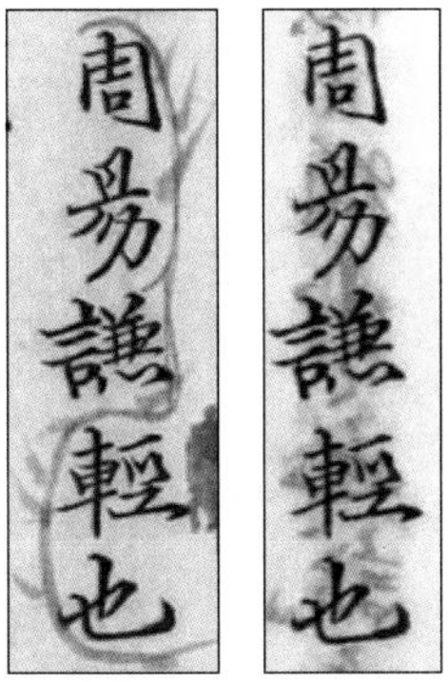

左爲試印本，右爲正式印本

圖十七

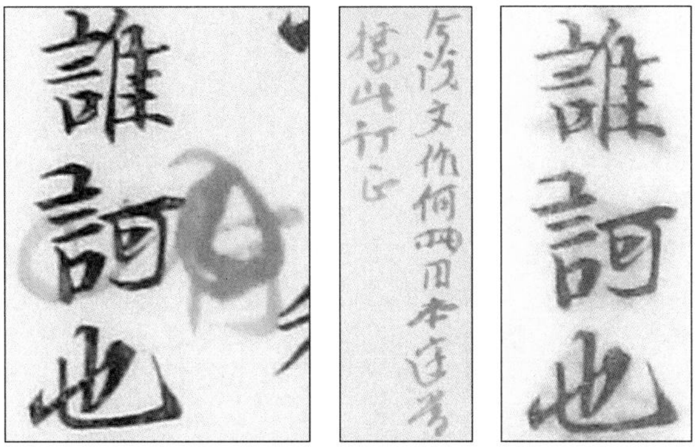

左爲試印，中爲該行天頭校記，右爲正式印本

遇到這種反復校改，意見不一的情況時，貼紙就代表最終的裁斷。貼紙更正後，即使仍覺得未愜人意，又加修訂，版片也不會再改。下面舉一個較爲極端的例子。

試印本卷九第十三葉前半葉第四行原爲「《國語》：推讓賢也」，左側朱筆書「雅」字，並貼紙改爲「讓雅賢也」，覆校時又將朱筆所書「雅」字塗改爲「推」字，在貼紙「雅」字上劃叉，在地腳墨筆補書「推」字，並加校記「此見《晉語》」（圖十八）。按《士禮居叢書》本《國語》卷十《晉語》第十八葉

〔註 10〕兩字雖均用朱筆圈去，但紅色深淺不同，可知校改於不同時間。

前半葉第十一行作「讓推賢也」，可見最終墨筆所改是符合文義且有根據的，但《古逸叢書》的正式印本仍作「讓雅賢也」，並未採用最終的校改意見，只是剜成貼紙所示的文字而已。

圖十八

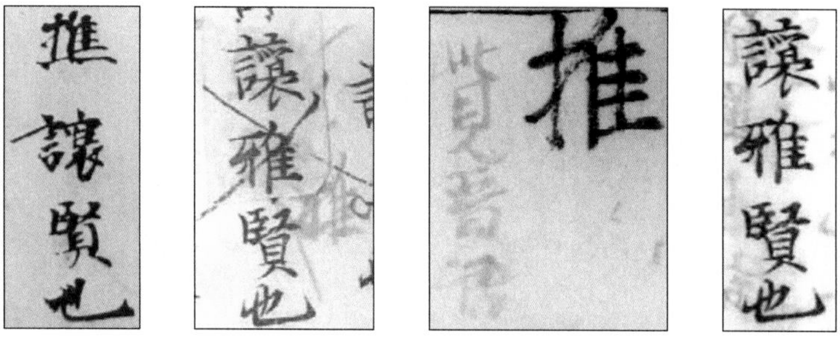

左爲原本原貌，中爲試印本的貼紙及該行地腳所書校記，
右爲《古逸叢書》正式印本的該行文字

除圈點外，試印本中還有用三角形符號標識某處文字的現象，但較爲少見。如卷九第三十八葉後半葉　第三行「欶」字下用墨筆劃兩三角形，同卷第三十九葉前半葉第一行「《說文》：相物」的「物」字左側用藍筆劃一三角形。其用意大概與圈點相近，都是標識存疑之處，供後來校改。之所以形式不一，可能是因爲並非出自一人之手，故標識習慣有異（關於校勘者爲多人的問題，下文另有討論）。

2. 校記內容及其價值

日藏原本《玉篇》的優點缺點都極爲突出。其優點在於保存了顧野王注文原貌，未經嚴重的竄亂，其缺點在於迭經傳鈔，且成於異國人之手，故書中衍脫誤倒，不一而足。校理該書，既應充分利用其文本，與各書對勘，藉以考見古本異同，又應取各書參證原本《玉篇》，改正傳鈔之誤。試印本的校勘者在這兩方面都用力甚勤，茲分類舉例述之。

原本《玉篇》本書之校勘

（1）原本《玉篇》之本校

試印本第九卷第六葉前半葉第六行「詶……《爾雅》：侜，張詶。郭璞曰：《書》云，無或侜張爲眩。」天頭書校記曰：「今郭注亦作幻，此必所見異本。○又案後『譸』字亦引《書》作幻，則此當是誤字」。按試印本第九卷第七葉前半葉第三行作「譸……《尚書》：無或𠷎譸張爲幻」，《古逸叢書》本《爾雅》卷上第二十一葉後半葉第七行作「侜，張誑也。《書》曰：無或侜張爲幻」。

此處本以「誑」注中之「眩」字爲他本異文，後發現同書「譸」字注中亦作「幻」，才將此「眩」字定爲誤字。

試印本第十八卷第十五葉前半葉第二行「《周禮》又有蠡車天子以載柩」，「柩」字旁畫圈，天頭書「柩，俗柩字，見後輤字注，此又脫一點耳」。同卷第十六葉後半葉　第三行「輤……載柩，將殯之車飾也」。但正式印本中「柩」字脫去的一點並未補入。

（2）原本《玉篇》與《大廣益會玉篇》之對校

《大廣益會玉篇》是宋人重修原本《玉篇》後流傳至今的完整的版本，故校理試印本時，《大廣益會玉篇》是主要的對校本。

試印本卷九第一葉前半葉第一行「譮」字下書校記曰：「今本有怒聲一訓，此書無之」。按此處所稱今本即指《大廣益會玉篇》〔註 11〕。《大廣益會玉篇》上篇第九卷「譮」字注：「許界切，怒聲。」〔註 12〕

試印本卷九第三十九葉前半葉第六行「𣪊」字上書校記曰：「今本作㱿，注文𣪊字、敂皆疑誤」。按《大廣益會玉篇》上篇第九卷該字作「㱿」〔註 13〕。

試印本校記中多次稱張本異文作某，即指清張士俊刻澤存堂本《大廣益會玉篇》。如第九卷第二十一葉後半葉第二行「《埤蒼》：𧩎語僻也」，旁朱筆書「張本無此訓」；同葉第三行「諛」字旁朱筆書「張作謏」，「譑，居小反」，旁朱筆書「張作居夭」。

（3）原本《玉篇》之他校

試印本卷九第六葉前半葉第四行「詒……《說文》：一日相喜也」，天頭書校記曰：「今本《說文》作相欺詒也，一曰遺也。此恐有誤」。按今本《說文解字》與校記所言合〔註 14〕。

試印本卷九第四十八葉前半葉第二行「館……《禮記》：公館者，公宮與

〔註 11〕校記中多稱「今本」，但所指各異，需結合對應位置的本文來判斷。

〔註 12〕見《大廣益會玉篇》，中華書局，1987 年，第 42 頁。按此書係據張氏澤存堂本影印者。

〔註 13〕見《大廣益會玉篇》，第 45 頁。

〔註 14〕見《說文解字》，中華書局，1963 年，第 54 頁。按中華書局本係據清同治十二年（1873）陳昌治刻本影印者。

公所爲也」，「宮」字左側朱筆書「家」字，天頭書校記曰：「《詩》《何人斯疏》云：公館者，公家筑爲別館以舍客也，宮字當爲家字。又按《開元文》，公館者，公所爲也；私館者，自卿大夫以下之家。則宮與公三字衍」。按清阮元刻《附釋音毛詩注疏》卷十二之三《何人斯正義》曰：「禮有公館、私館。公館者，公家筑爲別館以舍客也」〔註 15〕，與校記所引合。「開元文」一條牽涉稍廣，今略加考訂如下：

《開元文》，全稱《開元文字音義》，或簡稱《開元文字》、《開元音義》，唐開元二十三年（735）李隆基撰〔註 16〕。原書三十卷，《新唐書》卷五十七《藝文志》第四十七、《玉海》卷四十五《藝文》「小學」類〔註 17〕、《遂初堂書目》「小學類」〔註 18〕、《通志》卷六十四《藝文略》第二〔註 19〕、《宋史》卷二百二《藝文志》第一百五十五均有著錄，則其書宋時尚存。元明兩代僅見於焦竑《國史經籍志》卷二「小學」類〔註 20〕，焦書抄撮舊目，未足取信，故該書宋後或已散佚。至清代，有黃奭輯《開元文字音義》一卷，收入《漢學堂經解》。民國時有龍璋輯《開元音義》一卷，收入《小學蒐佚》下編；汪黎慶輯《開元文字音義》一卷，收入《廣倉學窘叢書》甲類第一集。

校勘原本《玉篇》試印本時引用的《開元文字音義》可能有四個來源：

A. 古之類書，如《太平御覽》。

B. 古之小學書，如楊守敬在日本發現的唐沙門慧琳《一切經音義》一百卷，景審原序稱「（此書）取音於《韻英》、《考聲切韻》，而以《說文》、《玉篇》、《字林》、《字統》、《古今正字》、《文字典說》、《開元文字音義》七家字書釋誼。」〔註 21〕

C. 清黃奭輯本。

D. 清小學著作中引用之文字（桂馥撰《說文解字義證》多引及《開元文字音義》，當亦從古類書、小學書中轉引者）。

〔註 15〕 見《十三經注疏（清嘉慶刊本）》第 1 冊，中華書局，2009 年，第 976 頁。

〔註 16〕 《唐會要》卷三十六「修撰」：「（開元二十三年）三月二十七日，上注《老子》，並修《疏義》八卷，並製《開元文字音義》三十卷，頒示公卿。」中華書局，1955 年，第 658 頁。

〔註 17〕 見《玉海》第 2 冊，江蘇古籍出版社、上海書店，1987 年，第 844 頁。

〔註 18〕 見《叢書集成新編》第 2 冊，新文豐出版公司，1984 年，第 3 頁。

〔註 19〕 見《通志》第 1 冊，中華書局，1987 年，第 768 頁。

〔註 20〕 見《叢書集成新編》第 1 冊，第 628 頁。

〔註 21〕 見《日本訪書志》卷四「《一切經音義》一百卷」條。

而「公館者」一條只見於《太平御覽》、《漢學堂經解》輯本和《說文解字義證》。

《太平御覽》卷一百九十四「館驛」類：「《開元文字》云……公館者，公宮與公所為也。私館者，自卿大夫以下之家。」〔註22〕

《漢學堂經解》本《開元文字音義》第二葉：「公館者公宮與公所為也。」〔註23〕

《說文解字義證》卷十四「館」字注：「《開元文字》……公館者，公所為也。私館者，自卿大夫以下之家。」〔註24〕

《一切經音義》無此條。

可見時代最早的《太平御覽》所引《開元文字音義》本作「公宮與公所為也」（《漢學堂經解》本此條輯自《太平御覽》，亦無異文），直到清人桂馥撰《說文解字義證》始引作「公所為也」。桂馥未說明材料來源，但其並無秘本可依，所引《開元文字》不過從古之類書、小學書中來，則此處當係其以意改者。校記據《義證》之說，視「宮與公」為衍文，不知《太平御覽》亦引作「公宮與公所為也」，此校勘時失於檢查之一例。

（4）原本《玉篇》之理校

原本《玉篇》中有部份文字，校勘者認為有明顯錯誤，可徑改而不需版本佐證。這種理校的方法也多見於試印本的校記中。

第九卷第二十四葉前半葉第四行「說遷延沓手」五字旁畫圈，天頭書校記曰：「五字有誤」。

同卷第三十八葉後半葉　第四行「欶……《蒼頡篇》：齊郡謂欶曰欬也」，天頭書校記曰：「當是謂欬曰欶也」。

同卷第三十九葉前半葉第五行「歇……字書：歇歇飲，猶媧觚也」，天頭書校記曰：「歇歇飲今本不疊〔註25〕，非。飲，原本誤似」。

第十八卷第九葉前半葉第五行「大夫棧車」，「夫」字下劃一斜線，天頭書校記曰：「此節《周禮》文，以其例推之，『大夫』下脫『墨車士』三字」。

同卷第九葉前半葉第六行「墨車不晝也」，天頭書校記曰：「晝誤畫」。

〔註22〕見《太平御覽》第1冊，中華書局，1998年，第935頁。
〔註23〕見《漢學堂經解》第2冊，廣陵書社，2004年，第1146頁。
〔註24〕見《說文解字義證》，上海古籍出版社，1987年，第433頁。
〔註25〕《大廣益會玉篇》，第45頁作「歇，古蛙切。歇飲猶歇觚也」。

（5）原本《玉篇》之補證（出處、今文）

所謂補證包括為引文注明出處，為本文注明今字或相關俗字等內容。

試印本第九卷第一葉前半葉第三行「《漢書》：尙有可諉者」，右側朱筆書「見《賈誼傳》」；同葉第四行「《禮記》：大□皷徵所以警眾也」，右側朱筆書「《文王世子篇》」。同卷第十葉後半葉　第四行「《漢書》：郭舍人不勝痛……」，右側朱筆書「見《東方朔傳》」。

第九卷第一葉前半葉第四行「杜預曰警懼戎狄也」，「戎」字右側朱筆書「今作夷」；同卷第二十八葉後半葉　第六行「造命昇高」，「昇」字右側朱筆書「今作登」；同卷第四十八葉前半葉第四行「謂之饕飻」，「飻」字旁畫圈，下書「今作餮」。

第九卷第十四葉後半葉第四行「無[illegible]稱也」，「[illegible]」字旁畫圈，下書「適俗字」；同卷第二十八葉後半葉　第五行「八音[illegible]諧，無相[illegible]倫」，「[illegible]」字、「[illegible]」字旁畫圈，天頭朱筆書「[illegible]俗訛字，[illegible]俗字」；第十九卷第二葉後半葉第一行「傳口㴱廣之皀也」，「㴱」字旁畫圈，下書「俗深字」。

以原本《玉篇》校他書

（1）以原本《玉篇》校補他書之闕文、訛誤、流變

校異文：

試印本第九卷第一葉前半葉第六行「《韓詩》：賀以謐我」，天頭書校記曰：「《爾雅》：溢，愼也。溢與謐通。《毛詩・周頌》：謐作溢。故顧氏兩訓之。《說文》、《廣韻》均作誐以謐我，賀與俄□相近」。

同卷第四葉前半葉第三行「謯，子雅反。《說文》：謯諘也」，地腳書校記曰：「今《說文》作媘，非。《廣雅》謯諘也可證。」

同卷第六葉前半葉第五行「譺，魚記反。《說文》：譺咍也」，「咍」旁畫圈，天頭書校記曰：「今《說文》作騃，誤，當據此訂正」。

同卷第十三葉前半葉第二行「《尙書》：王亦未敢譙公」，「譙」旁畫圈，天頭書校記曰：「今《書》作誚，按《說文》引作誚，《一切經音義》二十引《蒼頡篇》作譙，呵也。今《說文》以上文誚字為古文，與此異」。

補闕佚：

試印本第九卷第一葉後半葉第一行「《國語》：謙謙之德。賈逵曰：謙謙猶小小也」。天頭書校記曰：「輯本賈注今佚此」。

同卷第一葉後半葉第三行「《禮記》：誼者宜也。《謚法》：除天之日，議能制命曰誼，行議不疾曰誼」。天頭書校記曰：「今《謚法》無此二條」。

同卷第二十一葉後半葉第六行「訑……《孟子》：訑而不知。劉熙曰：訑何也，爲言何爲不知」。天頭書校記曰：「此豈《孟子》『奚而不知』異文，劉熙注今佚此一條，亦足貴也」。校記中「此豈」二字圈去，右側補書「當即」，可見初次校勘時，尚不確定此條所屬，後來再校時才斷爲「奚而不知」的異文。

同卷第二十三葉前半葉第五行「《聲類》：古文爲倞字，在人部，或爲競字，在言部」，天頭書校記曰：「唐楊倞注《荀子》，後人多不得其字音，觀此乃知其與競字同也」。

論流變：

試印本第九卷第十葉前半葉第五行「《說文》：訆忌言也」，旁朱筆書「大呼」，天頭書校記曰：「今《說文》作大呼也，按宋本作妄言，今據訂。〇按今《說文》當是後人據《左傳》杜注改」。

同卷第三十七葉後半葉　第四行「《毛詩》：無然歆羨。傳曰：歆蓋貪羨也，又曰：履帝武敏歆」，天頭書校記曰：「近說《詩》者據《爾雅》當以敏字斷句，今觀此則其誤已久」。

第十八卷第四葉前半葉第一行「《爾雅》：左右導也。……郭璞曰：謂贊勉之也」，「之也」旁畫圈，天頭書校記曰：「今《爾雅》無『之也』二字，足見六朝以前《爾雅》注亦多虛字，此書所引甚多，不悉記」。

同卷第八葉後半葉　第三行「野王案，《說文》以疏罕之希爲稀字，在禾部」，天頭書校記曰：「據此則野王所見《說文》已無希字」。

同卷第十四葉後半葉第三行「《穀梁傳》：流旁容榁，轚者不得入。劉兆曰：流旁容榁，謂車兩轊頭各去門易容榁，榁四寸也」，地腳書校記曰：「今本《穀梁》無容字，據劉兆說，容榁，榁四寸也，則有者是。今范注亦有容榁字」，天頭書校記曰：「今范注原是流旁容榁，故下文云：容榁，榁四寸也。此因經文脫容字，後人遂並刪注文，而下文容榁字爲突出矣」。

（2）以原本《玉篇》辯證今人學說之是非

證今人之是：

試印本第九卷第五葉後半葉　第一行「《說文》：不肖人也」，天頭書校記曰：「不肖人，段氏訂正作不省人言，是，然則其誤已久」。

第十八卷第十五葉前半葉第三行「《說文》：藩車下卑輪」，「藩」旁朱筆書「蕃，誤」，天頭書校記曰：「今本作蕃，誤，此與段說合」。

辯今人之非：

試印本第九卷第一葉前半葉第一行「《說文》：合會，善言也」，天頭書校記曰：「合會，大徐本引同，然則段氏據《詩釋文》及《文選注》改爲會合，亦武斷」。

同卷第十三葉後半葉第四行「《廣雅》：訊議」，天頭書校記曰：「按此所引經典今多作訊，顧亭林、戴東原遂謂今本皆傳寫之誤，余謂當是訊、誎相通，非盡誤也」。

第十八卷第二十一葉後半葉第五行「《說文》：方舟也」，旁朱筆書校記曰：「與今本合，段刪舟字，非」。

（3）藉原本《玉篇》見日本鈔本規律

試印本第九卷第六葉後半葉　第四行「《國語》：其刑橋誣。賈逵曰非先王之法曰橋」，天頭書校記曰：「今本《國語》作矯，案此間鈔古書矯多作橋」。

同卷第二十二葉前半葉第一行「該」字貼改爲「訠」，天頭書校記曰：「按日本古寫本引多作亥」。

第十八卷第十一葉後半葉第五行「鄭眾曰謂車伏菟也」，「菟」旁朱筆書「兔　今」，天頭書校記曰：「日本古鈔多以兔爲菟」。

同卷第十四葉後半葉第二行「鄭玄曰：舟車牪牛，謂於迫隘處也」，「牛」旁朱筆書「牙」，天頭書校記曰：「牙即互字，日本古鈔本並如此，下牛字亦牙字，誤」。

校記價值

校記涉及的內容略如上述，其中有幾點值得注意。

其一，除了用《大廣益會玉篇》校原本《玉篇》這種基礎工作外，校勘者也十分重視《說文解字》的參校價值。不僅覆核今本《說文解字》，還大量引用了清人的「說文學」成果，尤其是段玉裁的《說文解字注》。《日本訪書志》曾多次論及《說文解字》與原本《玉篇》的互證意義〔註 26〕，這部主要

〔註 26〕如《日本訪書志》卷三「玉篇殘本四卷」條：「又原本次第多與《說文》同，《說文》所無之字續之於後，《廣益》本則多所淩亂，間有以增入之字夾廁其中，近人乃欲以《玉篇》之次第校《說文》之次第，不亦謬乎。」

由楊守敬校勘的試印本當可看作其理論之踐行〔註27〕。

其二，本書校記深諳「辨章學術考鏡源流」之旨。校勘者不僅意識到古籍的面目是一個動態的不斷變化的過程，還能主動利用校勘所得的異文去推求上古典籍的原貌，尤其是顧野王所見古籍的內容。今天的古籍整理者正逐漸認識到校勘古人著作，不能貿然以今日通行本校之，而應先確定古人可能寓目之書，然後取之與其著作相校方有意義。而在刊印《古逸叢書》時，校勘者就能看到這一點，其眼光之高明不言而喻。

其三，關於中國古籍在日本傳鈔過程中發生的內容、形式上的變化，楊守敬與森立之曾有過多次討論（事見《清客筆話》、《日本訪書志》），本書校記中總結的日本古鈔本的部份規律，就是楊氏東瀛訪書的經驗之談。其中雖不無值得商榷之處，但在探討楊氏當時對日本古鈔本認識程度的問題時，這些是最可靠的原始材料。

四、校勘者的身份

王修識語徑稱「全書皆楊鄰蘇硃筆校勘」，事實上，題寫識語、校記者不止一人。除了上文列舉的有關學術的校記外，筆者還在試印本中發現了一些對刊刻事項作具體要求的識語（見圖十九）：

圖十九

試印本中有關刊刻事項的識語

〔註27〕2008年徐前師《唐寫本玉篇校段注本說文》由上海古籍出版社出版，胡奇光在爲該書所作的序文中稱《原本玉篇零卷》自清末從日本影印回國出版至今，除徐前師外未見以其校段注本《說文》者。試印本中的校記證明早在《古逸叢書》刊印之初，楊守敬就利用段注本《說文》對其做了精細的比勘疏證，只是這些校記未能正式出版，故不爲人知。

卷九第六葉前半葉天頭朱筆書「添刻六字，一字改粗」；

卷九第十九葉前半葉天頭貼浮簽，上朱筆書「詛字再改，改者似謅」；

卷九第二十二葉前半葉天頭朱筆書「引修細」；

卷九第三十四葉前夾簽條，上朱筆書「二玄字未缺筆」；

卷九第三十九葉前半葉天頭貼浮簽，上朱筆書「兩丘字未缺」；

卷二十七後半卷首葉（首字爲「經」字）天頭貼浮簽，上朱筆書「此卷全未缺筆」。

這些識語墨色較深，字體也大於一般的校記。其風格與楊守敬的書法有明顯差異，而與黎庶昌的書法較爲接近（楊氏用筆艱澀，體格趨於方扁，收筆處多露鋒；黎氏用筆圓熟，體格稍長，筆劃中段較細，收筆處用力重而圓，見圖二十），因知黎庶昌也曾參與試印本的校勘工作。

圖二十

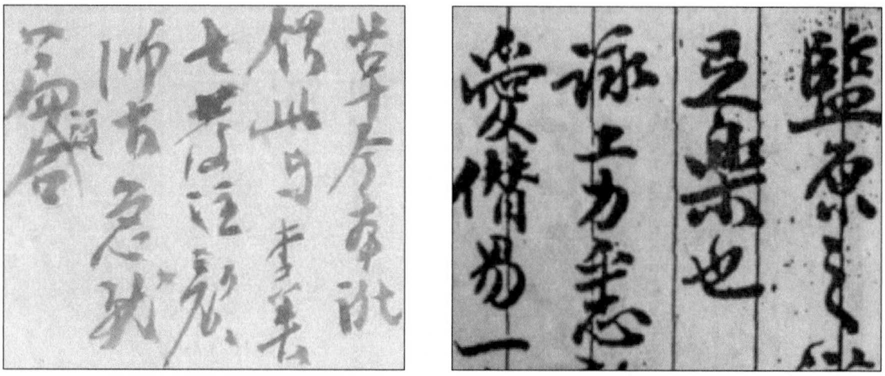

左爲楊守敬手書校記，右爲黎庶昌手札〔註 28〕

五、結　論

浙江圖書館藏楊守敬手校古逸本《原本玉篇零卷》試印本的文本，屬於該書的中期本（晚於單行本，早於光緒十年正式刷印的叢書本）。試印本行間天頭多有校記，其中絕大部份係楊守敬手書，也有少數黎庶昌的筆跡。根據校記內容可知，古逸本《原本玉篇零卷》正式刷印前主事者曾參考多部相關典籍，用各種方法校勘《玉篇》正文，但最終只有部份校勘意見被採納並

〔註 28〕引自中村義《日本國會圖書館珍藏的黎庶昌手跡》，見《貴州文史叢刊》1992 年第 3 期。

據以剜改版片。從中可以看出刊印《古逸叢書》時主事者對底本進行了相當慎重的校正（其中不乏反覆修改校記的例子），一方面用覆刻的方法較好地保持底本面貌，另一方面則通過細緻的校勘彌補底本訛誤較多的不足。這部試印本不僅是從刻版到正式刷印的過渡階段的直接物證，可與對應的版片、初後印本聯繫起來，形成較爲完整的刻印步驟的關係鏈，更能從校記中窺見主事者校正底本的方法和意圖。考慮到楊守敬手校《古逸叢書》所收書的試印本多已散亡，此書無疑是研究《古逸叢書》刊印過程的極爲重要的實物材料。

第三章　初後印本研究
——以《爾雅》爲中心

作爲一部製作精良的影刻類叢書，《古逸叢書》問世之初，其刷印效果就大受好評。

清人陳矩稱：

> ……紙墨之良（日本紙以美濃岳雪爲無上品，而先生猶精益求精，墨必頂煙，令工細磨，日盡一丸），刷印之善（每工日印不及千葉，微有損痕及一點一畫不明者即棄之），無美不備，宜海内有洛陽紙貴之譽也。〔註 1〕

陳矩是黎庶昌擔任清國駐日公使時的隨員。二人既屬同僚，又係同鄉（均來自貴州），且有詩文、刻書的共同愛好，故陳矩能在第一時間看到《古逸叢書》的初印本並記下刻印的工序細節。此外，葉昌熾、葉德輝、丁丙也對之多加讚賞。

葉昌熾：

> ……裒然巨帙，摹勒精審，毫髮不爽。初印皆用日本皮紙，潔白如玉，墨如點漆，醉心悦目。〔註 2〕

> ……屺懷借仿宋紹熙本《穀梁傳》四冊，黎蒓齋星使在東瀛摹刊，旁有金澤文庫印，雕造楮印，色色俱臻絕頂，以《士禮》最初

〔註 1〕見陳矩撰《記遵義黎蒓齋先生刊古逸叢書》，文載《靈峰草堂集》，清光緒間貴陽陳氏刻本。

〔註 2〕見葉昌熾撰《藏書紀事詩》，第 709 頁「黎庶昌蒓齋」條。

印本較之，猶瞠乎其後，他無論矣。〔註3〕

葉德輝：

至黎星使庶昌《古佚叢書》，專模宋元舊槧，海外卷抄，刻印俱精。〔註4〕

丁丙：

（《古逸叢書·影宋台州本荀子》）日本刊版之精、模印之工似過影宋。其亦如青取之於藍而青於藍歟。未可以外域新雕而不登於目。〔註5〕

但也有學者對《古逸叢書》後期印本的質量表示不滿。

莫棠：

……余遂請於先君，覓佳紙附印，其中經、子及《草堂詩箋》各數本，尚稱精好，然行間已不能無濡墨。迨後板入局中，則更無佳印矣。〔註6〕

倫明：

（《古逸叢書》）在日本印者紙精良，印工不苟，至蘇州所印，則無足觀矣。〔註7〕

由此可知被陳矩譽為「無美不備」的《古逸叢書》，其不同時期印本的紙墨質量、刷印效果實有極大差異。本章擬以實物考察為基礎，配合文獻佐證，探討《古逸叢書》刷印的主體、地點、次數及各階段紙墨特點、刷印工藝等問題，藉以較為完整地還原其刷印過程。

一、文獻記載的刷印過程

從現存的文獻記載來看，《古逸叢書》的刷印大致可分為三個階段：

1. 日本刷印

《鄰蘇老人年譜》「甲申四十六歲」條〔註8〕：

〔註 3〕 見葉昌熾撰《緣督廬日記》第2冊「甲申二月十六日」條。

〔註 4〕 見葉德輝撰《書林清話》，第190頁。

〔註 5〕 見丁丙撰《善本書室藏書志》卷十五，中華書局，2006年。

〔註 6〕 「板」指《古逸叢書》的書板，全書刻成後黎庶昌將其運回中國，交江蘇書局保管。

〔註 7〕 見倫明撰《辛亥以來藏書紀事詩》，第67頁。

〔註 8〕 見《鄰蘇老人年譜》，第19頁。

《古逸叢書》已成，督印百部，黎公以贈當時顯者，皆驚爲精絕。

《荀子》莫棠跋〔註9〕：

當時日本摹印不足二百本，蒓丈嘗以數本授余取價，爲之還夙負，每本五十金，豈知今日遂踰十部之值乎。

《古逸叢書》最初的刻板與刷印都在日本東京完成〔註10〕，刻印工作開始於光緒壬午（1882），完成於光緒甲申（1884）〔註11〕。雖楊、莫二人所記稍有出入（楊守敬稱「督印百部」，莫棠稱「不足二百本」），但可以肯定的是《古逸叢書》在日本刷印的數量較少。這一方面是因爲初印時要求極嚴，「每工日印不及千葉，微有損痕及一點一畫不明者即棄之」，另一方面是因爲黎庶昌刻此書非爲牟利〔註12〕，無大量刷印之必要。

2. 上海刷印

《藏書紀事詩》卷七「黎庶昌蒓齋」條：

（《古逸叢書》）書成旋節至滬，即以其板付江蘇官書局貯之。流通古籍，嘉惠後學，與敝帚自珍者異矣。

《荀子》莫棠跋：

光緒甲申，遵義黎蒓齋先生爲出使日本國大臣，刊《古逸叢書》二十六種。其秋，蒓丈奉詔將歸，奏請置書板於江蘇書局，得旨允行。時先君爲上海縣令，巡撫委官湯紀尚來迎收版片……余遂請於先君，覓佳紙附印。

黎庶昌歸國時，將《古逸叢書》的版片首先運至上海，然後轉運至蘇州江蘇書局保存。在上海時，莫棠曾用較好的紙張刷印了一批。

〔註9〕見王文進撰《文祿堂訪書記》，第154頁。

〔註10〕《古逸叢書》首冊有牌記「光緒十年甲申遵義黎氏刊于日本東京使署」。

〔註11〕黎庶昌撰《刻古逸叢書序》：「經始於壬午，告成於甲申」。

〔註12〕《清客筆話》卷二辛巳條：「楊：……且弟非爲利也。如《穀梁傳》，刻之明知無還本之日，蓋好之少也」。見《楊守敬集》第13冊，湖北人民出版社、湖北教育出版社，1995年，第530頁。按《清客筆話》爲日本藏書家森立之與楊守敬、黎庶昌、姚文棟等人的筆談記錄，「楊」即是指楊守敬。《古逸叢書》刊刻主事者爲黎庶昌，所需經費也均由黎氏承擔，楊守敬只負責校字監刊督印工作，故此處稱「非爲利也，如《穀梁傳》，刻之明知無還本之日」，應是代表黎庶昌的意見（《穀梁傳》爲《古逸叢書》所收書之第二種）。

3. 蘇州刷印

《緣督廬日記》「甲申二月十六日」條〔註13〕：

轉來星使瓜代，所刻板皆捆載來吳。

曹允源《重修古逸叢書敘》〔註14〕：

自先生使節還朝，其版藏蘇州書局。印行既久，字多剝蝕……今年孟夏召滬上良工，用圖書館初印本覆刊……閱半載工始竣，精本古籍遂得完善，既以饜學者之意，亦庶幾不負先生之盛誼也夫。辛酉九月吳縣曹允源。

黃永年《清代版本述略》「清後期即從同治至宣統的刻本」條〔註15〕：

初印本用日本特產的美濃紙精印，回國後書版送江蘇書局改用連史紙、毛邊紙大量印售。

《古逸叢書》的版片運抵蘇州後，即大量刷印，又因刷印過多，版片漫漶毀損，於民國辛酉部份補版覆刻，因此蘇州刷印本有補版前印本與補版後印本之分。

《古逸叢書》在蘇州的刷印單位各家說法不一，或稱「江蘇官書局」（葉昌熾），或稱「蘇州書局」（曹允源），或稱「江蘇書局」（莫棠、黃永年）。而筆者在北京大學圖書館收藏的補版後印本《古逸叢書》中發現一張當時的廣告，因未見前人述及，茲抄錄全文於下：

本所《古佚叢書》版片印行年久，漫漶甚多。前特向上海招集名手，重行鐫刻修補，所費甚巨。現屆工竣，續印並力求美備，選用頂上紙色，以饜閱者之意。惟成本既昂，自應酌加售價，俾免虧折。爰定自出版日起（約夏曆十月杪出版），連史紙每部照原價加洋五元，賽連紙每部照原價加洋三元。其應有折扣，仍照舊章辦理。

江蘇省立第二圖書館官書印行所啓

由此可知，蘇州印行《古逸叢書》的機構的準確全稱爲「江蘇省立第二圖書館官書印行所」，與前人各異之簡稱不同。

需要說明的是，在蘇州刷印《古逸叢書》的機構不止江蘇省立第二圖書

〔註13〕見葉昌熾撰《緣督廬日記》第2冊，江蘇古籍出版社，2002年。

〔註14〕此序冠於《古逸叢書》補板後印本首冊卷端。

〔註15〕《清代版本述略》附於黃永年、賈二強所編《清代版本圖錄》後，浙江人民出版社，1997年。

館官書印行所一家。上海圖書館藏有一部《杜工部草堂詩箋》（著錄號：線普長 22036），爲《古逸叢書》之零種。經比對，確定爲補版後印本。其首冊牌記「遵義黎氏校刊」右下方鈐有朱色楷書木記「蘇州振新書社經印」。這只是筆者發現的一個例證，此外是否還有其他出版單位刷印《古逸叢書》，仍有待繼續調查。

二、古逸本《爾雅》的刷印次數

在《古逸叢書》所收的二十六種書中，《爾雅》是較具代表性且適合作爲統計對象的一種。本節以實證的方法統計《古逸叢書》本《爾雅》的印刷次數，希望能藉此在一定程度上反映《古逸叢書》的刷印過程及先印後印的特點。之所以選擇《爾雅》，主要基於以下三點理由：

其一，《爾雅》是抽印本中刷印次數最多的書籍之一。

叢書全印本中，各種書的刷印次數相同，不必比較，假如全印本刷印了若干次，則《古逸叢書》所收的二十六種書就都刷印了若干次（包括《爾雅》）。而在單種或部份所收書的抽印本中，《爾雅》是刷印次數最多者之一（具體數據參見本章第五節）。

其二，《爾雅》未經補版修板，其缺損程度的變化是單向線性的。

《古逸叢書》中《荀子》、《南華眞經注疏》、《尚書釋音》、《原本玉篇零本》、《杜工部草堂詩箋》均經補版，這意味著早期印本中文字筆劃、板匡邊線的缺損可能在後印本中得到修復，如果用這些本子統計缺損，結論就會出現較大的偏差。《爾雅》未經補版，經筆者比對，也確認了其先後印本缺損程度的變化是單向線性的，換言之，先印本中因版片磨損造成的文字筆劃、板匡邊線的缺損，都會在後印本中保持甚至加劇，因此根據《爾雅》來統計先後印本的缺損變化過程是比較可靠的。

其三，《爾雅》是《古逸叢書》第一種，刷印較為認真。

《古逸叢書》收書二十六種，共兩百卷，雖篇幅不及《粵雅堂叢書》、《廣雅書局叢書》之巨，已可算是頗具規模。大凡刷印叢書，第一種總是比較用心，因工匠注意力集中，督印者檢查亦較嚴格。《古逸叢書》本《爾雅》雖不以製作精良見稱，仍足以代表整套叢書的刷印水平。

此外還有一些客觀因素的考慮，如筆者所見《古逸叢書》的各套殘本中均有《爾雅》，統計時不至出現空缺；《爾雅》篇幅適中，便於全面統計缺損並分類排列（《南華眞經注疏》卷帙太多，就不適用這種實物統計的方法）。這些因素並不是選擇的充分理由，卻直接關係到實物統計的準確性與可行性，因此必須兼顧。

實物統計刷印次數的原理

判斷同一種書兩部印本的時代先後，最可靠的方法是在未經補板修板的前提下，比較二者文字筆劃、板匡邊線的缺損程度。文字筆劃、板匡邊線越完整的，刷印時間越早。文字筆劃、板匡邊線缺損程度相同的，則可判定二者同時刷印，或刷印時間非常接近。兩個本子的缺損程度有明顯區別的，則分屬於不同的印次。取時間最早、筆劃板匡最完整的印本與時間最晚、筆劃板匡缺損最嚴重的印本比較，記錄二者之間的異同（即前者完整而後者缺損的地方），然後逐一檢查其他各部印本對應位置的筆劃板匡的缺損情況。根據缺損的嚴重程度，按時間順序排列各部印本，即可知該書的刷印次數。統計樣本越多，結論越準確。

樣本介紹

爲了獲取盡可能多的統計樣本，筆者調查了北京、上海、南京、杭州、蘇州等地的公眾圖書館與各大高校圖書館，具體包括：

(1) 中國國家圖書館善本庫：兩部，均係美濃紙印本，其中一部鈐「銅井山廬藏書」朱文方印、「獨山莫氏銅井文房藏書印」朱文長方印、「獨山莫祥芝圖書記」、「莫科莫祁莫棠之印」朱文方印，係名家舊藏，故館方僅提供膠卷閱覽。另一部無印章題記，可調閱原書。

(2) 北京大學圖書館：八部，其中單行本一部，中國補版前印本六部，補版後印本一部。

(3) 中國人民大學圖書館：一部，係中國補版前印本。

(4) 清華大學圖書館：一部，係中國補版前印本。

(5) 中國科學院圖書館：一部，係美濃紙印本，極爲精美。

(6) 上海圖書館：七部，其中美濃紙印本兩部，一部牌記被書賈剜去，冒充單種善本，一部係叢書本；中國補版前印本四部，補版後印本一部。

(7) 復旦大學圖書館：五部，其中美濃紙印本一部，中國補版前印本兩部，補版後印本兩部。

(8) 華東師範大學圖書館：兩部，均係中國補版前印本。

(9) 上海師範大學圖書館：兩部，其中中國補版前印本一部，補版後印本一部。

(10) 南京圖書館：兩部，其中單行本一部，美濃紙印本一部。

(11) 浙江圖書館：兩部，均係中國補版前印本。

(12) 蘇州圖書館：一部，係中國補版前印本。

(13) 蘇州大學圖書館：一部，係中國補版前印本。

合計單行本兩部，美濃紙印本七部，中國補版前印本二十一部，補版後印本五部。

紙張方面：單行本均用白棉紙，中國補版前印本與補版後印本則皮紙、棉紙與竹紙並用（第一節所引「古逸叢書續印廣告」中稱連史紙本漲價五圓，賽連紙本漲價三圓，因爲連史紙與賽連紙〔註 16〕均屬於竹紙，可能會使人誤會《古逸叢書》補版後印本都是用竹紙印成，其實不然。上海師範大學圖書館所藏補版後印本即用棉紙印）。不同的紙張對刷印效果有明顯的影響，詳見下文。從筆者調查的結果來看，《古逸叢書》中最常見的仍然是棉紙印本，其內葉用紙較薄，輕而軟，有細密的平行紋理。

不過稱某部《古逸叢書》爲某種紙印本，只是就大體而言，因爲《古逸叢書》也有混用紙張的現象。如南京圖書館藏《古逸叢書》美濃紙印本，鈐「莫棠字楚生印」朱文方印、「獨山莫氏銅井文房藏書印」朱文長方印、「皋橋羈旅」〔註 17〕朱文方印，係莫棠舊藏。全書用美濃紙，唯獨《荀子》（第十二至第十七冊）混用美濃紙與棉紙（美濃紙較少）〔註 18〕，又比如上海師範大學圖書館藏《古逸叢書》本《爾雅》中國補版前印本卷上與卷中大半部份均用棉紙，卷中後半段與卷下則棉紙與皮紙混用（皮紙較少）。

需要說明的是，筆者在北京調查時，中國國家圖書館普本庫因庫房搬遷停止開放（爲期一年）；南京大學圖書館藏有兩部《古逸叢書》，但不允許校

〔註 16〕 連史紙是原產於江西、福建等地的竹紙，賽連紙是原產於四川的竹紙。

〔註 17〕 沈燮元先生稱莫棠晚年曾旅居蘇州東中市，故以「皋橋羈旅」誌之。

〔註 18〕 如卷四第三葉、第五葉用棉紙，第四葉用美濃紙；卷六第十一葉、第十三葉、第十四葉用棉紙，第十二葉、第十五葉、第十六葉用美濃紙；卷十第十四葉用美濃紙，第十二葉、第十三葉、第十五葉、第十六葉皆用棉紙；卷十一第一葉、第二葉用美濃紙，第三葉至第五葉用棉紙，第六葉用美濃紙。

外人員借閱；浙江大學圖書館無成套的《古逸叢書》，僅有《論語集解》、《杜工部草堂詩箋》等少數幾種殘本，故上述三館（庫）未納入此次考察範圍。

缺損統計

在《古逸叢書》本《爾雅》的四種印本中，美濃紙印本最清晰完整，其次爲單行本，其次爲中國補版前印本，其次爲補版後印本。

因爲研究的是《爾雅》書板經反覆刷印而逐漸磨損的過程，所以本文不記錄書板剛雕成時就已經存在的斷口或缺損。如所有美濃紙印本卷下第二十二葉後半葉　第八行「項上」之「上」字，底下一横中間均有斷口，可知是雕版時的疏失，並非後來因刷印造成的磨損。此類情況就不記入表格。

本節用於比較異同的早期印本爲復旦大學圖書館藏美濃紙印本（著錄號：250105:3），晚期印本爲復旦大學圖書館藏補版後印本（著錄號：205105(2):2）。

筆者所見的七部美濃紙印本，文字、板匡的完整程度相同，任選其一皆可，爲工作方便起見，選擇復旦大學圖書館藏美濃紙印本。

筆者所見的五部補版後印本中，年代最晚（缺損最嚴重）的是復旦大學圖書館藏本，故取該本作爲晚期印本的代表，與復旦大學圖書館藏美濃紙印本比較缺損情況。爲免辭費，下文中前者稱爲甲本，後者稱爲乙本。

文字筆劃方面，甲本完整而乙本殘缺的地方共一百一十六處；板匡邊線方面，甲本完整而乙本殘缺的地方共十六處，但其中有一部份並不適合作爲刷印時間早晚的判斷依據。

卷上第二十五葉前半葉第二行「先後」之「先」字兩横的中間，上海圖書館所藏的兩部中國補版前印本（著錄號：線普 321243-90、線普 309094-142）均已斷開，而該館收藏的補版後印本（著錄號：線普長 335581-622）卻仍有殘絲相連。

卷下第十六葉前半葉第八行「鴃蛩」之「鴃」字，上海圖書館收藏的中國補版前印本（著錄號：線普 321243-90）比乙本缺損得更加嚴重。

如果僅從這兩條來看，就會認爲上海圖書館所藏中國補版前印本的印刷時間比補版後印本更晚。但在這幾部書中，還有更多地方是上海圖書館藏的中國補版前印本完整，而上海圖書館藏的補版後印本與乙本缺損的。事實上，這兩部中國補版前印本的刷印時間都要早於補版後印本。所以上文所舉的這兩條與眞實刷印次序相悖的例子，不是由於版片本身的磨損，而是刷印時力度、用墨不同造成的〔註 19〕。在缺損統計中，這類容易受人爲因素影響，不能準確反映刷印時版片眞實的磨損程度的例子是干擾分析結果的噪音，應該予以剔除。

篩選後最終可用於判斷刷印時間早晚的缺損依據共一百零八條（文字筆劃九十三條、板匡邊線十五條）〔註 20〕。

(1) 單行本兩部，均有三處缺損（卷下第九葉前半葉第四行「指頭」的「頭」字、第七行「腫節」的「腫」字和卷下第十葉前半葉第五行「蹶」字），屬同一次刷印。

(2) 中國補版前印本二十一部，爲了便於行文，各部印本都以代碼標示：

A1：北大藏本（著錄號：X/9100/4633）
A2：北大藏本（著錄號：LX7394）
A3：北大藏本（著錄號：X/081.17/2706）
A4：北大藏本（著錄號：X/081.17/2706/C3）
A5：北大藏本（著錄號：X/9100/4633/C2）
A6：北大藏本（著錄號：X/081.17/2706/C2）
A7：人大藏本
B1：清華藏本
B2：蘇圖藏本
B3：蘇大藏本
B4：浙圖藏本（著錄號：普 081/2706）
B5：浙圖藏本（著錄號：普 081/2706/C4）
B6：復旦藏本（著錄號：250105）
B7：復旦藏本（著錄號：250105:2）

〔註 19〕同一塊版片的某一較細的筆劃，如果涂墨較少，刷印時用力較輕，就可能造成印出來的這一筆斷裂甚至缺失，而如果涂墨較多，刷印時用力較重，就可能印出更完整的形狀。除上海圖書館收藏的補版後印本外，其餘四部補版後印本卷上第二十五葉前半葉第二行的「先」字兩横中間均斷裂，並無殘絲相連，可見這部補版後印本「先」字兩横中間的殘絲是刷印手法造成的，並不是版片本身如此。

〔註 20〕爲了避免類似的噪音影響，筆者只統計了板匡邊線的缺損情況，沒有統計葉面中的欄線。因爲前者較粗而均匀，不會出現由於刷印時力度、用墨不同造成的缺損，所有板匡邊線的缺損反映的都是版片磨損的眞實情況。而葉面中的欄線較細，且粗細不匀，容易受人爲因素的影響，故不納入統計範圍。

C1：上圖藏本（著錄號：線普 321243-90）

C2：上圖藏本（著錄號：線普 309094-142）

C3：上圖藏本（著錄號：線普長 614596-655）

C4：上圖藏本（著錄號：線普長 020059）

C5：華東師大藏本（著錄號：500476）

C6：華東師大藏本（著錄號：500475）

C7：上海師大藏本

因中國補版前印本的缺損變化較爲複雜，故本文只陳述統計結果並進行分析，具體數據請參閱附錄表格。

需要說明的是，《爾雅》部份文字的缺損是一個漸變的過程，如卷下第八葉前半葉第二行「其類皆有芀秀」中的「類」、「秀」，早期印本二字均完整，稍晚的印本「秀」變爲「秀」而「類」仍完整，最晚的印本則都出現缺損，變成類秀；又比如卷下第十八葉後半葉　第七行「食魚」的「魚」字，早期印本是「魚」，稍晚的印本中間一豎缺失，變爲「魚」，最晚的印本則變爲「魚」，所以印本文字筆劃的變化不是一個非全即損的簡單問題，還存在一種中間狀態（筆者稱之爲「半損」），但經筆者核對，確認這些「半損」的文字與其所屬印本的刷印時間是吻合的，並不影響最終對刷印次數的判斷，所以在陳述統計結果時，「半損」與「全損」的文字都稱爲「缺損」，不作區分。

今按缺損程度的變化，將這二十一部中國補版前印本歸類排列如下：

a. C3 有六處缺損。

b. C4 有十三處缺損。

c. A2、B7 有十六處缺損。

d. B2 有二十四處缺損。

e. A6、B3 有三十九處缺損。

f. C7 有四十處缺損。

g. B5 有四十三處缺損。

h. B6 有五十四處缺損。

i. C2 有六十處缺損。

j. A4、A7 有六十二處缺損。

k. A1 有七十處缺損。

l. C1 有七十三處缺損。

m. A3、C5 有七十四處缺損。

n. B4 有七十五處缺損。

o. C6 有七十七處缺損。

p. B1 有八十六處缺損。

q. A5 有九十七處缺損。

下面對缺損程度相近的印本稍作說明：

A2 和 B7 不僅缺損數目相等，缺損的位置與程度也完全吻合，可以確認是同一次刷印的。A6 和 B3、A4 和 A7、A3 和 C5 也是如此。

A6 和 B3 缺損三十九處，C7 缺損四十處，二者唯一的區別是卷中第二十一葉後半葉板匡下邊線左邊 C7 有斷口，A6、B3 無。

C1 缺損七十三處，A3 和 C5 缺損七十四處，二者唯一的區別是《爾雅序》前半葉板匡下邊線 A3 和 C5 有斷口，C1 無。

A3 和 C5 缺損七十四處，B4 缺損七十五處，二者唯一的區別是卷下第二十六葉前半葉第一行「雜毛」的「毛」字中間一橫，B4 有斷口，A3 和 C5 無。

B4 缺損七十五處，C6 缺損七十七處，二者的區別是卷中第九葉後半葉板匡下邊線左邊、卷中第十葉前半葉板匡下邊線右邊 C6 有缺口，B4 無。

這二十一部印本有十七種不同的缺損數目，但部份印本只有一到兩處文字或邊線的差別，考慮到當時刷印書籍完全依靠手工勞動，不像現代機器印刷這樣高效而整齊，或許將只有細微差別的印本合併計算，視爲同一次刷印者更爲合理。將 A6、B3、C7 合併，C1、A3、C5、B4、C6 合併，最後的結論是這二十一部中國補版前印本是分十三次刷印而成的。

(3) 補版後印本五部，爲了便於行文，各部印本都以代碼標示：

STHY：上圖藏本

PKHY：北大藏本

FDHY1：復旦藏本（著錄號：250105(2)）

FDHY2：復旦藏本（著錄號：250105(2):2）

SSHY：上師大藏本

其中 STHY 缺損一百零二處，PKHY 缺損一百處，FDHY1 缺損一百零四處，FDHY2 缺損一百零八處，SSHY 缺損一百零四處。

雖然 SSHY 的缺損與 FDHY1 同爲一百零四處，二者缺損的文字卻各不相同。

SSHY 卷中第十二葉前半葉第二行「虹也」的「也」字缺損，作也，FDHY1 此字完整。

SSHY 卷下第四葉前半葉第二行「子大如麥」的「大」字缺損，作大，FDHY1 此字完整。

FDHY1 卷上第十二葉前半葉　第五行「餈餱」的「餈」字缺損，作餈，SSHY 此字完整。

FDHY1 卷下第二十葉後半葉　第八行「因以」的「以」字缺損，作以，SSHY 此字完整。

「餈」字、「以」字在中國補版前印本的中期印本（如 B6）中就已缺損，在其他四部補版後印本中也都缺損（其中包括比 SSHY 刷印時間更晚的 FDHY2），唯獨 SSHY 筆劃完整，故可以排除《古逸叢書》補版時專門對《爾雅》版片的這兩筆進行修補的可能，應該係經墨筆描補的。這是一個比較特殊的例子（《爾雅》印本中各處的缺損程度與順序絕大部份與推論的刷印先後相吻合），也說明了古籍流傳變化的複雜性：僅僅靠某一個本子的個別文字、板匡的完整程度來判斷刷印時間的早晚是有風險的。

將 SSHY 經過描補的文字重新算作缺損後，該本共有缺損一百零六處。這五部補版後印本的缺損數各不相同，且都有兩處或兩處以上的差異，不便合併統計，因此補版後印本《爾雅》的刷印次數至少有五次。

值得注意的是，《爾雅》最晚的中國補版前印本的缺損有九十七處（A5），最早的補版後印本的缺損有一百處（PKHY），這意味著補版前印本與補版後印本的臨界點在缺損九十七處到一百處之間。缺損大於九十七處，即使卷端沒有曹允源的《重修古逸叢書敘》，也很可能是補版後印本，如大於一百，則可確定爲補版後印本。反之亦然。當然，作出判斷的前提是剔除上文所說的「噪音」數據且原書未經描補。

根據實物統計所得的結論是《古逸叢書》本《爾雅》的單行本刷印過一次，中國補版前印本刷印過十三次，補版後印本刷印過五次。而關於美濃紙印本，還需要做一點補充說明。

從目前所見的美濃紙印本來看，所有文字、板匡都是完整的，並無版片磨損造成的缺失或斷口，但這並不意味著所有美濃紙印本的刷印效果都相同。比如卷上第二十五葉前半葉第八行「是也」的「也」字（見圖一）：

圖一

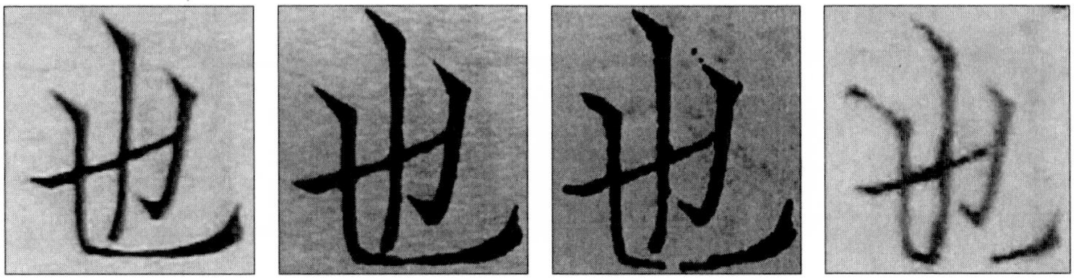

a　　　　b　　　　c　　　　d

a 爲復旦藏美濃紙印本，末筆均勻自然；b 爲中科院藏美濃紙印本，末筆中間有一段已明顯變細，但尚未斷開；c 爲復旦藏中國補版前印本，末筆出現較小的斷口；d 爲復旦藏補版後印本，末筆斷口明顯擴大。c、d 的斷口證明中科院藏美濃紙印本此處筆劃的變細，並不是用墨或刷印力度造成的，而是因爲刷印這套美濃紙印本時，此處版片已有一定程度的磨損，所以筆劃不再像復旦藏美濃紙印本那麼勻稱。由此可見復旦藏美濃紙印本的刷印時間早於中科院藏美濃紙印本。雖然美濃紙印本不能像中國補版前印本那樣準確地劃分出刷印的時間段，但這些筆劃外觀的變化說明它們之間仍有先後之分。

缺損特點

雖然《古逸叢書》本《爾雅》因版片磨損造成的印本缺損的位置、大小多有變化，但總的來看，仍有一定的規律可尋：

其一，缺損有斷口、塊狀缺損及片狀漫漶，但極少出現斷板。

《爾雅》的印本缺損包括筆劃斷口（如卷上第二十四葉前半葉第一行「王母」的字、卷中第十一葉前半葉第四行「月陽」的字）、塊狀缺損（在一塊狀區域內所有筆劃都缺失，如卷下第六葉前半葉第六行「馬牀」的字、卷下第十七葉後半葉　第三行「烏」的字）和片狀漫漶（在一塊狀區域內多處筆劃缺損，但也有部份殘留，如卷下第十七葉前半葉第三行「無所怪」的字，又比如卷下第十葉後半葉　第八行上方「謂樹木叢生根枝節目盤結磈磊」中多字筆劃缺失或有斷口，但大部份字形仍然保存），這些缺損在普通的中國刻本中也經常出現，但與中國刻本常見斷板不同，《古逸叢書》版片即使磨損嚴重，也幾乎沒有跨越數行的較長裂口，這意味著其版片極少斷板，筆者已經在本文下編第一章中探討過這個問題。

其二，文字缺損中，絕大部份是縱向缺損。

在適合用於判斷版片磨損程度的九十三條文字筆劃的缺損中，有八十二處是縱向缺損。這裡所說的縱向缺損，不僅僅是豎劃的缺損，還包括點、撇、捺、轉折等起筆與收筆位置有高低變化的筆劃的缺損，如：

豎：卷上第六葉前半葉第七行「褫祜」的褫字。

點：卷上第十葉後半葉　第六行「時寔」的寔字。

撇：卷上第二十四葉後半葉第七行「先生」的先字。

捺：卷中第十九葉後半葉第八行「太丘」的太字。

轉折：卷上第六葉後半葉　第八行「詩書」的書字。

縱向缺損所占的比例如此之大，足以說明《古逸叢書》本《爾雅》的版片上，縱向的筆劃更容易磨損。相比之下，橫向的筆劃，尤其是小字注文的橫向筆劃，其中可以確定爲版片磨損造成的筆劃缺損的例子並不多。當然，在各個時期的印本中，常常看到小字注文的橫向筆劃也有斷口或缺失的現象，但這種現象是含混不清的。一個較早的印本可能小字注文的某一橫向筆劃有斷口或部份缺失，但在另一部較晚的印本中，如果用墨輕重或刷印技巧不同，這一筆又會顯現出來或者部份顯現出來（儘管可能不太清晰）。也就是說，印本中橫向筆劃的缺損，並不意味著版片對應位置的磨損，而可能受到多種主觀因素的干擾。這就是筆者在選擇判斷印本先後的缺損例證時，將這些時有時無、含混不清的橫向筆劃缺損都予以剔除的原因。卷上第五葉後半葉　第八行「便爲之」的便、卷上第八葉前半葉第四行「聊以」的聊、卷上第二十五葉前半葉第二行「先後」的先、卷下第十六葉前半葉第一行「以甲」的甲都是典型的例子〔註21〕。

縱向缺損則不然。一旦某部印本某處的縱向筆劃出現缺損，那麼在此之後刷印的本子，相應的位置都會缺損，也就是說縱向筆劃的缺損程度與印本的時間先後是保持一致的。另外，絕大多數印本中縱向缺損都明確、清楚，不會像橫向缺損那樣含混不清、藕斷絲連，因此便於藉之判斷刷印先後。從筆者調查的結果來看，縱向缺損基本上反映的都是版片磨損的眞實情況，較少受到用墨輕重、刷印技巧等主觀因素的影響。

〔註21〕這些文字的部份橫向筆劃在一些早期印本中缺損，在一些較晚的印本中反而完整或缺損程度較早期印本有所減輕。其缺損程度與印本時間順序是相悖的，因此不能作爲判斷印本先後的依據。

這種版片上縱向筆劃多磨損的現象是由於刻板習慣造成的。無論是中國刻工還是日本刻工，都要順著板木紋理下刀，即橫向筆劃與木紋平行，縱向筆劃與木紋相交。平行者易保存，相交者易磨損，反映在印本上，也是如此。具體原因見本編第一章「版片研究」中的分析。

三、古逸本《爾雅》刷印效果的演變

《古逸叢書》本《爾雅》的先後印本，不僅筆劃、板匡的缺損程度不同，其刷印效果也有明顯的變化。

莫棠在《荀子》跋文中詳細記錄了《古逸叢書》版片的特殊性與刷印的困難：

> 時先君爲上海縣令，巡撫委官湯紀尚來迎收版片，板至啓視，則每板四周皆護以木條，長短與板齊，廣寸餘，刻地甚淺。日本刷印法先以椶帚涂墨，拂紙既平，則以一圓物堅薄者平壓而宛轉磨之，故字外不漬墨，而字字勻潔。官匠皆相顧斂手，於是去其護板之木，復刓深其刻地之淺者，在縣齋召匠試印。余遂請於先君，覓佳紙附印，其中經、子及《草堂詩箋》各數本，尚稱精好，然行間已不能無濡墨。迨後板入局中，則更無佳印矣。〔註22〕

《古逸叢書》在日本的刊印有兩個特點：一，「刻地甚淺」；二，「以一圓物堅薄者平壓而宛轉磨之」。這與當時中國刊板一般刻得較深，且用長而粗硬的椶刷刷印不同。

需要說明的是，即使是最早刷印《古逸叢書》版片的日本工匠，一開始也不能自如地駕馭這種版片，印出過效果不佳的本子〔註23〕。莫棠所說的「字外不漬墨，而字字勻潔」是日本工匠經反覆試驗，掌握技巧後才達到的效果。這種特殊的版片運到上海，試印的中國工匠自然會感到棘手。雖然當時對版片進行了再加工（「復刓深其刻地之淺者」），刷印的效果還是無法與日本印本相比。

從各館所藏的刷印時間較早的中國補版前印本來看，其缺點首先是「行間濡墨」，文字與欄線之間的空白處多有墨蹟污痕；其次是筆劃變形，在筆劃轉折、交叉處以及較長筆劃的中段，往往有或大或小的墨團堆積，使筆劃漲

〔註22〕見《文祿堂訪書記》，第154頁。
〔註23〕參見本章第五節「附論《古逸叢書》的單行本與叢書本」。

溢變形，嚴重時本來光潔的筆劃甚至呈現出鋸齒狀的輪廓。

《古逸叢書》版片「刻地甚淺」，也就是說刻成的筆劃、欄線的頂部與版片平面的距離較短，所以要用「圓物堅薄者平壓而宛轉磨之」，才能使紙張只與突出的筆劃、欄線接觸，而不會被壓得明顯彎曲，沾到未刻字的空白的版片平面。因爲給版片涂墨是一次性塗滿整塊版片的，刻成的筆劃、欄線與未刻字的空白的版片平面都會塗上墨水，要達到「字外不漬墨，而字字匀潔」的效果，刷印時就不能讓紙張碰到版片上筆劃、欄線之外的空白部份。這意味著刷印時不僅力度要柔和均匀，還需要使用特殊的工具。

日本手工刷印書籍的刷子今天還能看到，稱爲「馬蓮」，其底部是圓形的較柔軟而富有彈性的表面，與海綿相似，整個底部連成一塊，無突出的尖角，雖然可能與莫棠所說的「圓物堅薄者」有一定的差異，但其特點、原理當無二致。中國常用的椶刷則是將許多粗硬而有彈性的椶毛綁成一束，其底部由無數椶毛尖端組成。用它刷印時，紙張的受力面積明顯小於用馬蓮刷印時的受力面積，給紙張施加的壓力則遠大於用馬蓮刷印者。這意味著即使工匠用相同的力度刷印，用椶刷者也更容易造成紙張彎曲變形，被壓入筆劃、欄線之間的空白處，直到與未刻字的版片平面接觸。中國工匠再次剜深《古逸叢書》的版片，就是爲了增加從筆劃、欄線頂端到版片平面的距離，減少紙張被擠壓到與未刻字的版片平面接觸的可能。但這種對版片的二次加工顯然未能完全達到預期的效果。另外，紙張材質的差異可能也有一定影響。日本所用的美濃紙及其他皮紙，大都較爲堅韌，抗壓性較好，而中國早期印本常用的白棉紙，紙質綿軟，更容易被擠壓變形。

筆劃漲溢變形也與「刻地甚淺」有關。爲了儘量避免發生紙張被擠壓到與未刻字的版片平面接觸的情況（雖然並不成功），就印本而言，即爲了減少文字與欄線之間空白處的墨蹟污痕，中國工匠必須用較輕的力度刷印。但刷印時如果用力太輕，文字筆劃尤其是一些較小的文字、較細的筆劃就會漏印或者印得比較模糊（若有若無）。針對這個問題，當時採取的應對措施是加重涂墨的分量，給所有筆劃都塗上足夠多的墨水，這樣即使刷印時輕一些，也能清楚地印出全文。副作用則是涂墨過多，筆劃轉折、交叉這些容易積聚墨水的地方常常印出或大或小的墨團，較長的筆劃輪廓甚至因此變成鋸齒狀。

近距離觀察這些中國補版前印本筆劃漲溢變形的葉面，可以看到墨水大多是沿著棉紙紙紋的方向溢出的，細密的平行紋路就如同管徑小而數量多的溝渠一樣佈滿棉紙的表面，當版片塗上過量的墨水時，多餘的墨就容易隨棉紙紋路溢出。日本印書的皮紙尤其是美濃紙則沒有這種現象。因爲美濃紙表面光潔溫潤（部份紙張如泛油光），且紋理是不規則發散開的，沒有整齊平行的紋路。這樣的紙張自然不容易沾染積聚過多的墨水。南京圖書館所藏的《古逸叢書》本《荀子》就很好地展示了不同紙張的刷印特點。

這套《荀子》是南京圖書館藏《古逸叢書》中的一種，共六冊，首冊開本高三十一點七釐米，寬二十二點二釐米。正文首葉板匡高二十三點七釐米，寬十八點一釐米。該書的第二冊（卷四至卷六）、第三冊（卷七至卷十）、第四冊（卷十一至卷十三）均混用美濃紙與白棉紙印成（白棉紙居多），如卷四第四葉用美濃紙，而第三葉與第五葉用白棉紙；卷十第十四葉用美濃紙，第十二、十三、十五、十六葉用白棉紙；卷十一第一、二葉用美濃紙，第三、四、五葉用白棉紙。美濃紙刷印的葉面與其他美濃紙本一樣精美，「字外不漬墨，而字字勻潔」。白棉紙刷印的葉面則多次出現墨水積聚的現象。如卷六第八葉爲白棉紙，其前半葉第五行「田野」的「田」字印成田（正常的美濃紙印本此處印作田）。同一冊書中不同紙張的用墨效果也有此不同，足見紙質確實對刷印有明顯影響。

這個濡墨變形的問題並沒有一直延續下去。與日本工匠一樣，中國的印刷者也在不斷刷印《古逸叢書》版片的過程中逐漸掌握了刷印的技巧（包括涂墨的分量、壓紙的力度），目前尚不清楚中國工匠是否也採用了日本的刷印工具（「圓物堅薄者」），但對比不同時期的中國印本，可以明顯感覺到後期印本雖然版片磨損程度在不斷加重，刷印效果卻比早期印本大大改善了。比如浙江圖書館藏的兩部《古逸叢書》本《爾雅》，都是中國補版前印本，但一部（著錄號：普 081/2706/C4）缺損四十三處，一部（著錄號：普 081/2706）缺損七十五處，後者的刷印時間明顯晚於前者，但就刷印效果而言，前者用墨極重，筆劃交匯處多漲溢變形（卷上尤甚），後者則筆劃清爽，細節處皆清楚地印出，只有極少數地方漲溢變形，行間空白處的墨蹟污痕也較前者大爲減少。其他館藏的初後印本情況與此類似。

浙江圖書館所藏的這兩個本子的另一區別是前者用白棉紙，後者用厚而粗糙的黃色竹紙。之所以筆劃漲溢變形的情況明顯改善，可能與這種粗糙的黃色竹紙也有關係（紋理發散，材質偏硬）。因爲白棉紙具有柔軟輕薄和紋路細密的特點，用它刷印《古逸叢書》這種「刻地甚淺」的版片顯然更容易出現「濡墨」現象。不僅普通的中國補版前印本如此，就連南京圖書館藏白棉紙印《爾雅》單行本也有明顯的濡墨、漲溢的現象（見圖二）。

圖二

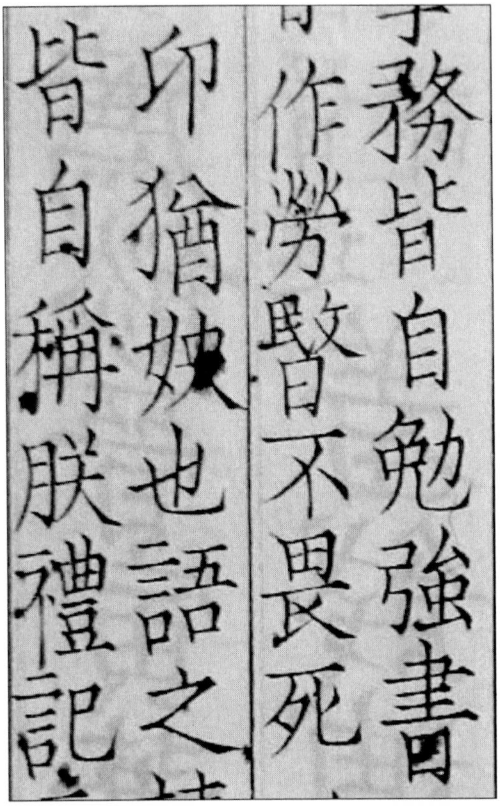
務皆自勉強書
作勞暋不畏死
卬猶姎也語之
皆自稱朕禮記

南圖藏《爾雅》單行本卷上第四葉前半葉的濡墨現象

四、正文與跋文的時間關係

《古逸叢書》所收的二十六種書中，二十二種附有跋文（《南華眞經注疏》、《元泰定本廣韻》、《楚辭集注》、《日本國見在書目錄》無跋）。所附跋文包括原書舊跋（如《老子注》所附晁說之、熊克跋）、森立之《經籍訪古志》相關解題（如《急就篇》所附解題）、楊守敬所撰跋文（如《爾雅》、《易程傳》所附跋文）與黎庶昌所撰跋文（如《原本玉篇殘卷》所附跋文）。但《古逸叢書》不同時期印本所附的跋文內容有所不同。

《鄰蘇老人年譜》癸未條：

又黎公本文章之士，於古書源流不甚了然，當初議刻《叢書》時，我即自任爲黎公每部代作一跋，而不署我之名，黎公則笑云：「我自有我之跋，君自爲跋可也」。及爲《原本玉篇跋》，各成一通，刻之，黎公寄伯寅尚書，回書則云：「君既囑楊君任刻書，即請楊君代作跋，何必以空文爲重僮。」而黎公赧然，遂皆不自作跋，亦不願守敬作跋。故《叢書》如《玉燭寶典》、《正平論語》、《史略》諸書均有劄記，皆輟不刻，至今尚存守敬篋中。〔註 24〕

根據《年譜》所述，楊守敬當時已作好「《玉燭寶典》、《正平論語》、《史略》諸書」的跋文，因爲黎庶昌的反對，未能刻板附於《古逸叢書》各書後。今日各館所藏美濃紙印《古逸叢書》中這三種書確實沒有楊跋，但在後來的中國印本（包括補版前印本與補版後印本）中，《正平本論語集解》、《史略》卻都附上了楊跋。爲何會出現這種先印本無跋後印本有跋的情況呢？

中國印本所附的楊撰跋文中，《覆正平論語集解後序》末署「光緒壬午十月廿八日宜都楊守敬記」，《史略跋》〔註 25〕末署「光緒甲申春正月宜都楊守敬記」，可知這兩篇跋文都是楊守敬在日本時所撰〔註 26〕。

假設在日本刊刻《古逸叢書》時，確實依照黎庶昌的意見，沒有刊刻已經寫好的《正平本論語集解》、《史略》等書的楊跋，則這兩篇跋文是在《古逸叢書》版片歸國後，才補刻並附入原有版片中的。

問題在於：《古逸叢書》版片是由黎庶昌奉詔歸國時帶回。黎氏之前已向朝廷上奏，請求將版片存放在江蘇書局。朝廷批准了這一申請，並在版片運抵上海時命令上海縣令莫祥芝、巡撫委官湯紀尚「迎收版片」，之後轉運至蘇州。

而在此前已從日本回到上海的楊守敬，應李鴻裔之邀在蘇州短暫遊玩後就因母親生病返回黃岡。此後絕大部份時間都居留於湖北省內，直到辛亥革

〔註 24〕見《鄰蘇老人年譜》，《楊守敬集》第一集，湖北人民出版社、湖北教育出版社，1997 年，第 18 頁。

〔註 25〕原文無標題，此題爲筆者自擬。

〔註 26〕《鄰蘇老人年譜》，第 16 頁庚辰（1880）條：「四月，仍攜眷由天津至上海，渡海赴何子峩欽使之招」，第 19 頁甲申（1884）條：「是年四月差滿，得家信，言母病促歸。即於五月同岡千仞父子及書估王惕齋至上海」。可知楊守敬從光緒庚辰四月至光緒甲申五月前一直在日本。

命爆發，才因避難舉家遷至上海。

《古逸叢書》版片既經官員接收，便歸公有，又貯存於官辦的江蘇書局中，楊守敬此時要再補刻自己所作的兩篇跋文，並附入《古逸叢書》版片中，一來大費周折，並無必要〔註 27〕，二來已經官方點收並移貯書局的版片恐怕也不允許外人〔註 28〕隨意將新刻版片摻入其中。

因此筆者認爲，這兩篇跋文並非如《年譜》所說，「皆輟不刻」，而是在日本刊刻《古逸叢書》時，負責具體的「校字監刊督印」工作的楊守敬並未服從黎庶昌的意見，仍然私底下刻成了這兩篇跋文的版片，只是在日本刷印時，故意不印這兩篇跋文（這對楊氏來說並不困難）。黎庶昌政務繁忙，不可能親自檢查刻板事宜，印成的書中既然沒有楊跋，也就滿意了，不會再去核對版片數量。黎庶昌歸國時，這兩篇跋文的版片隨其他版片一起經驗收後移貯江蘇書局。歸國後刷印《古逸叢書》版片的工作，楊守敬已無權干涉，不瞭解此事由來的工匠自然將版片全部刷印，不再有意漏印這兩篇跋文。這就是爲什麼日本印本缺少這兩篇楊跋而中國印本反而完整的原因。筆者在揚州調查《古逸叢書》版片時，所見《論語集解》正文與楊氏跋文的版片同用櫻木，尺寸、形制、刻法均一致，更證明了這一點。

在統計《古逸叢書》本《爾雅》的磨損程度時，筆者發現另一個問題：《爾雅》正文與所附跋文（森立之撰《經籍訪古志》「爾雅」條解題）的刷印時間並不一致。

森跋僅一頁，有四處可以確認係版片磨損造成，適合作爲刷印先後依據的印本缺損。前半葉第三行「書篇目」的「書」字，先印本作，磨損後變爲，左下角缺損；前半葉第八行「四門」的「四」字，先印本作，磨損後變爲，左上角缺損；前半葉板匡右上角，先印本完整，磨損後變爲；後半葉板匡上邊線的左半部份，先印本完整，之後出現缺損，極晚印本只剩下邊線右邊的一小部份，作。

上圖藏本（著錄號：線普長 614596-655）正文缺損六處，上師大藏中國補版前印本正文缺損四十處，後者的刷印時間顯然晚於前者，然而上圖藏本所附森跋的「書」字左下角缺損，上師大藏本的「書」字卻完整。

〔註 27〕這兩篇跋文後被收入楊守敬自刻的《日本訪書志》中，已足傳世，不必藉《古逸叢書》存之。

〔註 28〕楊守敬歸國後已與黎庶昌分道揚鑣，此後主要從事的是湖北地區的教育、學術工作，與《古逸叢書》的刊印、保管再無關係。

北大藏本（著錄號：X/081.17/2706/C2）正文缺損三十九處，浙圖藏本（著錄號：普 081/2706）正文缺損七十五處，後者的刷印時間同樣晚於前者，然而北大藏本所附森跋前半葉板匡右上角缺損，浙圖藏本的前半葉板匡右上角卻完整。

現在還無法確定《古逸叢書》本《爾雅》的正文與所附跋文刷印時間不一致的原因，可能是因爲有的本子開始只刷印了正文，後來才另外刷印跋文並與正文合訂成一冊，也可能是因爲有的本子保管不善，所附跋文脫落丟失，於是取之前刷印的跋文或者取跋文版片再次刷印並補入正文後。但至少我們知道，《古逸叢書》的正文與跋文可能刷印於不同時期的，所以不能用跋文的缺損程度來判定正文的刷印早晚。

五、附論《古逸叢書》的單行本與叢書本

探討完古逸本《爾雅》的刷印次數及效果演變後，下面再對《古逸叢書》單行本與叢書本的整體情況稍作探討。

1. 單行本

據《古逸叢書考》所載，「傳世之單行本又分爲兩種：一於扉葉左下鈐『單行本』朱色木記；一『單行本』三字刊於原版上，故作黑色，至以後彙印時方鏟去……單行本及在日本所彙印叢書本皆用美濃紙」〔註 29〕。筆者調查了上海圖書館、復旦大學圖書館、中國國家圖書館、北京大學圖書館、南京圖書館等五家機構收藏的十一部《古逸叢書》單行本，各本特徵如下所示：

書　名	收藏地	開本尺寸	封面顏色	裝訂方式	內葉紙質	鈐印或木記
楚辭集注	上圖	26.5×19cm	深藍	四孔等距	泛黃美濃紙	「星吾校字監刊督印記」，「單行本」
玉　篇	上圖	31.8×22.4cm	深藍	四孔等距	泛黃美濃紙	「單行本」
穀梁傳	上圖	25.8×16.9cm	深藍	四孔等距	泛黃美濃紙	「星吾校字監刻督印之記」，「單行本」
穀梁傳	上圖	27×19.3cm	深藍	四孔等距	泛黃美濃紙	「星吾校字監刊督印記」，「單行本」
穀梁傳	上圖	27×19.3cm	深藍	四孔等距	泛黃美濃紙	「星吾校字監刊督印記」，「單行本」

〔註 29〕見《古逸叢書考》，第 7 頁。

穀梁傳	復旦	27.3×16.9cm	深藍	四孔等距	白棉紙	「星吾校字監刊督印記」，「單行本」
穀梁傳	北大	27×19.3cm	深藍	四孔等距	泛黃美濃紙	「星吾校字監刊督印記」，「單行本」
琱玉集〔註30〕	國圖					「單行本」
爾　雅	北大	31.1×19.9cm	淡青	四孔等距	白棉紙	「星吾校字監刊督印記」，「單行本」
爾　雅	南圖	31.1×19.9cm	淡青	四孔等距	白棉紙	「星吾校字監刊督印記」，「單行本」
孝　經	南圖	33.2×22.3cm	深藍	四孔等距	白棉紙	「星吾校字監刊督印記」，「單行本」

這十一種均鈐有「單行本」朱色木記，其中九種有楊守敬監製印，但是「單行本」木記與監製印各有兩種不同的面貌（見圖三、圖四）。

圖三

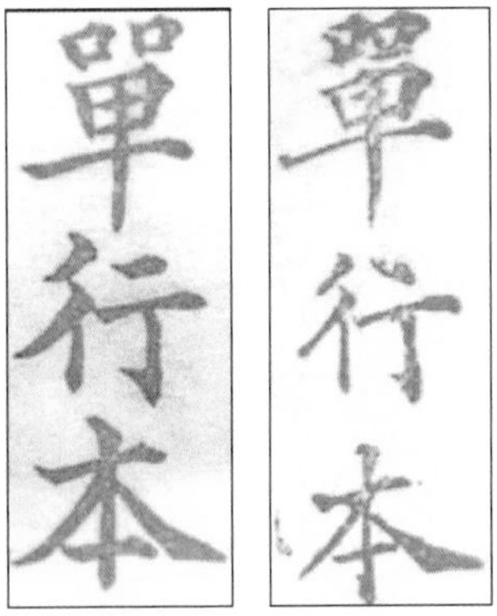

左爲「單行本」一（此爲較常見者）
右爲「單行本」二（此爲較少見者）

圖四

左爲監製印一（此爲較常見者）
右爲監製印二（此爲較少見者）

《古逸叢書考》稱另有「單行本三字刊於原版上，故作黑色」的本子，但筆者既未發現此類印本，揚州中國雕版印刷博物館版片庫現存的《古逸叢書》各書內封版片上也未見刊有「單行本」三字者。只有商務印書館民國時

〔註30〕此書中國國家圖書館僅提供膠卷借閱，故開本尺寸、裝訂方式、紙張材質皆不可知。膠卷係黑白照片，但「單行本」三字的顏色明顯淡於書中其他印刷的文字顏色，故該書應也是鈐印的「單行本」朱色木記。

期影印的《覆宋本重修廣韻》，以《古逸叢書》單行本爲底本，且內封「單行本」三字爲黑色，但因爲此書係單色影印，故不足爲據。

《古逸叢書考》中關於單行本的兩條結論也值得商榷。

「單行本皆用美濃紙」。由上表可知，《古逸叢書》單行本雖大多用美濃紙，但也有用中國常見的白棉紙刷印者，如北京大學圖書館與南京圖書館收藏的《爾雅》單行本、南京圖書館收藏的《孝經》單行本均用白棉紙。

「單行本刷印皆在叢書本之前」。從實物來看，有少數單行本的刷印年代可以確定是在初印叢書本之後的。如復旦大學圖書館收藏的《春秋穀梁傳》單行本，內封及卷端鈐「元和王氏圖書記」、「栩緣印信」、「王氏秘篋」、「栩栩盦」、「精本」、「王氏書庫」、「王同愈印」、「栩緣所藏」等印，是王同愈的舊藏，但該單行本「春秋穀梁傳序」後已刻有「遵義黎庶昌之印」、「星吾東瀛訪古記」的木記，而復旦大學圖書館收藏的《古逸叢書》初印叢書本是沒有這兩枚木記的（上海圖書館藏三部《春秋穀梁傳》單行本也無此木記）。北京大學圖書館與南京圖書館收藏的《爾雅》單行本經文字比對，也可確認其刷印時間晚於初印叢書本〔註31〕。

莫棠稱：「蒓丈嘗以數本授余取價，爲之還夙負，每本五十金，豈知今日遂踰十部之值乎」〔註32〕，可知《古逸叢書》傳入中國後洛陽紙貴的盛況。單行本刷印時間較早，數量稀少，尤其難得，故當時有書賈仿刻「單行本」木記，鈐於叢書本上，以抬價牟利的現象。本文所舉的這些時代較晚的單行本的例子，也可能出於書賈作僞。但王同愈是晚清著名藏書家，又與楊守敬有過關於《古逸叢書》的交往〔註33〕，此《春秋穀梁傳》如係僞造單行本，不至於被他視爲「精本」，屢鈐印信。所以關於單行本刷印先後的問題，仍需視原書情況而定，不宜遽下單一結論。

莫棠跋文中所說的「……覓佳紙附印，其中經、子及《草堂詩箋》各數本，尙稱精好，然行間已不能無濡墨。迨後板入局中，則更無佳印」可能會給讀者造成一種錯覺：在日本刷印的早期印本行間是沒有濡墨的，直到版片運至上海，刷印時才開始有濡墨現象。其實不然。

在上海圖書館藏的三種《春秋穀梁傳》單行本中：

〔註31〕有關《爾雅》單行本與叢書本比對的具體數據，詳見第三節。

〔註32〕見《文祿堂訪書記》，第154頁。

〔註33〕詳見下文「叢書本」一節。

第一種（著錄號：線普長 04492）：第三卷第六葉前半葉第九行「非億度而知」，「非」字左側濡墨至邊線。

第二種（著錄號：線普 300182-83）：第五卷第二十五葉前半葉第八行「無由得書」，「書」字中間濡墨；第十一卷第六葉後半葉　第十行「受賜於周」，「周」字中間濡墨；《考異》第六葉前半葉第十行「二年經庚辰」，「經」字右下角濡墨。

第三種（著錄號：線普長 251033-34）：第一卷第十二葉後半葉　第四行「本或作戴」，「戴」字中間濡墨；第二卷第六葉前半葉第七行「治國之道」，「國」字左上角濡墨；第二卷第八葉後半葉　第六行「執人權臣」，「執」字中間濡墨；第三卷第十葉前半葉第四行，「先弑」，「先」字左下角濡墨；第三卷第十葉前半葉第十一行「公會齊侯」，「會」字中間濡墨；第三卷第十二葉前半葉第七行「故若入竟」，「竟」字左側、右下角濡墨；第六卷第一葉前半葉第四行「見賢徧反」，「徧」字左下角濡墨；第六卷第一葉後半葉第四行「於尊親盡矣」，「盡」字中間濡墨；第六卷第十葉前半葉第九行「钁且齊出也」，「钁」字右側濡墨（該書中類似情況甚多，文繁不贅）。

筆者在第一種中只發現一處濡墨現象，第二種中發現了三處，第三種中的濡墨現象則觸目皆是，不勝枚舉。這三個本子的字形、板匡、紙墨、木記均無疑點，可以肯定是在日本刷印的極初印本，卻都或多或少地「行間濡墨」，可見調整用墨分量、刷印力度時，感到棘手的不僅僅是中國工匠。

但從第三種到處濡墨，到第一種、第二種的極少濡墨，再到美濃紙精印的叢書本中濡墨現象幾乎絕跡的變化來看，經過反覆嘗試，日本工匠確實解決了這個難題，筆者不能贊同的，只是「日本印本無行間濡墨」這個簡單化的論斷而已。

「黃永年師藏《春秋穀梁傳集解》兩部，均鈐單行本朱記，惟其一卷末尚未附楊守敬校札及黎氏印記，又單行本中之最初印者」〔註 34〕。上海圖書館所藏單行本均有楊守敬校札而無黎氏印記，但其中第二種（著錄號：線普 300182-83）的正文用泛黃的美濃紙，校札用中國常見的白棉紙（簾紋約二指寬，有細密的平行紋理，紙質綿軟，表面手感較澀，不如美濃紙光滑潤澤），則校札應該是後來另外印製並與美濃紙單印的正文重新合訂的，故此本與黃永年收藏的未附校札的單行本一樣，都屬於最初印本。

〔註 34〕見《古逸叢書考》，第 7 頁。

上述單行本開本尺寸、木記形制、刷印效果、紙張材質、文字內容上的變化，說明當時刻好書板後，刷印《古逸叢書》零種的單行本時，並不是一次性刷印若干部，而是在一段時期內，邊刷印邊調整，直到最後形成各方面都較令人滿意的定本。單行本的定本更接近於在日本正式刷印的叢書本的面貌，而與之前未經調整或調整不完全的單行本相比，無論是形制還是內容，都有或多或少的不同。我們在討論《古逸叢書》單行本時，應有這種演變的觀念，不能簡單地將所有單行本都看作同一時間點的印本。

2. 叢書本

《古逸叢書考》將全書刻成後彙印的本子稱爲叢書本，但今日各館收藏的《古逸叢書》有全有殘。殘本之中，又有先全後殘者，有本非完帙者。其刷印情況較單行本更顯複雜。

《栩緣日記》卷二「己亥　光緒二十五年十一月」條〔註35〕：

> 十九，調覆黄岡。……蘄水訓導陳白皆孝廉，飭人送閱《古逸叢書》，用美濃紙初印裝訂，極寬大合式，書腦寬至三寸外。書面用柿青紙，係楊惺吾家物，惺吾在省，其子去年入泮，特檢呈者。惜《草堂詩箋》用單行本輳入，雖亦初印，而本子大小懸殊矣，且《詩箋》内缺十卷，不全本也。
>
> 二十日……午後白皆來譚，並詢叢書價值，並屬一詢楊氏《草堂詩箋》有無整印本子配成全書。
>
> 廿一，天寒。與白皆定楊氏書價。《草堂詩箋》前缺十卷，屬其轉託楊世兄鈔補，其家有專門鈔胥也。

楊守敬爲其子入學而將《古逸叢書》作爲禮物送給主考官王同愈，居然拿不出整套的美濃紙初印本，只能用單行本配齊。作爲《古逸叢書》校刊負責人的楊守敬自己收藏的《古逸叢書》唯獨缺少《杜工部草堂詩箋》，這不禁讓人聯想到傅增湘在上海時與楊守敬的一次交談：

> 憶昔年遇楊惺吾於海上，語及《古逸叢書》，謂其中惟《草堂詩箋》原本最劣，當時力阻星使，竟不見納，異日必爲通人所詬。余叩其故，笑而不言。〔註36〕

〔註35〕見《王同愈集》，第334～335頁。
〔註36〕見傅增湘撰《藏園群書題記》，第588頁。

由此可以想見，楊守敬自己收藏的《古逸叢書》美濃紙初印本，之所以缺少《杜工部草堂詩箋》一種，並非本有全書，後來散佚，而是由於楊氏認爲其版本不佳，故刷印時特意少印該書。雖然他不能阻止黎庶昌將《草堂詩箋》列入《古逸叢書》選目，但作爲「校字監刊督印」之人，印書自藏時，有選擇地抽印叢書中部份所收書，還是可以做到的。.

如果說，此爲孤證，不足以說明《古逸叢書》全書刻成後有部份抽印的現象，那麼在《鄰蘇園藏書目錄》中還可以找到更多的線索。

現藏於湖北省博物館的《鄰蘇園藏書目錄》共著錄圖書四千七百五十三種，是一部較全面地反映楊守敬藏書面貌的書目，該書於二〇〇九年十一月由上海辭書出版社整理出版，今抄錄其中可能有關《古逸叢書》的條目於下（各條後括號內所注阿拉伯數字即整理本對應頁碼）：

《影覆宋蜀大字本爾雅》：影蜀本爾雅三本（347）、覆宋蜀大字本爾雅一本（352）、影覆宋蜀大字本爾雅（364）、東洋刻爾雅百十二本（欠十五本）（434）。

《影宋紹熙本穀梁傳》：景宋本穀梁傳四本一盒（367）、影宋本穀梁傳十八本（352）。

《覆正平本論語集解》：原本正平論語集解五冊（346）、正平論語二本（347）、正平本論語集解三本（369）、論語集解（三部）六本（414）、正平論語集解四部（416）、正平論語校本三本（416）、正平論語（二部）五本（416）、論語集解四本（424）、論語集解（三部）二本四本（424）。

《覆元至正本易程傳》：繫辭本傳一本（348）、覆元本易程傳三本（350）、周易程傳繫辭校本四本（369）、易經程傳三本（376）、周易程傳校本三本（455）。

《覆卷子本唐開元御注孝經》：古鈔本孝經八本（365）、御注孝經二本（391）、御注孝經一本（408）、唐御注孝經二部（416）。

《集唐字老子道德經注》：集唐老子注（欠二本）三本（369）。

《影宋台州本荀子》：荀子校本六本（416）、荀子（影寫宋本）三本（416）、荀子校本十本（426）、荀子八本（426）、荀子（狩谷望之校宋本）十冊（452）。

《覆宋本莊子注疏》：莊子南華眞經（365）、莊子十本（426）、仿宋莊子十本（465）。

《覆元本楚辭集注》：元槧楚辭一冊（355）、楚辭校本十二本（369）。

《影宋大字本尙書釋音》：尙書釋文五本（414）。

《影舊鈔卷子原本玉篇零卷》：玉篇零本一本（348）、玉篇水部一本（349）、影古鈔玉篇六（五）本（一盒）（352）、古寫玉篇（364）、玉篇零本（365）、玉篇零卷（十一部）廿三本（414）、玉篇二部（429）。

《覆宋本重修廣韻》：廣韻三本（369）。

《覆元泰定本廣韻》：元板廣韻五本（356）、元泰定本廣韻二本（416）。

《影舊鈔卷子本玉燭寶典》：玉燭寶典校本六本（349）、玉燭寶典校本（欠四本）八本（369）。

《影舊鈔卷子本文館詞林》：元刊杜少陵文集（加文館詞林稿本）一冊（351）、文館詞林底本七本（352）、文館詞林（鈔本）二本（352）、文館詞林底本（二共一盒）（364）、文館詞林（欠四本）十本（369）、文館詞林（殘本）一本（392）、影古鈔文館詞林（555）、文館詞林（第六百九十五）（555）、文館詞林（第六百九十五）一卷（567）、文館詞林摹本（第五百七）一卷（567）、文館詞林摹本（四百二十二　四百五十九）一卷（567）。

《影舊鈔卷子本琱玉集》：彫玉集校本一本（352）、琱玉集五本（加一）（392）、琱玉集一本（431）、琱玉集一本（546）。

《影北宋本姓解》：姓解校本一本（共一盒）（352）、姓解一本（369）、姓解十四本（欠二）（392）、姓解十八本（414）、姓解六本（416）。

《覆永祿本韻鏡》：日本古刻韻鏡一本（348）、韻鏡一本（369）、匀竟一本（369）、永錄本韻鏡五部（416）。

《影舊鈔本日本國見在書目》：見在書目一本（369）、見在書目三本（414）、見在書目六本（416）。

《影宋本史略》：史略校本七本（348）、史略二本（369）、史略校本六冊（437）。

《影唐寫本漢書食貨志》：漢書食貨志（又六本）卅五本（卅六本）（392）、漢書食貨志五本（414）。

《仿唐石經體寫本急就篇》：急就一本（389）。

《覆麻沙本杜工部草堂詩箋》：草堂詩箋十一本（416）。

《影舊鈔卷子本碣石調幽蘭》：碣石調幽蘭一本（348）、碣石調幽蘭卅九本（392）、影碣石調幽蘭五部（416）。

《影舊鈔卷子本天台山記》：天台山記一本（369）、天台山記一本（426）。

《影宋本太平寰宇記補闕》：太平寰宇記卅六本（新在錢字一號）又一部廿八本（同上）（419）。

該《目錄》是楊守敬生前編修的未定稿本，多有重複、疏漏之處，大部份條目只記書名及冊數（少數簡述版本），書名也不規範，故不易確知其著錄書籍的性質。上面抄錄的是從書名判斷可能與《古逸叢書》有關的條目原文（《鄰蘇園藏書目錄》著錄校本較多，但無法判斷是底本、參校本還是《古逸叢書》印本，故凡稱校本者均抄錄，以免漏略）。

這些條目中，有些從數目上就可斷定爲《古逸叢書》印本。如東洋刻《爾雅》百十二本（欠十五本）、《碣石調幽蘭》卅九本、《影碣石調幽蘭》五部〔註 37〕，否則就意味著楊守敬在日本收集了一百一十二本《爾雅》的複本，四十四部《碣石調幽蘭》的複本，這顯然是不可能的。

從確定爲《古逸叢書》印本的條目中，可以看出：楊守敬所藏的《古逸叢書》中各部書的印本數量相去懸殊，最多的是《爾雅》百十二本，最少的是《天台山記》兩本。這說明《古逸叢書》不僅有部份抽印的現象，而且不同書籍抽印數量的多少也有極大的差異〔註 38〕。

當然也有可能楊氏所藏《古逸叢書》均爲整套刷印，只是其中部份書籍的印本大部份已通過銷售或贈送的方式流出，故所存較少，另外一部份書籍沒能賣出，或不便贈送，故所存較多。但按照這個解釋，則《古逸叢書》中最暢銷的居然是《天台山記》（留存數量最少），而《爾雅》、《穀梁傳》這些常用經典卻滯留甚多，恐怕於理不合。故筆者認爲：《鄰蘇園藏書目錄》呈現的《古逸叢書》所收書的印本數量差異，應該是由於當時各書抽印多少的不同造成的。

〔註 37〕 雖前者稱本，後者稱部，但應都是指《古逸叢書》印本（《古逸叢書》印本內封題「影舊鈔卷子本碣石調幽蘭」），因《碣石調幽蘭》全書止十三葉，故一本即一部，無一部分裝兩本或兩本以上者。

〔註 38〕 《鄰蘇園藏書目錄》著錄《古逸叢書》僅一套，五十九冊，北京大學圖書館藏《觀海堂書目》著錄《古逸叢書》兩套，一爲三十八本，一爲四十五本（均爲日本初印本）。按常見的《古逸叢書》早期印本均五十九冊（加上單獨裝訂的《敘目》則爲六十冊），則《觀海堂書目》著錄的也是殘本，但因該書目是楊氏身後藏書售歸公家時清點編成，不能確定這兩套殘本是後來部份散佚，還是本來就是抽印本，故不作爲正文的論據，僅附注於此，供讀者參考。

此外，還有一種比較特殊的抽印本也值得介紹一下。蘇州圖書館藏《古逸叢書書影》一冊、《刻古逸叢書敘目》兩冊。三者開本尺寸一致（高三十三點六釐米，寬二十二點四釐米），內葉同用白棉紙，紙質厚而韌，而文字、板匡已多見缺損，大約刷印於版片歸國後較晚的時期。從刷印時間、紙張開本、內容次序來看，這三冊實屬一書，不應分別著錄〔註 39〕。

第一冊首爲黎庶昌《敘目》全文，次爲《爾雅》首葉、末葉、森立之跋、楊守敬跋，次爲《春秋穀梁傳》首葉、末葉、楊守敬跋、校記（一葉）、森立之跋，次爲《論語》，次爲《易程傳》；第二冊首爲《孝經》，次爲《老子注》，次爲《荀子》，次爲《南華眞經注疏》，次爲《楚辭》，次爲《尙書釋音》，次爲《玉篇》；第三冊首爲《大宋重修廣韻》，次爲《元泰定本廣韻》，次爲《玉燭寶典》，次爲《文館詞林》，次爲《琱玉集》，次爲《姓解》，次爲《韻鏡》，次爲《日本國見在書目錄》，次爲《史略》。全書應有四冊，末冊當即其餘六種書的樣張，可惜蘇州圖書館僅存前三冊。

這三冊書是《古逸叢書》所收書中前二十種的樣張合集，每種書抽印首葉、末葉、跋文，原書有校記（如《春秋穀梁傳考異》），也抽印一葉，然後按原書次序合訂分裝。

這套抽印本開本闊大〔註 40〕，刷印時間又較晚，很可能是曹允源主持《古逸叢書》版片修補時的工作樣本。曹氏是蘇州圖書館的老館長，這套抽印本現藏蘇圖，也是順理成章的。

六、結　論

《古逸叢書》的刷印，時間跨度大（版片刊刻經始於光緒八年，至今仍有大部份保存於揚州中國雕版印刷博物館），刷印地點多變（日本東京、中國上海、蘇州），又有數種不同的版本（單行本、日本印叢書本、中國補版前印本、補版後印本），經歷較爲複雜，其刷印的具體次數及各階段印本的特點至

〔註 39〕「古逸叢書書影」、「刻古逸叢書敘目」是圖書館自擬的標題，原書無題簽，也未印書名。

〔註 40〕出於成本的考慮，《古逸叢書》的中國印本尤其是晚期印本，開本尺寸都比較小，長度一般不超過 30cm。即使是上海圖書館與中國科學院圖書館藏的日本印美濃紙本，開本長度也都在 31.5～31.7cm 之間，只有復旦大學圖書館收藏的兩種《古逸叢書》的開本尺寸達到了 33.2×23cm、33.4×21.7cm（前者爲美濃紙印本，後者爲白棉紙精印本），而蘇州圖書館收藏的這部書影集，開本尺寸居然達到了 33.6×22.4cm，實在非常少見。

今仍無定論。本章通過對《古逸叢書》本《爾雅》實物缺損程度的考察，推測其刷印次數可能爲單行本一次、中國補版前印本十三次、補版後印本五次。〔註 41〕

《古逸叢書》的刷印，在日本和中國都經歷了從陌生到熟悉，刷印質量不斷提高的過程。從單行本到日本印叢書本，從中國補版前印本到補版後印本，均可看到濡墨現象的逐漸改善。在評價某部特定印本的刷印效果時，也不能忽視紙張材質的影響。實物證明，同樣的版片用不同紙張刷印時，其效果可能出現明顯差異。《古逸叢書》所附跋文大多具有較高的學術價值，但不同印次的《古逸叢書》所附跋文內容存在出入。從實物的磨損程度來看，《古逸叢書》的正文與跋文還有刷印時間不同步的問題，故跋文不能作爲判斷正文刷印時間早晚的依據。

〔註 41〕考慮到統計樣本的不完備，此結論今後仍有可能需要修正。

附：古逸本《爾雅》初後印本磨損例證及數據

文字缺損：

1. 卷上第一葉後半葉第八行「方言」，「言」字先印作言，後印作言。
2. 第二葉前半葉第五行「遹遵」，「遹」字先印作遹，後印作遹。
3. 第四葉後半葉第八行「孰誰也」，「孰」字先印作孰，後印作孰。
4. 第六葉前半葉第七行「禠祜」，「禠」字先印作禠，後印作禠。
5. 第六葉後半葉　第八行「詩書」，「書」字先印作書，後印作書。
6. 第八葉後半葉　第一行「逮及」，「及」字先印作及，後印作及。
7. 第八葉後半葉　第七行「通言」，「通」字先印作通，後印作通。
8. 第九葉前半葉第四行「或訛」，「訛」字先印作訛，後印作訛。
9. 第十葉前半葉第四行「覭」字先印作作覭，後印作覭。
10. 第十葉後半葉　第六行「時寔」，「寔」字先印作寔，後印作寔。
11. 第十一葉後半葉第一行「曰男」，「曰」字先印作曰，後印作曰。
12. 第十一葉後半葉第八行「毀覆」，「毀」字先印作毀，後印作毀。
13. 第十一葉後半葉第八行「易曰」，「曰」字先印作曰，後印作曰。
14. 第十二葉前半葉第五行「饙餾」，「饙」字先印作饙，後印作饙。
15. 第十二葉後半葉　第七行「未詳」，「詳」字先印作詳，後印作詳。
16. 第十九葉後半葉第七行「禍毒」，「毒」字先印作毒，後印作毒。
17. 第二十二葉前半葉第一行「凡以」，「以」字先印作以，後印作以。
18. 第二十三葉前半葉第一行「從父」，「父」字先印作父，後印作父。
19. 第二十四葉前半葉第一行「王母」，「母」字先印作母，後印作母。
20. 第二十四葉後半葉第七行「先生」，「先」字先印作先，後印作先。
21. 第二十四葉後半葉第八行「以姪」，「以」字先印作以，後印作以。

22. 第二十五葉前半葉第八行「是也」,「也」字先印作，後印作。
23. 第二十五葉後半葉　第四行「僚壻」,「壻」字先印作，後印作。
24. 卷中第一葉後半葉第二行「不媿」,「媿」字先印作，後印作。
25. 第二葉後半葉　第一行「檼上」,「檼」字先印作，後印作。
26. 第六葉後半葉　第二行「別名」,「別」字先印作，後印作。
27. 第十一葉前半葉第四行「月陽」,「月」字先印作，後印作。
28. 第十一葉後半葉第五行「猋」字先印作，後印作。
29. 第十二葉前半葉第二行「虹也」,「也」字先印作，後印作。
30. 第十八葉後半葉　第八行「四極」,「四」字先印作，後印作。
31. 第十九葉後半葉第八行「太丘」,「太」字先印作，後印作。
32. 第二十葉後半葉　第一行「今江東」,「今」字先印作，後印作。
33. 第二十二葉後半葉　第二行「潛出」,「出」字先印作，後印作。
34. 第二十二葉後半葉　第四行「無限」,「無」字先印作，後印作。
35. 第二十二葉後半葉　第六行「底也」,「也」字先印作，後印作。
36. 第二十二葉後半葉　第七行「既道」,「道」字先印作，後印作。
37. 卷下第二葉前半葉第二行「方莖」,「方」字先印作，後印作。
38. 第二葉前半葉第四行「即燕」,「即」字先印作，後印作。
39. 第二葉後半葉　第二行「之間」,「之」字先印作，後印作。
40. 第二葉後半葉　第四行「山蘄」,「蘄」字先印作，後印作。
41. 第四葉前半葉第二行「子大如麥」,「大」字先印作，後印作。
42. 第四葉前半葉第八行「莖下」,「下」字先印作，後印作。
43. 第六葉前半葉第六行「馬牀」,「馬」字先印作，後印作。
44. 第六葉前半葉第七行「華生」,「華」字先印作，後印作。

45. 第六葉前半葉第八行「菌」字先印作菌，後印作菌。

46. 第六葉前半葉第八行「異名」，「名」字先印作名，後印作名。

47. 第六葉後半葉　第七行「可食」，「可」字先印作可，後印作可。

48. 第六葉後半葉　第八行「王女」，「王」字先印作王，後印作王。

49. 第七葉後半葉　第五行「布帛」，「布」字先印作布，後印作布。

50. 第七葉後半葉　第六行「今江東」，「今」字先印作今，後印作今。

51. 第七葉後半葉　第七行「以取」，「取」字先印作取，後印作取。

52. 第八葉前半葉第二行「其類皆有芀秀」，「類」、「秀」先印作類、秀，後印作類、秀。

53. 第八葉後半葉　第七行「少味」，「少」字先印作少，後印作少。

54. 第八葉後半葉　第八行「樹」字先印作樹，後印作樹。

55. 第九葉前半葉第四行「指頭」，「頭」字先印作頭，後印作頭。

56. 第九葉前半葉第七行「腫節」，「腫」字先印作腫，後印作腫。

57. 第九葉後半葉第五行「白楊」，「楊」字先印作楊，後印作楊。

58. 第十葉前半葉第二行「細腰」，「細」字先印作細，後印作細。

59. 第十葉前半葉第四行「今俗」，「今」字先印作今，後印作今。

60. 第十葉前半葉第五行「蹶」字先印作蹶，後印作蹶。

61. 第十葉後半葉　第八行「謂樹木叢生根枝節目盤結磈磊」，先印本作謂樹木叢生根節目盤結磈磊，後印作謂樹木叢生根節目盤結磈磊。

62. 第十一葉前半葉第八行「櫂長」,「櫂」字先印作櫂，後印作櫂。

63. 第十一葉後半葉第一行「松柏」,「柏」字先印作柏，後印作柏。

64. 第十一葉後半葉第三行「如松」,「松」字先印作松，後印作松。

65. 第十一葉後半葉第四行「枝葉」,「枝」字先印作枝，後印作枝。

66. 第十二葉前半葉第一行「族叢」,「族」字先印作族，後印作族。

67. 第十二葉後半葉　第五行「建平」,「建」字先印作建，後印作建。

68. 第十二葉後半葉　第六行「一名」,「名」字先印作名，後印作名。

69. 第十二葉後半葉　第八行「蠾蚼」,「蚼」字先印作蚼，後印作蚼。

70. 第十四葉後半葉第四行「爲鮧」,「鮧」字先印作鮧，後印作鮧。

71. 第十四葉後半葉第七行「鰝」字先印作鰝，後印作鰝。

72. 第十五葉前半葉第一行「作聲」,「作」字先印作作，後印作作。

73. 第十五葉前半葉第七行「魴魾」,「魴」字先印作魴，後印作魴。

74. 第十五葉後半葉　第四行「從山」,「從」字先印作從，後印作從。

75. 第十六葉後半葉　第二行「此自」,「此」字先印作此，後印作此。

76. 第十七葉前半葉第三行「無所」,「所」字先印作所，後印作所。

77. 第十七葉後半葉　第三行「鳥鸔」,「鸔」字先印作鸔，後印作鸔。

78. 第十七葉後半葉　第七行「觜」字先印作觜，後印作觜。

79. 第十七葉後半葉　第七行「鷣負雀」,「鷣」字先印作鷣，後印作鷣。

80. 第十八葉後半葉　第七行「食魚」,「魚」字先印作魚，後印作魚。

81. 第十八葉後半葉　第八行「呼爲」,「呼」字先印作呼，後印作呼。

82. 第十九葉前半葉第二行「木兔」,「木」字先印作木，後印作木。

83. 第十九葉後半葉第六行「長尾」,「尾」字先印作尾，後印作尾。

84. 第十九葉後半葉第八行「今白」,「今」字先印作今，後印作今。

85. 第二十葉後半葉　第八行「因以」，「以」字先印作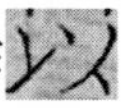，後印作。
86. 第二十一葉後半葉第四行「中實」，「中」字先印作，後印作。
87. 第二十二葉前半葉第一行「狗」字先印作，後印作。
88. 第二十五葉後半葉　第四行「江東呼」，「呼」字先印作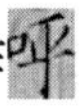，後印作。
89. 第二十六葉前半葉第一行「雜毛」，「毛」字先印作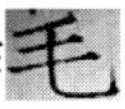，後印作。
90. 第二十六葉前半葉第三行「夏后」，「后」字先印作，後印作。
91. 第二十六葉前半葉第六行「青州」，「州」字先印作，後印作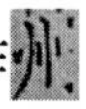。
92. 第二十七葉前半葉第一行「白羝」，「羝」字先印作，後印作。
93. 第二十七葉後半葉　第七行「今漁陽」，「今」字先印作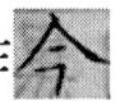，後印作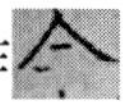。

板匡缺損：

1. 《爾雅序》前半葉板匡下邊線右側有斷口。
2. 第六葉後半葉　板匡左邊線下方有斷口。
3. 第十三葉前半葉板匡右邊線下方有斷口。
4. 第十九葉前半葉板匡右邊線下方有斷口。
5. 第二十一葉前半葉板匡上邊線右側有斷口。
6. 卷中第九葉後半葉板匡下邊線左側有斷口。
7. 第十葉前半葉板匡下邊線右側有斷口。
8. 第十一葉後半葉板匡下邊線左側有斷口。
9. 第十六葉後半葉　板匡左上角缺損。
10. 第二十一葉後半葉板匡左邊線下方有斷口。
11. 第二十三葉後半葉板匡左邊線上方有斷口。
12. 第二十四葉後半葉板匡左邊線中間有斷口。
13. 卷下第一葉前半葉板匡右邊線上方有斷口。
14. 第十二葉前半葉板匡右邊線中間有斷口。
15. 第二十六葉後半葉　板匡左邊線中間有斷口。

表格中所記數據對應的版本說明參見本文第 163～165 頁

A	位置	1	2	3	4	5	6	7
1	言	全	全	全	全	全	全	全
2	適	損	全	損	損	損	損	損
3	執	損	全	損	損	損	全	損
5	褫	全	全	全	全	全	全	全
6	書	損	全	損	全	損	全	全
8	及	損	損	損	損	損	損	損
9	通	全	全	全	全	全	全	全
10	訛	全	全	全	全	損	全	全
11	覲	全	全	全	全	損	全	全
12	寔	全	全	全	全	損	全	全
13	曰	損	全	損	損	損	損	損
14	毀	損	全	損	損	損	全	損
15	曰	損	全	損	損	損	損	損
17	養	損	全	損	損	損	損	損
18	詳	損	全	損	全	損	全	全
19	毒	損	全	損	損	損	全	損
20	以	損	全	損	損	損	損	損
21	父	損	全	損	損	損	損	損
22	母	全	全	全	全	全	全	全
23	先	損	全	損	損	損	全	損
24	以	全	全	損	全	損	全	全
26	也	損	全	損	損	損	全	損
27	壻	全	全	全	全	損	全	全
28	媿	損	損	損	損	損	損	損
29	櫑	損	全	損	損	損	損	損
31	別	損	全	損	全	損	全	全
32	月	損	損	損	損	損	損	損
33	猋	全	全	全	全	全	全	全
35	也	全	全	全	全	全	全	全
36	四	全	全	全	全	損	全	全
37	太	全	全	全	全	損	全	全
38	今	損	全	損	損	損	損	損
39	出	全	全	全	全	損	全	全
40	無	全	全	全	全	損	全	全
43	也	全	全	全	全	損	全	全
44	道	全	全	全	全	損	全	全
45	方	全	全	全	全	損	全	全
46	即	全	全	全	全	損	全	全
48	之	全	全	全	全	損	全	全
49	蘄	損	全	損	全	損	全	全
50	大	全	全	全	全	損	全	全
51	下	損	全	損	損	損	全	損
52	馬	損	全	損	損	損	損	損
53	華	損	全	損	損	損	損	損

54 菡	損	全	損	損	損	損	損
55 名	損	全	損	損	損	損	損
56 可	損	全	損	損	損	全	損
57 王	全	全	損	全	損	全	全
58 布	全		全	全	損	全	全
59 今	全		全	全	損	全	全
60 取	損		損	損	損	全	損
61 類秀	損	全	損	類全秀損	損	全	類全秀損
63 少	全	全	全	全	損	全	全
64 樹	損	全	損	損	損	損	損
66 頭	損	損	損	損	損	損	損
67 腫	損	損	損	損	損	損	損
68 楊	損	全	損	損	損	全	損
69 細	全	全	全	全	損	全	全
70 今	損	損	損	損	損	損	損
71 蹶	損	損	損	損	損	損	損
72 謂目盤結磈	損	全	損	損	損	謂全餘損	損
73 櫂	損	全	損	損	損	損	損
74 柏	損	損	損	損	損	損	損
75 松	全	全	全	全	全	全	全
76 枝	損	損	損	損	損	損	損
77 族	損	全	損	全	損	全	全
78 建	損	全	損	損	損	損	損
79 名	損	全	損	損	損	全	損
80 蚼	損	全	損	損	損	損	損
86 鯠	損	全	損	損	損	損	損
87 鰝	損	全	損	損	損	全	損
88 作	損	損	損	損	損	損	損
90 魴	損	全	損	損	損	損	損
91 從	損	全	損	損	損	損	損
95 此	損	全	損	全	損	全	全
96 所	損	全	損	損	損	全	損
97 鷚	損	全	損	全	損	全	全
98 犕	損	損	損	損	損	損	損
99 鸉	損	損	損	損	損	損	損
101 魚	損	全	損	損	損	損	損
102 呼	損	全	損	損	損	全	損
104 木	全	全	全	全	全	全	全
106 尾	損	全	損	損	損	全	損
107 今	損	全	損	損	損	全	損
108 以	損	全	損	損	損	全	損
109 中	損	全	損	損	損	全	損
110 狗	全	全	損	全	損	全	全
111 呼	損	全	損	損	損	損	損
112 毛	全	全	全	全	損	全	全

113 后	全	全	全	全	損	全	全
114 州	損	全	損	損	損	全	損
115 羝	損	全	損	損	損	損	損
116 今	損	全	損	全	損	全	全
1 序A	損	全	損	損	損	全	損
3 上六B	損	損	損	損	損	損	損
4 十三A	全	全	全	全	損	全	全
5 十九A	全	全	全	全	損	全	全
6 二一A	損	全	損	損	損	全	損
7 中九B	全	全	全	全	全	全	全
8 十A	全	全	全	全	全	全	全
9 十一B	損	全	全	全	全	全	全
10 十六B	損	損	損	損	損	損	損
11 二一B	損	全	損	損	損	全	損
12 二三B	全	全	全	全	損	全	全
13 二四B	損	損	損	損	損	損	損
14 下一A	損	全	損	損	損	全	損
15 十二A	全	全	損	全	損	全	全
16 二六B	損	損	損	損	損	損	損

B	位置	1	2	3	4	5	6	7
1	言	全	全	全	全	全	全	全
2	透	損	損	損	損	損	損	全
3	執	損	全	全	損	損	損	全
5	褫	全	全	全	全	全	全	全
6	書	損	全	全	損	全	全	全
8	及	損	損	損	損	損	損	損
9	通	全	全	全	全	全	全	全
10	訛	全	全	全	全	全	全	全
11	覯	損	全	全	全	全	全	全
12	寔	損	全	全	全	全	全	全
13	曰	損	全	損	損	損	損	全
14	毁	損	全	全	損	全	損	全
15	曰	損	全	損	損	損	損	全
17	飬	損	損	損	損	損	損	全
18	詳	損	全	全	損	全	全	全
19	毒	損	全	全	損	全	全	全
20	以	損	損	損	損	損	損	全
21	父	損	全	損	損	損	損	全
22	母	全	全	全	全	全	全	全
23	先	損	全	全	損	全	損	全
24	以	損	全	全	損	全	全	全
26	也	損	全	全	損	全	損	全
27	堉	損	全	全	全	全	全	全
28	媿	損	損	損	損	損	損	損
29	櫘	損	全	損	損	損	損	全
31	別	損	全	全	損	全	全	全
32	月	損	損	損	損	損	損	損
33	猋	全	全	全	全	全	全	全
35	也	全	全	全	全	全	全	全
36	四	全	全	全	全	全	全	全
37	太	損	全	全	全	全	全	全
38	今	損	全	損	損	損	損	全
39	出	全	全	全	全	全	全	全
40	無	全	全	全	全	全	全	全
43	也	全	全	全	全	全	全	全
44	道	全	全	全	全	全	全	全
45	方	損	全	全	全	全	全	全
46	即	全	全	全	全	全	全	全
48	之	全	全	全	全	全	全	全
49	蘄	損	全	全	損	全	全	全
50	大	損	全	全	全	全	全	全
51	下	損	全	全	損	全	全	全
52	馬	損	全	損	損	損	損	全
53	華	損	全	損	損	損	損	全
54	菌	損	全	損	損	損	損	全
55	名	損	全	損	損	損	損	全

56 可	損	全	全	損	全	損	全
57 王	損	全	全	損	全	全	全
58 布	損	全	全	全	全	全	全
59 今	損	全	全	全	全	全	全
60 取	損	全	全	損	全	全	全
61 類秀	損	全	全	損	全	全	全
63 少	全	全	全	全	全	全	全
64 樹	損	全	損	損	損	損	全
66 頭	損	損	損	損	損	損	損
67 腫	損	損	損	損	損	損	損
68 楊	損	全	全	損	全	全	全
69 細	全	全	全	全	全	全	全
70 今	損	損	損	損	損	損	損
71 蹶	損	損	損	損	損	損	損
72 謂目盤結魄	損	全	謂全餘損	損	謂全餘損	謂全餘損	全
73 櫂	損	全	損	損	損	損	全
74 柏	損	損	損	損	損	損	損
75 松	全	全	全	全	全	全	全
76 枝	損	損	損	損	損	損	損
77 族	損	全	全	損	全	全	全
78 建	損	損	損	損	損	損	全
79 名	損	全	全	損	全	損	全
80 蚐	損	損	損	損	損	損	全
86 鰊	損	全	損	損	損	損	全
87 鰝	損	全	全	損	損	損	全
88 作	損	損	損	損	損	損	損
90 魴	損	損	損	損	損	損	全
91 從	損	全	損	損	損	損	全
95 此	損	全	全	損	全	全	全
96 所	損	全	全	損	全	全	全
97 鷚	損	全	全	損	全	全	全
98 觜	損	損	損	損	損	損	損
99 鶘	損	損	損	損	損	損	損
101 魚	損	全	損	損	損	損	全
102 呼	損	全	全	損	全	損	全
104 木	全	全	全	全	全	全	全
106 尾	損	全	全	損	全	損	全
107 今	損	全	全	損	全	損	全
108 以	損	全	全	損	全	損	全
109 中	損	全	全	損	全	損	全
110 狗	損	全	全	損	全	全	全
111 呼	損	損	損	損	損	損	全
112 毛	全	全	全	損	全	全	全
113 后	損	全	全	全	全	全	全
114 州	損	全	全	損	損	損	全
115 羝	損	損	損	損	損	損	全
116 今	損	全	全	損	全	全	全

1 序A	**損**	**全**	**全**	損	**全**	**損**	**全**
3 上六B	**損**	損	**損**	損	**損**	損	**損**
4 十三A	**損**	全	**全**	全	**全**	全	**全**
5 十九A	**損**	全	**全**	全	**全**	全	**全**
6 二一A	**損**	全	**全**	損	**全**	全	**全**
7 中九B	**全**	全	**全**	全	**全**	全	**全**
8 十A	**全**	全	**全**	全	**全**	全	**全**
9 十一B	**全**	全	**全**	全	**全**	全	**全**
10 十六B	**損**	損	**損**	損	**損**	損	**損**
11 二一B	**損**	全	**全**	損	**損**	損	**全**
12 二三B	**損**	全	**全**	全	**全**	全	**全**
13 二四B	**損**	損	**損**	損	**損**	損	**損**
14 下一A	**損**	全	**全**	損	**全**	全	**全**
15 十二A	**損**	全	**全**	損	**全**	全	**全**
16 二六B	**損**	損	**損**	損	**損**	損	**損**

C	位置	1	2	3	4	5	6	7
1	言	全	全	全	全	全	全	全
2	適	損	損	全	全	損	損	損
3	孰	損	損	全	全	損	損	全
5	褫	全	全	全	全	全	全	全
6	書	損	全	全	全	損	損	全
8	及	損	損	全	損	損	損	損
9	通	全	全	全	全	全	全	全
10	訛	全	全	全	全	全	全	全
11	觀	全	全	全	全	全	全	全
12	寔	全	全	全	全	全	全	全
13	曰	損	損	全	全	損	損	損
14	毀	損	損	全	全	損	損	全
15	曰	損	損	全	全	損	損	損
17	養	損	損	全	全	損	損	損
18	詳	損	全	全	全	損	損	全
19	毒	損	損	全	全	損	損	全
20	以	損	損	全	全	損	損	損
21	父	損	損	全	全	損	損	損
22	母	全	全	全	全	全	全	全
23	先	損	損	全	全	損	損	全
24	以	損	全	全	全	損	損	全
26	也	損	損	全	全	損	損	全
27	壻	全	全	全	全	全	全	全
28	媿	損	損	全	損	損	損	損
29	檼	損	損	全	全	損	損	損
31	別	損	全	全	全	損	損	全
32	月	損	損	損	損	損	損	損
33	猋	全	全	全	全	全	全	全
35	也	全	全	全	全	全	全	全
36	四	全	全	全	全	全	全	全
37	太	全	全	全	全	全	全	全
38	今	損	損	全	全	損	損	損
39	出	全	全	全	全	全	全	全
40	無	全	全	全	全	全	全	全
43	也	全	全	全	全	全	全	全
44	道	全	全	全	全	全	全	全
45	方	全	全	全	全	全	全	全
46	即	全	全	全	全	全	全	全
48	之	全	全	全	全	全	全	全
49	蘄	損	全	全	全	損	損	全
50	大	全	全	全	全	全	全	全
51	下	損	全	全	全	損	損	全
52	馬	損	損	全	全	損	損	損
53	華	損	損	全	全	損	損	損
54	菌	損	損	全	全	損	損	損
55	名	損	損	全	全	損	損	損

56 可	損	損	全	全	損	損	全
57 王	損	全	全	全	損	損	全
58 布	全	全	全	全	全	全	全
59 今	全	全	全	全	全	全	全
60 取	損	損	全	全	損	損	全
61 類秀	損	類全秀損	全	全	損	損	全
63 少	全	全	全	全	全	全	全
64 樹	損	損	全	全	損	損	損
66 頭	損	損	損	損	損	損	損
67 腫	損	損	損	全	損	損	損
68 楊	損	損	全	全	損	損	全
69 細	全	全	全	全	全	全	全
70 今	損	損	全	損	損	損	損
71 蹶	損	損	損	損	損	損	損
72 謂目盤結魄	損	損	全	全	損	損	謂全餘損
73 櫂	損	損	全	全	損	損	損
74 柏	損	損	全	損	損	損	損
75 松	全	全	全	全	全	全	全
76 枝	損	損	全	全	損	損	損
77 族	損	全	全	全	損	損	全
78 建	損	損	全	全	損	損	損
79 名	損	損	全	全	損	損	全
80 蚼	損	損	全	全	損	損	損
86 鮧	損	損	全	全	損	損	損
87 鰝	損	損	全	全	損	損	全
88 作	損	損	全	損	損	損	損
90 魴	損	損	全	全	損	損	損
91 從	損	損	全	全	損	損	損
95 此	損	全	全	全	損	損	全
96 所	損	損	全	全	損	損	全
97 鷚	損	全	全	全	損	損	全
98 猜	損	損	全	損	損	損	損
99 鶅	損	損	全	損	損	損	損
101 魚	損	損	全	全	損	損	損
102 呼	損	損	全	全	損	損	全
104 木	全	全	全	全	全	全	全
106 尾	損	損	全	全	損	損	全
107 今	損	損	全	全	損	損	全
108 以	損	損	全	全	損	損	全
109 中	損	損	全	全	損	損	全
110 狗	損	全	全	全	損	損	全
111 呼	損	損	全	全	損	損	損
112 毛	全	全	全	全	全	損	全
113 后	全	全	全	全	全	全	全
114 州	損	損	全	全	損	損	全
115 羝	損	損	全	全	損	損	損

116 今	損	全	全	全	損	損	全
1 序A	全	損	全	全	損	損	全
3 上六B	損	損	損	損	損	損	損
4 十三A	全	全	全	全	全	全	全
5 十九A	全	全	全	全	全	全	全
6 二一A	損	損	全	全	損	損	全
7 中九B	全	全	全	全	全	損	全
8 十A	全	全	全	全	全	損	全
9 十一B	全	全		全	全	全	全
10 十六B	損	損	損	損	損	損	損
11 二一B	損	損	全	全	損	損	損
12 二三B	全	全	全	全	全	全	全
13 二四B	損	損	全	損	損	損	損
14 下一A	損	全	全	全	損	損	全
15 十二A	損	全	全	全	損	損	全
16 二六B	損	損	全	全	損	損	損

表格中所記數據對應的版本說明參見本文第 165～166 頁

序号	位置	ST後印	PKU後印	FD後印	SN後印
1	言	全	全	損	損
2	遹	損	損	損	損
3	執	損	損	損	損
5	褫	全	全	全	全
6	書	損	損	損	損
8	及	損	損	損	損
9	通	損	損	損	損
10	訛	損	損	損	損
11	覲	損	損	損	損
12	寔	損	損	損	損
13	曰	損	損	損	損
14	毀	損	損	損	損
15	曰	損	損	損	損
17	養	損	損	損	全
18	詳	損	損	損	損
19	毒	損	損	損	損
20	以	損	損	損	損
21	父	損	損	損	損
22	母	全	全	損	損
23	先	半損	損	損	損
24	以	損	損	損	損
26	也	損	損	損	損
27	壻	損	損	損	損
28	媿	損	損	損	損
29	檼	損	損	損	損
31	別	損	損	損	損
32	月	損	損	損	損
33	猋	損	全	損	損
35	也	全	全	全	損
36	四	損	損	損	損
37	太	損	損	損	損
38	今	損	損	損	損
39	出	損	損	損	損
40	無	損	損	損	損
43	也	損	損	損	損
44	道	損	損	損	損
45	方	損	損	損	損
46	即	損	損	損	損
48	之	損	損	損	損
49	蔪	損	損	損	損
50	大	全	全	全	損
51	下	損	損	損	損
52	馬	損	損	損	損
53	華	損	損	損	損

54 菌	損	損	損	損
55 名	損	損	損	損
56 可	損	損	損	損
57 王	損	損	損	損
58 布	損	損	損	損
59 今	損	損	損	損
60 取	損	損	損	損
61 類秀	損	損	損	損
63 少	損	損	損	損
64 樹	損	損	損	損
66 頭	損	損	損	損
67 腫	損	損	損	損
68 楊	損	損	損	損
69 細	損	損	損	損
70 今	損	損	損	損
71 蹶	損	損	損	損
72 謂目盤結魂	損	損	損	損
73 櫂	損	損	損	損
74 柏	損	損	損	損
75 松	全	全	全	全
76 枝	損	損	損	損
77 族	損	損	損	損
78 建	損	損	損	損
79 名	損	損	損	損
80 蚼	損	損	損	損
86 鮧	損	損	損	損
87 鰝	損	損	損	損
88 作	損	損	損	損
90 魴	損	損	損	損
91 從	損	損	損	損
95 此	損	損	損	損
96 所	損	損	損	損
97 鷄	損	損	損	損
98 觜	損	損	損	損
99 鶅	損	損	損	損
101 魚	損	損	損	損
102 呼	損	損	損	損
104 木	損	全	損	損
106 尾	損	損	損	損
107 今	損	損	損	損
108 以	損	損	損	全
109 中	損	損	損	損
110 狗	損	損	損	損
111 呼	損	損	損	損
112 毛	損	損	損	損

113 后	損	損	損	損
114 州	損	損	損	損
115 羝	損	損	損	損
116 今	損	損	損	損
1 序A	**全**	**損**	損	損
3 上六B	損	損	損	損
4 十三A	損	損	損	損
5 十九A	損	損	損	損
6 二一A	損	損	損	損
7 中九B	損	損	損	損
8 十A	損	損	損	損
9 十一B	損	損	損	損
10 十六B	損	損	損	損
11 二一B	損	損	損	損
12 二三B	損	損	損	損
13 二四B	損	損	損	損
14 下一A	損	損	損	損
15 十二A	損	損	損	損
16 二六B	損	損	損	損

附編　《古逸叢書》主事者再考

通過上下編的研究，我們已經對《古逸叢書》的底本類型、編刊特點及成書過程有了較深入的瞭解，但關於訪求底本時黎庶昌、楊守敬二人各自所獲本子多寡的問題，尚無定論。此外，楊守敬保存傳播文獻之功，研究者已多加論述，而作爲刊行《古逸叢書》的另一位關鍵人物，黎庶昌刻書的成績也有勾稽的必要。筆者是在前人研究的基礎上對相關問題再作補苴訂正，故題曰「再考」，附於正編之後，希望有助於學界更準確地認識《古逸叢書》主事者各自的貢獻。

一、黎楊二人訪求叢書底本的成績

黎庶昌是《古逸叢書》刊刻的出資人與最終決定者，這點已無異議。

陳矩《記遵義黎蒓齋先生刊古逸叢書》〔註 1〕：

> 先生出使，時值艱巨，乃節三年薪俸萬數千金，耗二年心力，獨成此書。

楊守敬《鄰蘇老人年譜》「甲申」條：

> （《古逸叢書》）所刻之書不盡要典……然黎公作主，何能盡如我意。

但有關刻書的緣起，黎、楊二人所言及後人的看法則頗有不同。

有主導者係黎庶昌之說。

黎庶昌自述：

〔註 1〕文載陳矩《靈峰草堂集》。

予使日本之明年，得古書若干種，謀次第播行，屬楊君星吾任校刻。〔註 2〕

夏寅官記：

（黎庶昌）暇至東京書肆，搜羅宋元舊籍，與宜都楊守敬商榷，刻成《古逸叢書》。〔註 3〕

葉昌熾記：

（黎庶昌）觀察遂於其時搜訪墜典，中朝所已佚者好寫精雕，又得楊君助之，成《古佚叢書》如干種。〔註 4〕

黃萬機記：

《古逸叢書》印行之後，學術界出現了一種偏頗之見，認爲此書之成應歸功於楊守敬，黎庶昌不過徒具虛名。對此，有必要予以澄清。

首先，從首事之功來看，楊氏先至日本，已收得古籍三萬卷之多，但這種搜訪「茫然無津涯」，是盲無目的的。凡去日本的中國文士，大都會收求一些古書，如陳矩就購得幾萬卷古籍運回故居貴陽。而對《古逸叢書》的校勘和刻印，是黎庶昌首先提出，並付諸實施，楊氏不過是遵黎氏之命去做。沒有黎氏日本之行，《古逸叢書》永不會問世。

其次，從逸書的搜求方面來看，刊印的諸種古籍，固然有楊氏原收得者，但大多數是黎氏通過各種途徑而搜得的。如有的是付了重金借來的，有的是通過付款照像而影印的，有的是通過友人輾轉借鈔而得，還有的是利用公使的身份向宮廷秘閣攝影而得。就楊氏的地位和身份而言，顯然是力所不及的。……此外，刊刻《古逸叢書》的巨額經費全由黎氏負擔。〔註 5〕

有主導者係楊守敬之說。

楊守敬自述：

〔註 2〕見黎庶昌撰《刻古逸叢書序》，第 1 葉。

〔註 3〕見夏寅官撰《黎庶昌傳》，《碑傳集補》第 19 卷，明文書局，1985 年，第 14 葉。

〔註 4〕見葉昌熾撰《黎庶昌蒓齋事實》，《碑傳集補》第 19 卷，第 17 葉。

〔註 5〕見黃萬機撰《黎庶昌評傳》，貴州人民出版社，1989 年，第 119～120 頁。因其所論與一般看法相悖，故不嫌辭費，備錄原文。

> 辛巳（1881），（黎氏）見余所爲《日本訪書緣起條例》，則大感動，遂有刻《古逸叢書》之志。〔註6〕

賈二強記：

> 《古逸叢書》之刊，實緣起於楊守敬之訪書日本……楊守敬搜訪逸書之時，即有刊刻公世之志……逮黎庶昌〔註7〕繼任，刊刻之事遂付諸實施。其書之取捨抉擇多出黎氏，而校刻之事一委楊守敬主持。〔註8〕

根據黎氏自述與夏、葉等人的記錄，黎庶昌本人先在日本訪得古書若干，然後請楊守敬主持校刻《古逸叢書》，首事之功歸黎，陳矩甚至明言「（黎庶昌）獨成此書」。而根據楊氏自述與賈二強的觀點，先是楊守敬在日本訪書有得，成《日本訪書緣起條例》，黎庶昌讀後才有刻書之志，首事之功歸楊。黃萬機抗議楊氏爲主之說更爲激烈，力主《古逸叢書》刻印之事係黎庶昌首先提出，刊印的底本也大多得自黎氏。眾說紛紜，莫衷一是〔註9〕，要瞭解歷史的眞相，還是應先檢查《古逸叢書》所收二十六種書籍的來歷及歸屬：

1.《爾雅》：此書底本爲日本影鈔南宋刻本，今藏臺灣故宮博物院（館方著錄爲日本明治間影鈔南宋國子監本），館方公佈的卷端書影中有「星吾海外訪得秘笈」朱文方印、「宜都楊守敬印」白文方印、「楊守敬印」白文方印，未見黎氏圖章。當係楊氏訪得者。

2.《穀梁傳》：此書底本爲日本狩谷棭齋影鈔南宋余仁仲刻本。楊守敬手批《經籍訪古志》「（宋）春秋穀梁傳」條注曰：「原本未見，《古逸叢書》所刊係以求古樓〔註10〕影寫本上木」〔註11〕。張麗娟稱「求古樓影抄本似乎爲

〔註6〕見《鄰蘇老人年譜》，第17頁。

〔註7〕此處原文誤作「黎世昌」。

〔註8〕見賈二強撰《古逸叢書考》，第1、5頁。

〔註9〕除上述引文外，還有一些黎庶昌的友人將《古逸叢書》刊印之功完全歸於黎氏，片語不及楊守敬，如陳矩《記遵義黎蒓齋先生刊古逸叢書》稱「《古逸叢書》二百卷，遵義黎蒓齋先生出使日本所刊也」；島田重禮《奉送清國公使欽差大臣蒓齋黎君序》稱「（黎君）尤留意古籍，苟有遺文墜典存於今日者，竭力搜訪之，積成巨帙，名曰《古逸叢書》，翻雕以行於世」，見《黎星使宴集合編》，貴州人民出版社，1992年，第256頁。凡此皆一面之詞，顯失公允，故不列於正文，僅附注於此，以廣聞見。

〔註10〕求古樓即狩谷棭齋書齋名。

〔註11〕見長澤規矩也撰《楊惺吾日本訪書考》（上），《長澤規矩也著作集》第2冊，第247頁。

楊守敬得到，但今亦不詳其蹤跡」〔註 12〕。按《日本訪書志緣起》中已將其列爲「爭宜刊佈者」，則此書當係楊氏訪得。

3.《論語集解》：此書底本爲日本正平刊本，楊守敬在《覆正平論語集解後序》〔註 13〕中稱「今星使黎公訪得原刊本上木」，而楊氏手批《經籍訪古志》「（正平）論語集解」條注曰：「余得此書二部，以一部上木，仍藏一部」〔註 14〕，前後相左，或楊氏先得此書，後讓與黎庶昌，故《古逸叢書》所附《後序》稱爲「黎公訪得」，今亦依前說，定爲黎氏訪得者。

4.《易程傳》：此書底本爲元至正己丑積德書堂刊本，今不知所蹤。復旦大學圖書館藏元至正本殘帙一部，刷印時間晚於《古逸叢書》底本。莫友芝《郘亭知見傳本書目》卷一「易類」「易程傳六卷」條稱「光緒八年遵義黎欽使庶昌在日本國得元本，每葉大字二十二行，行廿一字，即在日本東京據以重刊」〔註 15〕，莫氏與黎庶昌誼兼親友，來往頗密，所言必有根據，今依其說，定爲黎氏訪得者。

5.《孝經》：此書底本爲日本寬政十二年（1800）影刻舊鈔卷子本，今不知所蹤。楊氏手批《經籍訪古志》「（享祿鈔）御注孝經」條注曰：「《古逸叢書》即據屋代弘賢本重翻，而去其日本點校」〔註 16〕，未說明原書所在。按寬政十二年爲 1800 年，去《古逸叢書》刊刻之時（1882～1884）不遠，黎、楊均有訪得該書之可能〔註 17〕，俟考。

6.《老子注》：此書係黎氏拼合宇惠考訂本與局刻華亭張氏本而成，無嚴格意義上的底本。《日本訪書志》卷三「廣韻五卷北宋刊本」條稱：「唯此書及《老子》是黎公使據余校本自爲札記」〔註 18〕，則楊氏似在黎氏之前得見宇惠考訂本等書〔註 19〕。

〔註 12〕見張麗娟撰《南宋建安余仁仲刻春秋穀梁傳考》，《版本目錄學研究》第一輯，國家圖書館出版社，2009 年，第 106 頁。

〔註 13〕該跋文附中國印《古逸叢書》本《論語集解》末，日本印《古逸叢書》無此跋。

〔註 14〕見《楊惺吾日本訪書考》（上），第 247 頁。

〔註 15〕見《藏園訂補郘亭知見傳本書目》第 1 冊，中華書局，2009 年，第 12 葉。

〔註 16〕見《楊惺吾日本訪書考》（上），第 247 頁。

〔註 17〕楊守敬於光緒辛巳二月寫定的《日本訪書緣起條例》中歷舉急宜刊佈者，尚無《孝經》。

〔註 18〕見《日本訪書志》卷三。

〔註 19〕楊守敬手批《經籍訪古志》「老子道德經」條曰：「此書有宋槧本，爲飛青閣所得（飛青閣即楊氏藏書樓名）」，見《楊惺吾日本訪書考》（上），第 243 頁，

7.《荀子》：此書底本爲日本影鈔南宋刻台州本。楊守敬《重刊宋台州本荀子跋》第一葉稱：「余初來日本時從書肆購得此書雙鉤本數卷，訪之廼知爲狩谷望之舊藏台州本，此其所擬重刊未成者，厥後從島田篁村見影摹全部，因告知星使黎公求得之以付梓人」〔註 20〕。楊氏手批《經籍訪古志》「(宋)荀子」條注曰：「此書原本今不知所在，《古逸叢書》所刊，係以島田重禮影鈔本重繙」〔註 21〕。有關此書的訪求過程也見於《清客筆話》。

楊氏（即楊守敬）：以棭齋宋板《荀子》影抄本見示焉，云今日於琳琅閣購得之。

森（即森立之）：棭齋本宋板《荀子》，將翻刊之，令杉本庸三寫（朱筆補書「之本」）也。（朱筆補書：簽題荀子云云）澀江道純書也。此時已不寫了也。

楊：有此書不翻刻是恨事。今日已不知原本何在。

森：散佚之後，頗爲搜索，不（森氏朱筆改爲「未」）知在處。

〔註 22〕

因知楊守敬在琳琅閣〔註 23〕購得《荀子》影抄本殘卷後，向森立之求教，得知此書的底本是狩谷棭齋所藏的宋本《荀子》，但森立之並不知原書現在何處。後來楊氏訪得島田篁村藏有該書的影鈔本全部，便請黎庶昌去求得該書上板。

按島田篁村即島田重禮〔註 24〕，他與楊守敬、黎庶昌都有交往。楊氏在《日本訪書志緣起》中稱「日本收藏家，余之所交者，森立之、向山黃村、島田重禮三人，嗜好略與余等，其有絕特之本，此錄亦多采之」。但島田篁村與黎庶昌的交情似乎更爲深厚，曾多次以詩文奉之〔註 25〕，至有「歸期定有

而《古逸叢書》取黎氏集字本而不取宋槧本，可能由於集字本字體更爲美觀，文本更爲佳善的緣故。

〔註 20〕此跋附《古逸叢書》本《荀子》卷末。

〔註 21〕見《楊惺吾日本訪書考》(上)，第 248 頁。

〔註 22〕見《楊守敬集》第 13 冊，第 534 頁。

〔註 23〕據陳捷注，琳琅閣是東京一家著名書店，當時地點在神田淡路町，森立之、楊守敬是該店的常客。

〔註 24〕島田重禮（1838～1898），字敬甫，號篁村，江户（今東京）人，曾任昌平校助教、東京帝國大學教授等職，著有《篁村遺稿》、《百濟所獻論語考》、《篁村講演集》、《歷代學案》等書。

〔註 25〕《黎星使宴集合編》、《黎星使宴集合編補遺》（貴州人民出版社，2001 年）有島田重禮撰《上黎公使書》、《庚寅重陽紅葉館宴集呈蒓齋黎星使乞正》、《奉

金罍酌，送別愧無玉佩酬。借問明年當此日，多情亦憶我曹不」〔註26〕之句。此影鈔全本島田氏或極爲珍重，楊氏索取未果，故請黎庶昌出面，也可能因爲黎庶昌官高位顯〔註27〕，島田氏不便拒其求書之請。總之，此書係黎氏求得者。

8.《莊子注疏》：此書係用宋刻殘本與坊刻本拼合而成。黎氏撰《古逸叢書敘目》「影宋本莊子注疏」條稱：

> 此本（「南宋槧本」）爲日本新見旂山所藏，字大如錢，作蝴蝶裝，僅存十分之五，余見而悅之，以金幣爲請。新見氏重是先代手澤，不欲售，愿假以西法影照上木而留其眞。余又別於肆中收得《養生主》一卷、《德充符》數葉爲新見氏所無，並舉而歸之。然尚闕《應帝王》以迄《至樂》，因取坊刻本成疏校定繕補。

楊氏撰《日本訪書志》「莊子注疏殘本」條亦稱：

> 會星使黎公酷嗜莊子書，以爲傳世無善本而成疏又秘在《道藏》，謀重刊之，又從市上購得宋本第三卷凡二十二葉，蓋即旗山本之所佚。迺謀之旗山，即以其原本上木，旗山則以先世手澤，雖兼金不售，其堅守先業可謂至篤，黎公乃從旗山借宋本以西洋法影照而刻之，其所缺之卷則參校坊刻本、道藏本而集宋本之字以成之。

因知此書底本係黎氏訪得者〔註28〕。

9.《楚辭集注》：此本底本爲元建安高日新宅刻本，今不知所蹤。《古逸叢書敘目》未介紹其來源去向，楊氏別無序跋，其手批《經籍訪古志》「（元）楚辭集注」條僅有「刻入《叢書》」四字批語。俟考。

10.《尚書釋音》：此本底本爲清潘錫爵影鈔宋本。《日本訪書志》卷一「《尚書釋音》二卷」條記：

送清國公使欽差大臣蒓齋黎君序》、《紅葉館雅集謹次黎公使瑤韻》、《己丑重陽蒓齋黎君招飲同人於紅葉館敬次其韻》、《庚寅暮春櫻雲臺宴集用蒓齋星使紅葉館原韻賦呈》等詩文。

〔註26〕語出《庚寅重陽紅葉館宴集呈蒓齋黎星使乞正》，《黎星使宴集合編》，第202頁。

〔註27〕黎庶昌撰《黎氏家祠記》：「小子非才，又以二品頂戴記名道員，充出使日本國欽差大臣」。見《拙尊園叢稿》卷四。

〔註28〕《楊惺吾日本訪書考》（上），第248頁「〔宋〕南華眞經注疏」條僅注曰：「已刊入《古逸叢書》中」。

余在日本校刊《古逸叢書》，黎星使女婿張君沆得影寫此本，議欲刻之。余謂此書非得之日本，似不必匯入……張君意存見好，必欲刻之，余亦未便深拒。

因知此書亦屬黎氏訪得者。

11.《原本玉篇殘卷》，此本係日本各處藏舊鈔卷子本拼合而成。「幸部」末、「方部」末、「水部」末刻「遵義黎庶昌之印」、「星吾東瀛訪古記」圖章，「欠部」末、「厽部」末刻「遵義黎庶昌之印」、「黔男子」圖章。

黎氏《書原本玉篇後》〔註29〕稱：

因贈金幣假而刻之，惟放部一卷，探古秘惜殊甚，別寫以西洋影照法，於是顧氏之書逸久而幸存十一者得復傳於世。

「厽部」後附黎庶昌手書跋文，稱：

今年夏來遊東京，索余所刻《玉篇》，語以崇蘭館及久邇宮親王尚有藏本，在此刻之外，因屬訪之。松翁歸後果假得原本見詒，凡四十三紙。其一殘卷從嗣字至歕字，即前刻弟九卷中之闕文也。其一山部至厽部，即原書弟二十二卷。

「糸部」後附得能良介識語，稱：

予偶借覽高山寺所傳古文書，獲卷子本《玉篇》一軸，取而校之，則糸部前半全存，合之爲完冊，亦奇矣。因付寫眞，更上梓，贈數部蒓齋氏，併行于世。

則此書亦由黎氏訪得。前半部份有黎、楊圖章，係二人合作刊成者，後半部份僅有黎氏圖章，係黎氏獨力刊行。

12.《宋本廣韻》：此書底本爲南宋刻本，今藏上海圖書館〔註30〕。卷末有「星吾海外訪得秘笈」朱文方印，首尾均無黎氏圖章。

《日本訪書志》卷三「廣韻五卷北宋刊本」條：

此即張氏澤存堂刊本所從出也。原爲日本寺田望南所藏，後歸町田久成，余多方購之未得。會黎公使欲重刻之，堅不肯出，而町田久成喜鐫刻，見余所藏漢印譜數種，亦垂涎不已，因議交易之，以西法影照上木。

楊氏手批《經籍訪古志》「大宋重修廣韻」條注曰：

〔註29〕附《古逸叢書》本《玉篇》後。

〔註30〕今有《中華再造善本》影印本。

刻入《古逸叢書》，原本歸潘尚書〔註31〕。

《增訂四庫簡明目錄標注》「附錄」記：

楊星吾得宋刊宋印本於日本，售與潘尚書，即張本之所自出，日本仿刻入《古逸叢書》者〔註32〕。

《滂喜齋藏書記》〔註33〕卷一「北宋刻廣韻條」記：

（宋本《廣韻》）初爲寺田望南所藏，後歸博物館局長町田久成。星吾得之，遂復歸中土，亦一重翰墨緣也。

因知此書係楊氏訪得者。

13.《元本廣韻》：此書底本爲元泰定二年圓沙書院本，今藏北京大學圖書館〔註34〕。該書首尾均無黎、楊二人圖章，但卷端有楊守敬手書識語，曰：

此泰定本《廣韻》，已刻入《古逸叢書》中。其中固多誤字，然足以補正宋本者不少，黎星使必欲據張刻校改，余屢爭之不得，幸存此原本，他日一一列其異同，別爲札記，亦有功小學不淺。木齋兄其有意乎。丙戌夏四月守敬記。

「木齋」即晚清藏書家李盛鐸，此書卷末有「李滂」、「少微」印，皆李盛鐸曾用印章，可知此書經楊守敬手售與李盛鐸〔註35〕，應係楊氏訪得者。其手批《經籍訪古志》「（金）廣韻」條注曰：「刻入《叢書》，原本歸李木齋」〔註36〕。

但此書之授受源流仍有疑點。《古逸叢書敘目》「覆元泰定本《廣韻》五卷」條記：

此即《四庫提要》所謂原本《廣韻》，注文簡當者也。予以大中祥符重脩本比勘……此本傳世日希，以顧亭林之博洽，僅得見明內府中涓本，況泰定時槧耶……予見楊君星吾所藏明永樂甲辰廣成書堂、宣德年間清江書堂兩次繙刻即此泰定本，注文遞有刊落，別有

〔註31〕見《楊惺吾日本訪書考》（上），第248頁。

〔註32〕見邵懿辰、邵章編《增訂四庫簡明目錄標注》，中華書局，1959年，第176頁。

〔註33〕見《滂喜齋藏書記》卷一，民國戊辰（1928）刻本，第6葉。

〔註34〕已被收入《中華再造善本》影印出版。

〔註35〕楊守敬售與李盛鐸的藏書除此《廣韻》外，還有宋刻本《尚書正義》。《日本訪書志》卷一「《尚書正義》二十卷」條：「丙戌又攜入都，以付德化李木齋，許以重刊」。

〔註36〕見《楊惺吾日本訪書考》（上），第248頁。

元至順庚午刻本，刪節尤多，然則此本益重可貴矣。

黎氏自稱用大中祥符重脩本比勘此本，又舉楊守敬所藏明本比較，認爲楊氏所藏注文「遞有刊落」，故此元泰定本尤其可貴。審其文意，似乎應該是黎氏訪得此書，因取與楊氏藏書相較並自誇其版本之佳。《古逸叢書》收書二十六種，唯獨《廣韻》既收宋刻本，又收元刻本，在這兩部《廣韻》的刊板過程中，黎、楊都發生過爭執〔註 37〕。黎庶昌在《敘目》中主動與楊氏藏書比較者亦僅見此條。讓人不能不懷疑是否因黎氏有與楊氏爭勝之心，故宋刻之外，復收入黎氏本人訪得之元刻本。別無明證，不敢臆斷。仍據原書識語及圖章定爲楊氏訪得，僅存疑於此，俟考。

14.《玉燭寶典》：根據崔富章、朱新林的考證〔註 38〕，此書底本爲楊守敬在森立之處訪得的森氏父子鈔校本。

15.《文館詞林》：此書底本爲日本舊鈔卷子本，係楊氏訪得者。

《日本訪書志》卷十二「《文館詞林》十四卷」條：

先是日本文化中林述齋刻《逸存叢書》，收《文館詞林》四卷，中土驚爲秘笈。及余東來，見森立之《訪古志》所載，又有溢出此四卷之外者六卷。因據以蹤跡之，則又溢出於《訪古志》之外者九卷。除林氏已刻之四卷及第三百四十八之馬融《廣成頌》，餘十四卷今星使黎公盡以付之梓人。

另外楊氏手批《留真譜》「文館詞林」條注曰：

今在柏木政舉家，卷子本，絕佳〔註 39〕。

按柏木政舉即柏木探古，收藏舊鈔卷子頗多，《古逸叢書》本《原本玉篇零卷》底本即得自其家，《古逸叢書》本《文館詞林》末附《小林辰所得元祿間鈔本文館詞林目錄》中記柏木探古所藏五卷，但不知此卷子本對應的卷數。楊氏手批《經籍訪古志》「文館詞林」條也有「飛青閣又得抄本六卷，在此之外」的批語〔註 40〕。惜二者均語焉不詳，無法確認是否已刻入《古逸叢

〔註 37〕《日本訪書志》卷三「《廣韻》五卷北宋刊本」條：「余初議刻此書，盡從原本，即明知其誤亦不改，以明張氏校刻之功過，而黎公使必欲從張氏校改」，此爲宋本《廣韻》校刻之爭執。元本《廣韻》校刻之爭執見上引元泰定本《廣韻》楊氏識語。

〔註 38〕詳見《古逸叢書本玉燭寶典底本辨析》，《文獻》2009 年 7 月第 3 期。

〔註 39〕見《楊惺吾日本訪書考》（中），第 258 頁。

〔註 40〕見《楊惺吾日本訪書考》（上），第 243 頁。

書》〔註41〕。

16.《琱玉集》：此書底本爲日本舊鈔卷子本，森立之《經籍訪古志》「琱玉集零本二卷」條稱「尾張眞福寺藏」，今藏日本國立國會圖書館。《敘目》未介紹來歷，楊氏別無序跋，其手批《經籍訪古志》「（舊鈔）琱玉集」條僅注曰：「已刻入《古逸叢書》中」〔註42〕。不能確認何人訪得，俟考。

17.《姓解》：此書底本爲日本向山黃村藏宋刊本的影鈔本。按向山黃村與黎、楊二人均往來甚密〔註43〕，《敘目》與《日本訪書志》未說明此書訪得經歷，但楊守敬在光緒辛巳（1881）二月撰寫的《日本訪書志緣起》中已提到此書「爭宜刊佈」，而黎庶昌直到同年十二月才從上海乘船至東京接任公使之職〔註44〕，則此書當係楊氏訪得者。其手批《經籍訪古志》「（宋）姓解」條注曰：「已刊入《古逸叢書》」〔註45〕。

18.《韻鏡》：此書底本爲日本永祿七年（1564）刊本，楊氏手批《經籍訪古志》「（享祿）韻鏡」條注曰：「今在飛青閣，已刻入《叢書》」〔註46〕，因知係楊氏訪得者。

19.《日本國見在書目錄》：此書底本爲日本舊鈔本。按此書所有鈔本均源於日本室生寺本〔註47〕，但不知《古逸叢書》據以上板的是哪一部鈔本。今北京大學圖書館藏影寫舊鈔本一部，有楊守敬題記及其圖章，故《古逸叢書考》稱「蓋即《古逸叢書》本之底本」〔註48〕，其實不然。

北大藏本（著錄號：SB/012.921/4724）分兩冊，首冊開本高三十二點五釐米，寬二十點九釐米。內葉用皮紙，極薄而泛黃。卷端鈐「楊守敬印」白

〔註41〕《古逸叢書》刊行後楊守敬復訪得《文館詞林》五卷，歸國後交成都楊葆初使刊之（事見《日本訪書志》卷十二「文館詞林六卷」條），故手批本所言《文館詞林》卷子本、鈔本也可能歸國後始刊行。

〔註42〕見《楊惺吾日本訪書考》（上），第248頁。

〔註43〕《日本訪書志緣起》稱「日本收藏家，余之所交者，森立之、向山黃村、島田重禮三人，嗜好略與余等」。《黎星使宴集合編》載向山榮（即向山黃村）唱和之作十五首，題識一篇。

〔註44〕見《黎庶昌評傳》，第95頁。

〔註45〕見《楊惺吾日本訪書考》（上），第248頁。

〔註46〕見《楊惺吾日本訪書考》（上），第248頁。

〔註47〕章培恒撰《玉臺新詠爲張麗華所撰錄考》：「現尚存留於世的此書（《日本國見在書目錄》）日本大和室生寺舊藏抄本乃是平安時期的古抄本（現在所見此書的各種版本皆從此本出）」，文載《文學評論》2004年第2期，第14頁。

〔註48〕見《古逸叢書考》，第43頁。

文方印，「星吾東瀛訪古記」朱文長方印，卷末鈐「味愚」朱文方印、「勉承家學」朱文方印。卷端有楊氏識語，曰：

> 是書當唐寶應間，其所載古籍多足以與《隋志》相證，新舊《唐志》不足相比擬也，深於目錄之學者自知之。癸未夏惺吾題。

識語中並未提到此本被刊入《古逸叢書》〔註 49〕。比較此本與《古逸叢書》印本，前者收筆多過度拉長而顯拖沓，字乏筋骨，是典型的日人鈔書之體〔註 50〕，後者則筋骨分明，頓挫自然，足見鈔寫者對中國式的用筆方法相當熟稔。兩本面目差異明顯，必非一書，故北大藏本並非《古逸叢書》底本，只是楊守敬帶回國內的多部影鈔本之一。該書的《古逸叢書》底本究竟係何人訪得，目前仍不清楚。

20.《史略》：此書底本爲南宋刻本，今藏內閣文庫。《敘目》與《日本訪書志》未說明其來歷，楊氏手批《經籍訪古志》「（宋）史略」條僅注曰：「已刊入《古逸叢書》中」〔註 51〕。不能確定係何人訪得，俟考。

21.《漢書》殘本：此書底本爲日本影鈔卷子本〔註 52〕，《古逸叢書》印本末所附楊跋止言校勘，其手批《經籍訪古志》「（舊鈔）漢書」條注曰：「原本仍在眞福寺，《古逸叢書》所刻，據求古樓影寫本也。又，已付入《食貨志》刊之」〔註 53〕。不能確定係何人訪得，俟考。

22.《急就篇》：此書底本爲日本天保八年（1827）小島知足寫刻本，時代晚近，不足爲貴，故楊守敬未曾論及〔註 54〕。黎庶昌《書原本玉篇後》稱：「古書之亡者眾矣，而字學尤甚。《漢藝文志》載小學十家四十五篇，舉所謂《史籀》、《蒼頡》、《爰歷》、《博學》、《凡將》、《元尙》、《訓纂》，無一存者，僅存者《急就篇》耳。」這大概就是他要在《古逸叢書》中收入該書的主要原因，此書當係黎氏訪得者。

23.《杜工部草堂詩箋》：此書底本爲南宋建本與朝鮮本合成。傅增湘稱：

〔註 49〕兩部《廣韻》的楊跋均明確提到此書即刻入《古逸叢書》者。

〔註 50〕上海圖書館與復旦大學圖書館藏《黄帝内經太素》日本鈔本字體均與此本相似。

〔註 51〕見《楊惺吾日本訪書考》（上），第 248 頁。

〔註 52〕《敘目》「影唐寫本《漢書・食貨志》」條徑稱其「當爲李唐人書無疑」，不確。

〔註 53〕見《楊惺吾日本訪書考》（上），第 248 頁。

〔註 54〕楊氏手批《經籍訪古志》「急就篇」條注曰：「飛青閣得拓本」（見《楊惺吾日本訪書考》（上），第 242 頁），與此小島知足寫刻本當非一書。

「憶昔年遇楊惺吾於海上，語及《古逸叢書》，謂其中惟《草堂詩箋》原本最劣，當時力阻星使，竟不見納，異日必爲通人所詬」〔註 55〕，則此書當係黎氏訪得者。

24.《碣石調幽蘭》：此書底本爲日本舊鈔卷子本，不能確定係何人訪得，但楊守敬至少曾訪得此書《古逸叢書》所刻之外的部分。其手批《經籍訪古志》「（舊鈔）碣石調幽蘭」條注曰：「已刻入《古逸叢書》，然此本未全。余又得後半卷，係物茂卿手抄」〔註 56〕。

25.《天台山記》：此書底本爲日本舊鈔卷子本，不能確定係何人訪得。

26.《太平寰宇記補闕》：此書底本爲日本秘閣藏宋刻本，由黎庶昌以公使身份與日本官方交涉後借出影刻，詳見《古逸叢書》印本卷末所附公函。此書係黎氏訪得者。

合而言之，《古逸叢書》中確定爲楊氏訪得者八部，確定爲黎氏訪得者十部（包括黎氏拼本而成的《老子注》），尚不確定者八部〔註 57〕。筆者仍然認爲黎庶昌是在看了楊守敬撰寫的《日本訪書緣起條例》（即《日本訪書志緣起》）後才產生輯刻《古逸叢書》的想法，首事之功當以楊氏爲主，黎氏次之，而不是黎氏訪書有得，然後才請楊守敬襄助刻書（只讀《刻古逸叢書序》和夏寅官、葉昌熾所作小傳的話很容易產生這種誤解）。但從《古逸叢書》底本的來源來看，黎庶昌確實爲訪書做了相當數量的實際工作，不僅僅是掛名出資而已。無論是將成書之功完全歸在楊守敬身上還是歸在黎庶昌身上〔註 58〕，都是不恰當的。

〔註 55〕見傅增湘撰《藏園群書題記》，第 588 頁。

〔註 56〕見《楊惺吾日本訪書考》（上），第 247 頁。按物茂卿即日本江户時代著名的儒者荻生徂徠（1666～1728），名雙松，號徂徠，字茂卿，江户人，其先居三河荻生，故以爲氏，姓物部，時略稱爲「物」。生平詳見李慶師撰《日本漢學史》第 1 冊，第 23～24 頁。

〔註 57〕各書卷末所刻印章也從側面印證了黎、楊二人各自訪書的成績，參見本文《古逸叢書版片研究》「印章與題名」一節。

〔註 58〕《古逸叢書考》中敘述訪書刊刻經過時多稱楊守敬如何如何，極少談到黎庶昌（偶爾提及，也以批評居多，如第 10 頁「此等疏失，其責任蓋多在黎庶昌」）；《黎庶昌評傳》則稱沒有黎庶昌，《古逸叢書》永不會面世，甚至說刊印的大部份古籍都是黎庶昌訪得的（從上文的統計結果中我們看不出這一點）。

二、黎庶昌東遊刻書考述

楊守敬刻書之功，前人論之已詳，足供參考〔註 59〕，但對黎庶昌在日本刻書事蹟的研討則仍嫌薄弱，故筆者就聞見所及稍加考述。

1. 黎庶昌為刻書投入的資金

陳矩在《記遵義黎蒓齋先生刊古逸叢書》中稱「乃節三年薪俸萬數千金，耗二年心力獨成此書」，所言未詳，根據陳捷整理的楊守敬與宮島誠一郎的筆談錄，黎庶昌爲刊刻《古逸叢書》實際上共付出資金三萬元，相當於白銀一萬五千兩〔註 60〕，而當時由東京重要的木版印刷作坊通力合作刊刻的《列祖成績》一書全部的雕版費用也不過一千三百六十八元〔註 61〕，足見黎氏所費之巨。之所以如此，是因爲黎氏對刻印質量的要求嚴格得近於苛刻（紙用日本紙中的「無上品美濃岳雪紙」，墨用「頂煙」且「令工細磨日盡一丸」，刷印「微有損痕及一點一畫不明者即棄之」）〔註 62〕。私人刻書如此不惜代價，在當時是十分罕見的，也難怪位高權重、閱書無數的一品大員潘祖蔭見了《古逸叢書》本《穀梁傳》後都「驚歎欲絕，謂宋以來所未有，國朝諸家仿刻不足言也」〔註 63〕。

2. 刻書的成績

除《古逸叢書》外，黎庶昌在日本刻成的另一部叢書是《黎氏家集》，共收書十六種，作者均爲黎氏親友。值得一提的是日本刻工木邨嘉平（第四代）爲黎庶昌刻《古逸叢書》時中途病故，其後人木邨嘉平（第五代）又繼續爲《黎氏家集》刻板。《黎氏家集》所收書中，除另一名刻工田埜邨錦四郎刊刻五種，又用活字排印三種外，其餘八種均由木邨嘉平（第五代）刊刻〔註 64〕。

〔註 59〕見賈二強《古逸叢書考》「總説」部份、趙飛鵬《觀海堂藏書研究》「楊守敬的生平及藏書始末」章、郗志群《楊守敬學術研究》「東渡扶桑搜印佚書」節及鄒華清《楊守敬學術研究》「擅長版本目錄學，『南北交舊無與抗手』」章。

〔註 60〕楊守敬與岩谷修筆談錄：「銀二兩五六錢，合貴國錢五元」，今依此匯率折算。見《楊守敬研究學術論文選集》，崇文書局，2003 年，第 282 頁。

〔註 61〕見陳捷撰《關於楊守敬與日本刻工木村嘉平交往的考察》，《中國典籍與文化論叢》第七輯，2002 年，第 135 頁。

〔註 62〕見《記遵義黎蒓齋先生刊古逸叢書》。

〔註 63〕見《鄭蘇老人年譜》，第 18 頁。

〔註 64〕「木邨嘉平是日本一家從江户時代開始以刻版印刷爲業的刻工家族，他們世該書首冊卷端爲《黎氏家集總目》，除已刊的十六種外，還有十六種條目下注「未刊」，三種條目下注「別行　別刊」。

注曰「未刊」的條目中：「拙尊園叢稿五卷」，今有清光緒十九年（1893）上海醉六堂石印本、光緒二十一年（1895）金陵狀元閣刻本〔註 65〕，但醉六堂本、狀元閣本均爲六卷，其第五卷題「餘編之內」，第六卷題「餘編之外」，則正式刊行時卷帙又較擬定時有所調整；「沙灘黎氏家譜一卷」，今上海圖書館藏有清光緒二年刻本、光緒十五年刻本，皆黎庶昌纂修。按《拙尊園叢稿》卷四有《沙灘黎氏家譜敘》，一署「光緒二年丙子十月朔庶昌謹述」，一署「光緒十五年己丑十月庶昌重訂於日本使署」，正與上海圖書館所藏相應。另外，中國國家圖書館尚藏有《遵義沙灘黎氏家譜》稿本一卷一冊，正文歐體工楷，字體與《古逸叢書》本《覆宋本重修廣韻》所附《校札》相同，亦黎氏手錄者。行間多圈點、校正、刪補，天頭有批註。偶有對刊刻之要求則書於該葉天頭，如第三葉後半葉天頭書「此處連寫不空行」，第四葉前半葉天頭書「此行不用橫格，每格三字」等。

注曰「別行　別刊」的條目中，「續古文辭類纂二十八卷」，今有清光緒十六年（1890）金陵書局刻本、光緒二十一年（1895）金陵狀元閣刻本〔註 66〕。

《古逸叢書》、《黎氏家集》兩部大書之外，目前已知的黎氏在日本所刻的書還有《孫淮海先生督學文集》與《曾太傅毅勇侯傳略》。前者有黎庶昌所作序，已收入《拙尊園叢稿》，序文簡述了刻書緣由〔註 67〕，落款爲光緒十五年八月，當刻於黎氏第二次赴日期間〔註 68〕。後者不分卷，僅一冊，係木邨嘉平所刻（黎庶昌歸國時將此書與《古逸叢書》的版片一同運回，可知二者應該是同時成書的）。

代相傳，每一代均以木邨嘉平的名字相承」。見《關於楊守敬與日本刻工木村嘉平交往的考察》，第 125～133 頁。

〔註 65〕《續修四庫全書》第 1561 冊收錄此版本。

〔註 66〕《黎庶昌評傳》稱有光緒十六年日本使署刻本，但筆者調查館藏未見。

〔註 67〕《書孫淮海先生督學文集序》稱「今年夏庶昌偶於日本友人中村正直家獲先生督學文集四卷，取以與雜文校，增多八十餘篇，首末完備，雖不能復還彙稿舊觀，庶幾先生遺文粗具於是，乃舉而刻之……光緒十五年八月黎庶昌」，見《拙尊園叢稿》卷二。

〔註 68〕黎庶昌先後兩次赴日，第一次在光緒七年（1881）至光緒十年間，第二次在光緒十三年至十七年間。

3. 對他人的勸導

刻書不僅費時費力，成本也相當高昂，故楊守敬在刊刻《古逸叢書》時每以好書未刻爲遺恨，《日本訪書志》中常常可以看到他要求或幫助別人刻書的內容〔註69〕。黎庶昌也有類似的行爲。

《與莫芷升書》中稱：

> 聞與汝謙輩撰《國朝黔詩紀略》六十餘卷，網羅放軼，闡幽發

〔註69〕《日本訪書志》卷一「《尚書正義》二十卷北宋槧本」條：「乃從書記官巖谷修借原本用西法照出，意欲攜歸，醵金重刊，久不能集事。丙戌又攜入都，以付德化李木齋，許以重刊」。
卷二「《監本論語集解》二卷宋刊本」條：「章君碩卿酷愛之，余與約，能重刻餉世則可。碩卿謂然，乃跋而歸之」。
卷五「《國語》二十一卷明刊本」條：「世有知言君子，以此本重刊，與明道本並傳，豈非合之兩美」。
卷五「《唐六典》三十卷古鈔本」條：「顧傳本絕少，余嘗合諸本，竭一月之力，就天保刊本定其從違，安得有心經世之略者重刊焉」。
卷五「《貞觀政要》十卷舊鈔本」條：「余從黃村得此本，而日本古本異同皆彙集無遺，擬歸而刻之，久無應者」。
卷六「《方輿勝覽》七十卷宋槧本」條：「余按此書元明以下均未重鐫，故著錄家只有宋本，恐再延數世，歸於泯滅，余乃得兩宋本，惜無好事者重雕焉」。
卷九「《本草衍義》二十卷《目錄》一卷宋刊本」條：「有明一代遂無刊本，而《四庫》不得著錄，此當急爲流布者也」。
卷九「《傷寒論》十卷影北宋本」條：「竊怪日本著錄家皆以趙開美本爲最古，而此本尚存其國，未見甄異。余乃無意得之，歸後屢勸人重刻，竟無應者」。
卷十「《外臺秘要方》四十卷《目錄》一卷影北宋本」條：「此書爲古方淵藪，晉唐逸籍，賴是以存。當吾世不乏壽世仁民之君子，當覆之以傳也」。
卷十「《錢氏小兒藥證直訣》三卷宋本」條：「余年來累失孫男女數人，今細讀此書，乃知短折非命，悔痛何及。乃盡發宋元以下嬰兒方書，一一互校，當謀精槧以傳之，庶夭札者少瘳云」。
卷十一「《太平御覽》一千卷影宋鈔本」條：「惜此書卷帙浩博，非有大有力者不能精刻，又非好學深思心知其意者不能校訂。書此以俟，庶幾旦暮遇之」。
卷十一「《事類賦》三十卷宋槧本」條：「今《事類賦》單行之本更微，坊間刻有《五種事類賦》，謬誤尤不可讀，安得好事者以宋本重刊之」。
卷十二「《中興間氣集》二卷何義門校本」條：「唐人總集傳世本少，又爲後人所亂，今日並毛本不易得，則此本尤當急爲傳布者」。
卷十四「《竹友集》十卷宋槧本」條：「此本爲天壤間孤本已數百年，無論今日也。初爲日本向山黃村所藏，余謂宜重刊以廣其傳，因借得用西法影撫之」。

微，功在桑梓，誠甚盛業。竊謂黔人之詩，本朝如周漁璜宮詹、鄭子尹及令兄子偲兩徵君，允足爲黔南冠冕。自餘眾家如家兄伯庸、篠庭亦皆能戛戛獨造，克樹一幟。合以二百餘年鴻篇巨製，𡨥然大集，潤色窮荒，計不在盧雅雨《山左詩鈔》、阮文達《兩浙輶軒錄》、鄧湘皋《沅湘耆舊集》諸書之下。似宜趁令弟善徵親家及唐鄂生觀察仕宦得意之際，集貲付刻，以廣流傳，一塞後死者責。歲月不居，世變多故，正未可視爲緩圖也。〔註70〕

《跋外交餘勢斷腸記》中稱：

《外交餘勢》已有活字印本，余謂《斷腸記》亦宜排印並行。庶幾君與德川氏心跡不泯沒於後，亦使論世者有所資以爲鑒也。〔註71〕

此外，對於他人有關書籍刊刻、流通的事蹟，黎庶昌也多在所作墓誌中加以表彰。

《誥授光祿大夫山西巡撫鮑公墓誌銘》：

厥後督學江蘇順天，大亂既平，請開書局以饋孤寒，釐正文體以崇實學，士論斐然。〔註72〕

《誥封通奉大夫江蘇補用道李君墓表》：

彙刊徽州鄉賢遺集數百卷，捐置各省書籍致之國子監南學及焦山書藏。〔註73〕

爲刻書付出的鉅資和勸導、表彰人刻書的文字，都足以說明黎氏對刻書印行、保存文獻之熱心，《古逸叢書》得以問世，並非偶然。

4. 刻書的目的

版本意識的增強促使古籍的刊刻形式分化爲兩派：一派強調保存原貌，底本縱有殘缺錯訛，不作校改；一派強調傳播文本，可對底本加以整理，使其趨於完整、正確，並以較工整、美觀的形式重新刊行。《古逸叢書》係影刻而成，以保存原貌爲主，但也多有主動校改文本甚至自我作古的現象。這種刊刻原則的混亂在一定程度上降低了該叢書的文獻價值，後來的研究者往往

〔註70〕見《拙尊園叢稿》卷六第一葉。
〔註71〕見《拙尊園叢稿》卷六第三十一葉。活字排印不能稱爲「刻書」，但在黎庶昌看來，都是出版以存文獻的善舉，故並引於此。
〔註72〕見《拙尊園叢稿》卷四第四十七葉。
〔註73〕見《拙尊園叢稿》卷四第五十七葉。

因此詬病黎庶昌妄改原書、不通版本，就像《古逸叢書考》「總說」第三節批評的那樣。但從另一方面來看，這種自相矛盾也意味著黎庶昌刻書的目的不僅僅是摹古存眞而已。爲了探討其刻書本意，不妨先來看看當時叢書出版的背景。

清代叢書刊刻的風氣大盛，僅《中國叢書綜錄》第一冊《總目》著錄的清代前期的雜纂類叢書就有八十七部（不包括《四庫全書》、《四庫全書薈要》等未刊印者），所刻既多，自然良莠不齊，藏書家王同愈在自己的日記中曾發出這樣的感慨：

> 竊謂刊刻叢書，其難有三：上焉者，搜訪秘籍、孤本而彙刊之（世間別無傳本者謂之孤本，或宋槧，或舊鈔），使古人著作，自我而傳。然秘籍、孤本可遇而不可求，竭一生之力，恒不獲一二。蓋有用罕見之書，前賢已盡搜而刊行之矣。一難也；其次，彙宋元槧之精者而影刊之，以留古書眞面，可資學子之考訂，並可供鑒家之珍藏。然宋元精槧非大有力，不能多得，得之且未必盡可刊行（或前人已刊，或其書不足重，一經選擇，可刊無幾）。二難也；又其次，世有通行本，而無精善本，求得名人手校，或名人手鈔者刻之，亦足以貲校勘，供鑒藏，爲大雅所稱道。然名人校抄之本，近亦頗非易得，三難也。其或幸而得之，尤須延聘博雅通儒，以任校讎，訪求明於六書之學者，以任繕寫，愼選慣刻影宋書之手民（或慣刻大雅之書者，刻坊本者陋劣），以任剞劂。由是言之，刻叢書之難，難於上青天矣。三者之外，欲求別勝，莫如占一類之書而刊之。則有如金石、如小學、如目錄、如算學，聚一類之零星小種而又善者，刻成叢書，以餉講求專門之學者，亦自可傳，亦爲藝林所推重。總之，精擇精刻，而尤貴精校。明人書帕本刻書而書亡，謂其刪擇不經也。鄂局《湖北叢書》，刻如未刻，謂其無異於人也。陸氏《十萬卷樓叢書》，不如不刻，謂其繆戾失校也。〔註 74〕

王同愈提出的刊刻叢書應具備的三個條件：「精擇」、「精校」、「精刻」，《古逸叢書》都已具備〔註 75〕，但除此之外，黎氏還對刻書有特別的要求。

〔註 74〕見《王同愈集》，上海古籍出版社，1998 年，第 333 頁。

〔註 75〕《古逸叢書》中秘笈孤本、宋元舊槧比比皆是，此爲精擇；主持校勘工作的楊守敬博通經史、深悉版本，故能精校；刊刻《古逸叢書》的刻工木邨嘉平被稱爲「日本梓人第一」（楊守敬題木邨嘉平畫像語），故能精刻。

《古逸叢書敘目》「影宋本莊子注疏」條稱「子書善本傳世日少，《世德堂六子》久爲衆所稱貴。讀此《老》、《莊》、《荀》三書，當更快然意滿也」，「覆元本楚辭集注」條稱「與《程氏易傳》同作讀本最善」，「仿唐石經體寫本急就篇」條稱「工楷雅致，作初學讀本最善」。

這些舊籍大多是宋元舊槧，黎庶昌卻一再強調它們適合作「讀本」，甚至是「初學讀本」，而不談及其版本的珍稀之處。這與同樣以影刻舊籍著稱，卻自詡佞宋，津津樂道讀未見書的黃丕烈比起來，實在有很大的不同。

《拙尊園叢稿》卷二《周以來十一書應立學官議》提出應將《莊子》、《楚辭》、《文選》、《杜詩》等書立於學官，「各降一等，命曰亞經，俾天下人士益隆所習，咸馳騖乎通儒，以廣術興微，翼贊聖業」。

卷二《答趙仲瑩書》稱：「六經之外，余謂有可讀與經等者，於子則取老、莊、荀、周、程、張、朱，於史則取兩司馬、班氏，於集則取《文選》、韓、歐陽，合此十餘家之書，窮原竟委，熟讀而深思，長吟而詠歎」。

在這些奏稿、書信中，可以看出，黎氏強調的是熟讀基本經典，並且要推廣開來，使天下人士都能誦習。要「廣術興微，翼贊聖業」，第一步工作當然是多提供適合民眾閱讀的本子。《古逸叢書》中有《老子注》、《急就篇》這樣底本時代晚近的舊籍，也是黎氏對自己推廣經典的政治理想的身體力行。唐鈔宋槧、奇字佚文，是藏書家之樂，卻無補於世道人心。對關注國事，崇信儒學，孜孜於傳播經典的黎庶昌來說，讀本的意義更爲重要。這就是爲什麼今天我們看《古逸叢書》中的《荀子》、《易程傳》，首先關注的是其珍稀的版本價值，而黎庶昌當時爲它們所作的《敘目》強調的卻是讀本之用。立場不同，所見自異。

黎庶昌對讀本的追求也能解釋《古逸叢書》中一些不合常理的現象，比如既然以古之逸書命名，爲什麼要收入《急就篇》這樣時代既晚（底本爲日本天保八年刊本，即公元 1837 年），又非佚書的本子；既然自稱「概還其眞，無復倫次」，爲什麼要用坊刻本的文本來補全南宋本《南華眞經注疏》的殘闕之處。因爲這些書是用作讀本，所以字體美觀、內容完整是第一位的，至於版本是否珍貴、補全是否破壞原貌，並不是《古逸叢書》選目必須考慮的因素。

簡而言之，《古逸叢書》之事，雖然緣起於楊守敬在日訪書，但在訪求《叢書》底本時，黎庶昌所作貢獻並不亞於楊守敬（甚至可以說前者作用更大）。

從《拙尊園叢稿》及其本人事蹟也可看出，黎庶昌對刻書印行、傳播文教有相當的興趣。《古逸叢書》所以能夠成書並在當時產生較大影響，楊守敬「校字監刊督印」的具體工作固然重要，黎庶昌出資、訪書、推廣的功勞也是不容忽視的。

結　語

清代中期（乾隆至咸豐）已多見模仿宋本行款、板式、字體的刻本，但這些本子都或多或少地透露出清人刻書的習氣，與宋本面貌有明顯的差異，所以《清代版本述略》只稱其爲「仿宋本」，以與「覆宋本」相區別。《古逸叢書》的問世，大大地改變了當時的藏書家、出版者對影刻本的認識。在此之後，覆刻宋元舊槧蔚然成風，其中不乏《鐵華館叢書》、《隨盦徐氏叢書》這樣的佳作，但無論是刻板工藝，還是刷印效果，都要略遜日本刻印的《古逸叢書》一籌。從印刷史的角度來看，稱《古逸叢書》開一代風氣之先，又是清人影刻古籍的代表作，並不爲過。

《古逸叢書》的影刻水平之所以能超越「國朝諸家仿刻」，一方面靠的是不惜工本的投入，另一方面則得益於新技術的採用。作爲曾經周遊列國又熱心文教的使臣，刊印《古逸叢書》的主事者黎庶昌比當時絕大多數中國人都更早地「開眼看世界」。豐富的閱歷使他能夠深入地瞭解西方文明，並且樂於嘗試前未曾有的新技術。

《覆宋本重修廣韻》黎氏識語：

> 此《宋本重修廣韻》，町田君久成所藏，假用西洋印相法影照壽梓。自來刻書仿宋者，但聞橅摹，不聞影照，今創新法爲之，實自此書始矣〔註 1〕。

《南華眞經注疏》楊守敬識語：

> 夫以西法照影刻書，前世未聞，而集字成書，尤爲異想。此與

〔註 1〕 木部嘉次撰《字彫り版木師木村嘉平とその刻本》，第 11 頁。

新見氏挹殘篇如拱璧者，可稱雙絕〔註2〕。

在讚賞《古逸叢書》工藝之精美的同時，我們也應承認，其對新型出版技術的應用是不成熟的。儘管相對寫樣而言，照相取影能更好地保持底本的面貌，但照相之後仍然採用傳統的雕板印刷的方法，就意味著印本走樣的問題不能得到徹底解決。《古逸叢書》中《原本玉篇零卷》、《大宋重修廣韻》都用照相取影，但將其印本與底本比對，均有失真現象，便是明證。

幾乎與《古逸叢書》刊印同時，石印技術也開始在中國普及〔註3〕。與雕板影刻相比，其成本低而印書快，更重要的是石印本幾乎不會變形走樣。所以一旦技術成熟、原料易得，石印便馬上流行起來，和鉛印等現代出版方式一起迅速取代雕板印刷的主流地位。徐乃昌、羅振玉、董康等時代較黎、楊稍晚的出版家在複製舊籍時大多採用新的影印技術，影刻之風於是式微。「夕陽無限好，只是近黃昏」，這是時代發展的趨勢，《古逸叢書》也因此成爲中國印刷史承上啓下的一個重要轉折點。

本文選擇《古逸叢書》所收書和編刊校印各環節中較具代表性的幾個樣本進行了深入考察，初步還原了其成書經歷的基本輪廓，但受客觀條件的限制，仍有不少問題有待繼續研究。如本文的底本研究只重點考證了《爾雅》、《易程傳》和《老子注》的版本源流，這三種書從形式上看都屬於刻本系統，而叢書中另一大類——寫本系統的底本研究還有待展開；《古逸叢書》中部份已採用照相取影的方法，但其版片、印本的面貌、效果與其他寫樣而成的部份沒有明顯差異，換言之，照相的優勢並未得到充分體現，那麼在其刊刻過程中照相與雕板的工序是如何銜接的，《古逸叢書》應用的照相法與後來影印古籍時所用的照相法在工藝上有何區別，這些技術層面的問題尚無確解；《古逸叢書》刊刻過程中各書次序的變更已經在本文版片研究的相關章節中有所討論，但刊刻之初擬定的次序究竟如何、其間變化過幾次、如何變化等問題也懸而未決。

過去關心版本的學者，在比對文本異同、梳理授受源流中投入精力較多，對版片、印本等材料的研究則稍顯薄弱。隨著學科的發展，古籍不僅被視爲

〔註2〕嚴紹璗撰《日本藏漢籍珍本追蹤紀實》，第303頁。

〔註3〕據張秀民考證，1832年石印術已傳入中國，但由於官方限制和原料難得等原因，直到1880年以後才開始普及，《古逸叢書》之刊印，經始於1882年，刻成於1884年，故稱二者幾乎同時。詳見張秀民撰《中國印刷史》，浙江古籍出版社，2006年，第443頁。

文本的載體，其本身的實物特徵也開始得到重視。如何從實物版本學的角度去研究古籍尤其是《古逸叢書》這類性質較爲複雜的代刻本的文本、形式上的特點，本文已初步做了一些嘗試，在今後的版本研究中，如能進一步加強實物層面的考察，相信無論是對本學科的建設還是對古籍文本的理解都有極重要的意義。

參考文獻

一、著作之部

1. 《十三經注疏》，中華書局，2009 年。
2. 《刊正九經三傳沿革例》，〔宋〕題岳珂撰，《文淵閣四庫全書》影印本。
3. 《爾雅義疏》，〔清〕郝懿行撰，上海古籍出版社，1983 年。
4. 《爾雅校箋》，周祖謨撰，江蘇教育出版社，1984 年。
5. 《廣雅疏證》，〔清〕王念孫撰，中華書局，1983 年。
6. 《說文解字》，〔漢〕許慎編，中華書局，1963 年。
7. 《說文解字注》，〔清〕段玉裁撰，上海古籍出版社，1981 年。
8. 《說文解字義證》，〔清〕桂馥撰，上海古籍出版社，1987 年。
9. 《玉篇殘卷》，〔梁〕顧野王編，《續修四庫全書》影印本。
10. 《大廣益會玉篇》，〔梁〕顧野王編，中華書局，1987 年。
11. 《唐寫本玉篇校段注本說文》，徐前師撰，上海古籍出版社，2008 年。
12. 《廣韻校本》，周祖謨撰，中華書局，2004 年。
13. 《鄰蘇老人年譜》，〔清〕楊守敬編，湖北人民出版社，1997 年。
14. 《楊惺吾先生年譜》，吳天任編，藝文印書館，1974 年。
15. 《清客筆話》，〔日〕森立之、〔清〕楊守敬撰，陳捷整理，湖北人民出版社，1997 年。
16. 《緣督廬日記》，〔清〕葉昌熾撰，江蘇古籍出版社，2002 年。
17. 《越縵堂日記》，〔清〕李慈銘撰，廣陵書社，2004 年。
18. 《碑傳集補》，閔爾昌編，明文書局，1985 年。
19. 《文獻家通攷》，鄭偉章撰，中華書局，1999 年。

20. 《通志》,〔宋〕鄭樵撰,中華書局,1987 年。
21. 《中國古籍善本書目》,上海古籍出版社,1989 年。
22. 《中國館藏和刻本漢籍書目》,王寶平、韓錫鐸編,杭州大學出版社,1995 年。
23. 《日本訪書志》,〔清〕楊守敬撰,《續修四庫全書》影印本。
24. 《日本訪書志補》,王重民輯,《續修四庫全書》影印本。
25. 《鄰蘇園藏書目錄》,〔清〕楊守敬編,上海辭書出版社,2009 年。
26. 《滂喜齋藏書記》,〔清〕潘祖蔭撰,民國戊辰(1928)刻本。
27. 《善本書室藏書志》,〔清〕丁丙撰,中華書局,2006 年。
28. 《章氏四當齋藏書目》,顧廷龍編,北京圖書館出版社,2007 年。
29. 《羅振玉校刊群書敘錄》,〔清〕羅振玉撰,江蘇廣陵古籍刻印社,1998 年。
30. 《增訂四庫簡明目錄標注》,〔清〕邵懿辰、邵章編,中華書局,1959 年。
31. 《文祿堂訪書記》,〔清〕王文進撰,上海古籍出版社,2007 年。
32. 《藏園訂補郘亭知見傳本書目》,〔清〕莫友芝撰,傅增湘補,中華書局,2009 年。
33. 《藏園群書經眼錄》,傅增湘撰,中華書局,2009 年。
34. 《藏園群書題記》,傅增湘撰,上海古籍出版社,1989 年。
35. 《古佚書輯本目錄》,孫啓治、陳建華編,中華書局,1997 年。
36. 《和刻本漢籍分類目錄(增補補正版)》,長澤規矩也編,汲古書院,2006 年。
37. 《藏書紀事詩》,〔清〕葉昌熾撰,上海古籍出版社,1999 年。
38. 《續補藏書紀事詩》,王謇撰,書目文獻出版社,1987 年。
39. 《書林清話》,葉德輝撰,上海古籍出版社,2008 年。
40. 《宋本金石錄》,〔宋〕趙明誠撰,中華書局,1991 年。
41. 《孟子正義》,〔清〕焦循撰,中華書局,1987 年。
42. 《太平御覽》,〔宋〕李昉主編,中華書局,1998 年。
43. 《玉海》,〔宋〕王應麟編,上海書店、江蘇古籍出版社,1987 年。
44. 《王弼集校釋》,樓宇烈校釋,中華書局,1980 年。
45. 《拙尊園叢稿》,〔清〕黎庶昌撰,《續修四庫全書》影印本。
46. 《黎星使宴集合編》,〔清〕孫點編,貴州人民出版社,1992 年。
47. 《靈峰草堂集》,〔清〕陳矩撰,清光緒間貴陽陳氏刻本。

48. 《觀堂集林》，王國維撰，中華書局，1959 年。
49. 《王同愈集》，〔清〕王同愈撰，上海古籍出版社，1998 年。
50. 《漢學堂經解》，〔清〕黃奭輯，廣陵書社，2004 年。
51. 《天祿琳琅叢書》，故宮博物院影印本，1932 年。
52. 《留眞譜》，〔清〕楊守敬編，北京圖書館出版社，2004 年。
53. 《中國版刻圖錄》，文物出版社，1959 年。
54. 《清代版本圖錄》，黃永年、賈二強編，浙江人民出版社，1997 年。
55. 《黎庶昌評傳》，黃萬機撰，貴州人民出版社，1989 年。
56. 《楊守敬學術年譜》，楊世燦編，湖北人民出版社，2004 年。
57. 《楊守敬研究學術論文選集》，崇文書局，2003 年。
58. 《字彫り版木師木村嘉平とその刻本》，木邨嘉次撰，青裳堂書店，1980 年。
59. 《東瀛遺墨》，李慶編，上海人民出版社，1999 年。
60. 《古逸叢書考》，賈二強撰，陝西師範大學古籍研究所，1986 年。
61. 《觀海堂藏書研究》，趙飛鵬撰，花木蘭文化工作坊，2005 年。
62. 《古籍版本學》，黃永年撰，江蘇教育出版社，2005 年。
63. 《古籍印本鑒定概說》，陳正宏、梁穎編，上海辭書出版社，2005 年。
64. 《日本藏漢籍珍本追蹤紀實》，嚴紹璗撰，上海古籍出版社，2005 年。
65. 《中國印刷史》，張秀民著，韓琦增訂，浙江古籍出版社，2006 年。
66. 《日本漢學史》，李慶撰，上海外語教育出版社，2004 年。
67. 《長澤規矩也著作集》，長澤規矩也撰，汲古書院，1982 年。

二、論文之部

1. 《古逸叢書的刊刻及刻工木邨嘉平史略》，石田肇撰，孔繁錫譯，張新民校，《貴州文史叢刊》1992 年第 3 期。
2. 《日本國會圖書館珍藏的黎庶昌手跡》，中村義撰，《貴州文史叢刊》1992 年第 3 期。
3. 《關於楊守敬與日本刻工木邨嘉平交往的考察》，陳捷撰，《中國典籍與文化論叢》第七輯，2002 年。
4. 《玉臺新詠爲張麗華所撰錄考》，章培恒撰，《文學評論》2004 年第 2 期。
5. 《王修與詒莊樓藏書》，李芳撰，《圖書館研究與工作》2004 年第 3 期。
6. 《從寫樣到紅印——豫恕堂叢書中所見的晚清書籍初刻試印程式及相關史料》，陳正宏撰，《中國典籍與文化》2008 年第 1 期。

7. 《古逸叢書本爾雅之底本辨析》，范志新撰，《文獻》2008 年第 2 期。
8. 《古逸叢書本玉燭寶典底本辨析》，崔富章、朱新林撰，《文獻》2009 年第 3 期。
9. 《古逸叢書本爾雅之底本辨析商榷及釋疑》，陳東輝、彭喜雙撰，《圖書館工作與研究》2009 年第 3 期。
10. 《南宋建安余仁仲刻春秋穀梁傳考》，張麗娟撰，《版本目錄學研究》第一輯，國家圖書館出版社，2009 年。
11. 《宇佐美灊水校訂本王注老子道德經について》，松井眞希子，《东アジア文化交涉研究》第 3 號，2010 年。
12. 《略論元泰定本廣韻》，馬月華撰，《文獻》2010 年第 2 期。
13. 《清末中日文人對影鈔及覆刊漢籍的主張》，許媛婷撰，《故宮學術季刊》2010 年夏季號。
14. 《易程傳的古逸叢書本與元至正本的關係》，蔣鵬翔撰，《蘭州學刊》2010 年第 6 期。
15. 《楊守敬致吳重憙信箚中的校勘學思想》，稻畑耕一郎、朱新林、李曉紅、石碩撰，《藝衡》第四輯，國家圖書館出版社，2010 年。

後　記

我在復旦大學中國古代文學研究中心攻讀博士學位時，度過了到目前爲止人生中最充實也最快樂的三年時光，這本論文是對三年時光最好的紀念。

兩位恩師——李慶教授和陳正宏教授，不僅始終精心指導我的專業研究，更傳授了許多做人的道理。心中的尊敬與感謝，難以用言語表達，希望將來能用自己的工作成果，回報老師的關心與期望。

「再艱難的時候也都會過去，重要的是不虛度光陰。」陳正宏老師的這句話，對我來說非常重要，謹借用爲全書的結尾，並以之勉勵和我一樣在人生道路上奮力前行的同學們。